臨床発達心理士認定運営機構［監修］
講座・臨床発達心理学 ③

認知発達とその支援

本郷一夫/田爪宏二［編著］

ミネルヴァ書房

一般社団法人　臨床発達心理士認定運営機構

《臨床発達心理士とは》

　臨床発達心理士は,「一般社団法人　臨床発達心理士認定運営機構」が認定する心理職の資格である。本機構は2001年12月に設立され, 現在, 日本発達心理学会, 日本感情心理学会, 日本教育心理学会, 日本コミュニケーション障害学会の４学会を運営母体としている。2009年４月に一般社団法人 臨床発達心理士認定運営機構として組織変更した。

　本機構は「臨床発達心理士」および「臨床発達心理士スーパーバイザー」の資格認定を行うとともに, それらの資格更新審査を行う。

《日本臨床発達心理士会》

　日本臨床発達心理士会は, 臨床発達心理士資格を有する者で構成される職能団体である。臨床発達心理士は, 生活の中で人の発達を理解し, 発達的理解に基づいて人を支援していくことを基本にしている。そのために,「人を理解するための専門性」と「人を支援するための専門性」で, 最新の知識を得るとともに, 専門性の向上を図る研修体制を整えている。臨床発達心理士は, 日本臨床発達心理士会会員であり, 自らの生活する地域の支部に所属して地域活動を行う。本資格は, ５年ごとの更新制度をとっており, 更新に必要なポイント取得のために全国研修会や支部研修会, 実践研究発表などで自己研鑽をする必要がある。

《活動内容》

　日本臨床発達心理士会の具体的活動としては, ①専門性や技能の向上のための全国研修会の開催, 全国大会の開催, ②「実践研究プロジェクト」の推進, ③実践研究誌「臨床発達心理実践研究」の発行, ④災害支援, ⑤職能開発, ⑥ニューズレター, メールマガジン, ホームページの運営などがある。

　なお, 臨床発達心理士のより詳しい活動内容は, ホームページ（http://www.jocdp.jp/）から得ることができる。

連絡先

住所：〒160-0023 東京都新宿区西新宿6-20-12 山口ビル8F
FAX：03-6304-5705　　Email：shikaku@jocdp.jp
URL ：http://www.jocdp.jp/

シリーズ刊行にあたって

　臨床発達心理士（Clinical Developmental Psychologist）は「発達支援」を専門とし，発達的観点に立つアセスメントと支援技術をもつことを特徴とする心理職資格である。人々が生涯発達の中で出会う様々な心理的問題や適応困難さの解決にあたっては，まず人が抱える問題そのものを理解する専門性が必要とされる。また，問題の正しい理解に基づき，人に適切な支援を行う専門性が求められる。人生のあらゆる場面における様々な問題は，人の発達に関する正しい知識や豊かな視点をもつ専門家によって，その問題を違った視点からとらえ直すことが可能になったり，その問題を根本から解決できるようになったり，時には問題状況が緩和されたり，そもそも問題そのものが消失してしまう場合もある。

　現代日本は少子高齢化，高度情報化という大きな課題とともにある。日本では，出生率が極端に低下し，高齢化が一層進行する少産少死人口減少型をたどっている。この加速する高齢化率，女性の高学歴化，また非婚・晩婚化の中で，女性の社会進出と出産や育児を両立するための社会制度の不十分さが，少子高齢化社会にさらなる拍車をかけている。また，高度情報化社会は，ICT（情報通信技術）が多様な双方向型コミュニケーションと情報の大量伝達を可能にした。加えて，携帯端末の進化は，いつでも，どこでも，誰でも情報にアクセスできる日常を実現させた。一方で，大量に氾濫する情報の選別や，必要な情報を取捨選択する力（メディア・リテラシー）の必要性が生じた。また，ICT を使える者とそうでない者の情報入手の差が，そのまま経済格差につながるという「情報格差」も懸念されている。

　「発達的観点に基づき人の健やかな育ちを支援する」という理念に基づき2001年12月に設立された臨床発達心理士認定運営機構は，この15年間に，臨床発達心理士の資格認定を行ってきた。また，2009年度からは臨床発達心理士スーパーバイザー認定も行い，その専門性の質を高めていくたえまない活動を行

っている。この間を振り返ると，東日本大震災，熊本地震などで被災した人々への支援，「障害」概念の変化にともなう適応という問題のとらえ直し，子どもや子育てに関わる制度，児童虐待防止，発達障害者支援，児童発達支援，特別支援教育など，福祉，教育に関わる制度が大きく変わった。それにともない，現代社会における新たなニーズへの対応が求められてくることで，専門性もまた，社会・文化の中に位置づけられてきている。

　また，国家資格である公認心理師においては，教育，医療・保健，福祉，司法・矯正，労働・産業，学術・研究など非常に多岐にわたる活動領域を想定しており，特定の分野に限定されない「汎用性」「領域横断性」を特長とする心理職国家資格を旨とするもの，とされている。心理職の国家資格の誕生により，心理的支援の専門性の底上げと向上が期待される時代になった。

　このような変革のうねりの中で，臨床発達心理士はこれまで通り，生涯発達という広い視野からの日常の暮らしへの適応支援を今後も続けていく。そのためにも，臨床発達心理士を育てるための指南書として，2002年刊の「シリーズ臨床発達心理学」5巻本に大幅な改訂を行い，このたび新シリーズ5巻本として新たに発行することとなった。新シリーズ「講座・臨床発達心理学」では，臨床発達心理学において必須とされる知識を網羅し，さらに2011年刊の「シリーズ臨床発達心理学・理論と実践」5巻本で，重視した専門性および，アセスメントと支援の視点を大幅に取り入れて，次のような特徴を明確にした。

　第1巻『臨床発達心理学の基礎』では，臨床発達支援の基本的視点を明確にし，アセスメントと支援のあり方を問うた。第2巻『臨床発達支援の専門性』では，専門職の社会的役割，職業倫理，高度専門性の確立を述べ，乳児期から高齢期にわたる生涯発達支援を論じた。第3巻『認知発達とその支援』では，感覚，記憶，知能，学力，対人認知，高次脳機能などの基礎理論とその支援を論じた。第4巻『社会・情動発達とその支援』では，情動，社会性をとらえる基礎理論からアタッチメント，自己の発達を論じ，その支援へとつなげた。第5巻『言語発達とその支援』では，前言語期から学齢期に至る母語の獲得過程と，読み書きの基礎理論とその支援について論じた。どの巻も，基礎理論，アセスメント，支援，評価という過程を踏まえた臨床発達支援の実際を記述して

いる。

　本シリーズは，臨床発達心理士を育て，社会に送り出していくために大学院
の授業で，また臨床発達心理士認定運営機構が主催する指定科目資格取得講習
会などのテキストとしての活用を考えている。また，それにとどまらず，人と
関わるとはどのようなことか，人を支援するとは何をすることなのか，適切な
支援がなされたとは何をもって判断できるのかといった，いわゆる自分自身の
「臨床的かかわり」を見つめることを通して，臨床発達心理学の学びを深めて
いってほしいと願う。さらには，生涯発達を支援する専門家としての活動に貢
献できればと願う。

　最後に，本シリーズの出版にあたり，企画段階からともに議論し，根気強く，
ていねいに尽力し続けていただいたミネルヴァ書房丸山碧氏に深く感謝したい。

2017年2月28日

編者代表　　秦野悦子

は し が き

「講座・臨床発達心理学」第3巻「認知発達とその支援」は，タイトルが示すように認知発達のメカニズムについて知り，その知識を基盤として臨床発達心理学的視点からの支援を行うためにはどのようなアプローチが可能かについて学ぶことを目的に編集された巻である。

　一般に，認知発達の領域は，社会・情動発達や言語発達などの領域と比べて，研究も多く，その発達のメカニズムがより明らかにされているととらえられることも多い。また，アセスメントについても，知能検査，発達検査を含めて多くのツールが利用できるといった点で，他の領域と比べてその発達の特徴がとらえやすいと考えられるかもしれない。

　しかし，実際にはそうではない。支援が必要な人に出会ったとき，支援者はその人の認知発達の特徴を簡単に理解できるわけではない。また，認知発達の特徴がとらえられたとしても，どのような支援目標を立て，具体的な支援をしていったらよいのかが一義的に決まるわけではない。すなわち，その人の現在の特徴だけでなく，その人の発達の経過，その人を取り巻く人的・物的環境との関係を考慮して，支援計画を立てることが必要なのである。

　むしろ，目の前の人と誠実に向き合おうとすれば，支援者が認知発達の理解と支援の難しさを感じることも決して不思議なことではない。逆に，特定の知能検査の結果だけに頼ってその人の認知発達の特徴を理解したと思い込んでしまうこと，その人の生活とは無関係に知能検査の結果を解釈し，検査でできなかった項目の発達を促すといった単純な支援目標を立て，人に働きかけることの危険性を支援者は認識しておくことが重要となるだろう。

　認知発達の領域がカバーする範囲は広い。また，認知発達は独立した領域として発達するわけではなく，運動，社会・情動，言語などの領域と相互に影響し合いながら発達する領域である。その点で多様なアセスメント，支援の方向性を検討することが求められる。

本書は，以上の観点から，認知発達の背景と幅広い分野に焦点を当てること，単にできないことをできるようにするというだけでなく，個人の生活を豊かにするための支援を大事にすることを念頭に置きながら構成された。第Ⅰ部「認知発達論」では，認知の生物学的基礎，幼児期・児童期の認知発達に加えて成人や高齢者における認知の特徴および認知症の問題などを取りあげている。また，各分野では，知覚，記憶，知能，対人認知，学力，メタ認知などに焦点が当てられている。第Ⅱ部「認知発達のアセスメントと支援」では，知的発達に対する支援，対人認知の発達への支援，学業不振に対する支援に加えて，病気や事故が原因で脳を損傷し後遺症として現れる障害である高次脳機能障害についても取りあげている。さらに，認知発達と他の領域との連関性という観点から運動発達の支援も扱っている。

　しかし，本書は認知発達のすべての分野を網羅したわけではない。知覚の発達について述べた章では，聴覚については触れられていない。学業不振に対する支援について述べた章でも，言語障害については扱われてはいない。聴覚と言語障害については，第5巻の「言語発達とその支援」で扱われるため，内容の重複を避けたためである。その点で，他の巻と合わせて読むことにより，人の認知発達の理解が一層深まると考えられる。

第3巻編者　本郷一夫・田爪宏二

目　次

シリーズ刊行にあたって

はしがき

第Ⅰ部　認知発達論

第1章　認知発達の生物学的基礎 ……………………………………………… 2

　　1　認知の進化論的展開　3

　　2　認知の脳神経科学　9

　　3　脳基盤としての社会脳　14

　　4　認知科学の最前線　17

　　5　社会的認知　23

第2章　認知発達のプロセス ……………………………………………… 25

　　1　発達期の区分　25

　　2　定型発達と非定型発達　29

　　3　情報処理過程とモジュール　31

　　4　ピアジェの発生的認識論　35

　　5　加齢にともなう認知の変容　39

　　6　認知症　41

　　7　サクセスフル・エイジング　42

第3章　知覚の発達··43

1　視　覚　43

2　味覚・嗅覚　52

3　体性感覚　53

4　空間認知　55

第4章　記憶と情報処理··58

1　記憶のメカニズム　58

2　記憶の情報処理モデル　64

3　記憶の発達　68

4　認知の諸機能　71

5　知　能　77

6　英　知　83

第5章　対人関係の基礎としての認知発達··············85

1　表象の発達　85

2　共同注意の発達　91

3　心の理論の発達　99

4　表象，共同注意，心の理論の基底にあるもの　104

第6章　メタ認知と学力··106

1　メタ認知　106

2　学力の定義と測定・評価　111

3　学業不振　122

4　学業不振のある子どもたちのために　125

目　次

第Ⅱ部　認知発達のアセスメントと支援

第7章　認知発達のアセスメントの考え方…………………………128

1 認知発達のアセスメントとは何か　128

2 認知発達のアセスメント方法　131

3 知能検査・発達検査　135

4 検査結果の解釈　139

5 アセスメントの併用と総合的解釈　141

第8章　認知発達のアセスメントと支援の基本的考え方……………147

1 発達支援における認知発達のアセスメント　147

2 認知発達のアセスメントの流れ　151

3 評価者による養育者との面接　154

4 日常生活のアセスメント　156

5 心理検査の実施と総合的評価　158

6 認知発達の支援の基本的考え方　161

第9章　対人認知の支援技法………………………………………………165

1 対人認知の発達とアセスメント　165

2 対人認知の遅れに対する支援　169

3 対人認知の歪みに対する支援　178

4 関係・集団に対するアプローチ　182

第10章　運動発達の支援技法……………………………………………186

1 運動発達をどのように考えるか　186

2 運動発達の法則とは　187

3 保育所・幼稚園等での運動指導の効果について　192

4 様々な「動き」の経験の重要性　195

5　身体的不器用さ —— 発達性協調運動障害について　197

6　新たな「身体」観への転換のために　202

第11章　学業不振に対する支援 … 203

1　学業不振の評価　203

2　算数障害のとらえ方　205

3　算数障害の指導法　210

第12章　高次脳機能障害のアセスメントと支援 … 224

1　高次脳機能障害とは何か　224

2　高次脳機能障害のアセスメント　227

3　高次脳機能障害にみられる症状　232

4　高次機能障害への支援　235

文　　献　241

索　　引　265

第 I 部

認知発達論

第1章 認知発達の生物学的基礎

　認知発達とは，知覚，注意，記憶，推理・思考などの認知機能をもとに，自己の内外の環境における対象や事象，また対象間や事象間の関係について既有情報と照合し，また推理することで識別，同定，判断，理解するという認知の働きと産物（知識）に関する個体発達上の変化過程と変化のメカニズムを指す。

　そして，認知や認知発達に関する知識をもつことは，臨床発達支援対象者の認知発達のアセスメント，対象者を取り巻く人や環境の理解，支援の資源，対象者の認知発達上の困難さの把握，中・長期的支援計画，支援方法の策定，支援結果の評価などを可能とするという点で臨床発達心理士としての職務を遂行するうえで必須のことである。

　認知発達の生物学的基礎に関して，ピアジェ（Piaget, 1952）は，知能が生物学的適応の一種であると述べ，生物学的基礎に基づいた独自の認知発達理論を展開し，認知発達研究に大きな影響を与えた。また，動物行動学のティンバーゲン（Tinbergen, N.）は，動物行動理解のアプローチ（なぜ）として至近要因（どのような仕組み），究極要因（どのような機能），発達要因（生物の個体発達に従いいかに獲得されたか），系統進化要因（どのような進化を経てきたか）に区別し，これにそれぞれ答えることが行動解明に寄与するとした（長谷川，2002）。認知発達を理解するために，ここでは，認知の生物学的基礎，進化論，脳神経科学，認知科学の最前線の知見を参考に，認知と認知の発達の特徴について述べる。

第1章　認知発達の生物学的基礎

1　認知の進化論的展開

　生物としてのヒトの行動や心の成り立ちを考えるうえで，進化論的理解は重要である。なぜならヒトのもつ認知的特性は，ヒトの系統発生の中で進化してきたと考えられるからである。ここでは，進化論の特徴，進化心理学的理解，進化発達心理学，神経科学，認知科学等の視点からヒトの認知や認知発達の特徴がもつ意味について考える。

（1）進化とは

　生物のもつ特性は，進化の産物だと考えられる。ダーウィンの**進化論**の基本的考え方は，

①　生き残る個体の数よりも多くの子が産まれ，個体間に競争が生じる。

②　個体間変異は，無目的でランダムな方向に変化する。この変異は，その特徴をもつ個体がよりよく生存することに資する（たとえば，キリンの長い首），あるいは，よりよく子孫を残す繁殖に資する（クジャクの美しい羽根）という適応度（生存確率と繁殖確率の積）に影響する変異である。

③　変異には，遺伝によって子孫に受け継がれる変異と，遺伝せず子孫に受け継がれない変異がある。これらのうち，進化に関わる変異は遺伝する変異である。

④　個体間の競争の結果，より環境に適応的な特性をもつ個体が，世代交代を通して集団内に広まるという自然淘汰が進化のプロセスとされる（長谷川・長谷川，2000）。

　このように，進化は**個体発生**の中で起こるのではなく，**系統発生**の中で起こる。個体には様々な特性の違い（個人差）が存在し，しかも個体のもつ適応的特性は長期にわたって後の世代に伝達（遺伝）される。さらに，個体の生存（自然淘汰）と繁殖の有利さ（性淘汰）という淘汰圧を受けることで，適応的な特定の特性をもつ個体の集団内で占める割合が高くなることになる。

　そして，ヒトの進化の特徴としては，直立二足歩行，体毛の希薄化，脳の大

3

第Ⅰ部　認知発達論

型化，ヒトの乳児の未熟さ（二足歩行により産道が狭くなったことによる早産），道具の使用，成人になるまでに長期間を要すること，育児の特徴（親以外の育児参加），社会集団による生活，**社会的認知**，教育的働きかけなどが指摘されている。

（2）進化心理学と進化発達心理学

　進化心理学は，進化理論やそれに基づく知見をもとに人間の心を理解することを目的としている。現在のヒトの認知は，祖先が過去に直面した環境との相互作用の結果から進化してきたと考えられる（Cosmides & Tooby, 1987）。

　ヒトの生活史において，他の霊長類と比べて特異な点として，幼児期と青年期の存在が挙げられる（平石，2015）。赤ちゃんの時期からすぐに大人にならず，幼児期や青年期が存在する理由は，進化心理学によると，二足歩行にともなって産道が狭くなったことと，脳が大型化した（頭部が大きくなった）ことが原因で，未熟な状態で産み育児に手間をかけるようになったから，という見方がなされている。

　加えて，大人に大きく依存する幼児期がヒトに存在する理由として，早期の離乳と，母親以外の他の大人が育児をするというアロマザリングや共同繁殖が進化したという可能性も考えられている（根ヶ山・柏木，2010）。これに関して，ヒトの女性は寿命よりもかなり前に出産をやめ，孫の世話に関わることで，適応度（子孫の数）を上げているという祖母仮説がある。また，学習期間として進化してきたという解釈が存在する。

　さて，進化発達心理学（evolutionary developmental psychology）は，心の発達について進化的観点から検討を行う学問である（Bjorklund & Pellegrini, 2002）。進化発達心理学では，発達過程の様々な特徴や発達過程そのものも，淘汰圧の影響を受けて進化したとする。

　進化発達心理学では，大人に特徴的な行動や認知，またそれだけでなく子どもの行動や認知は，進化の過程における淘汰圧の作用により形成されたと仮定する。子どもの示す多くの特徴は成人期のための準備とされるが，子どもの特徴のすべてが成人期の機能の基礎となるわけではないとされる。むしろ，子ど

4

も期のもつ特徴の中には，成人期への準備ではなく，子どもの時期において適応的価値を発揮するものが存在すると考えるのである（Bjorklund & Pellegrini, 2002）。このような考えに従えば，子ども期にもつ特徴がその時期を生きのびるために必要な働きをすることで，子どもが成人まで生きのび，繁殖を行う可能性を高める機能を果たしている。したがって，子どものもつある種の特徴は，単なる「成人のもつ特徴の未完成な状態」ではなく，子ども期を生きのびるための特別な役割をもち，その必要性がなくなると消失するのだという。この例として，哺乳類に見られる吸綴反射などの乳児期の反射，新生児の表情の模倣，遊び，低いメタ認知能力等が挙げられている。

　たとえば，メタ認知能力の低さは，大人と比較すると十分に発達していない状態といえる。しかし，幼児は何事も十分にできる状態ではないことを考えると，**メタ認知**が十分に働けば多くの経験を失敗経験と評価することが多くなり，結果として無力感に陥る可能性がある。しかし，幼児期のメタ認知能力の未熟さにより，自身の能力を厳密に判断できないことが，様々な事柄への積極的なチャレンジを保証することとなっているという。このように，乳幼児のもつ特徴の中には，成人期の準備としてではなく，発達のある特定の時期に適応的な機能を果たすように淘汰されてきたものがみられる，というのである。

（3）進化からみたヒトの認知的特徴

　ヒトのもつ認知的特徴は，その時々の特定の問題に対処するために進化してきた認知的なバイアスとしてヒトの心の中に組み込まれているとされる（Premack & Premack, 2003）。

　具体的には，赤ちゃんは祖先から物理的，心理学的，生物学的素朴理論，数，ことば，音楽，空間に関わる**モジュール**（module）という情報処理機制を遺伝的に受け継いできているという。モジュールとは，ヒトの知識の基本領域において乳幼児の学習をガイドする生得的な装置で，特定の問題を解決するという点で領域固有である。そしてそれぞれのモジュールは，解決すべき固有の問題に関わる情報に刺激されたときにのみ作動するように進化し，乳幼児が反応できる情報を監視し，不必要な情報に反応しないように，また誤った仮説をもた

第 I 部　認知発達論

ないようにさせるというように，どのモジュールも同じ方法で機能するという。モジュールによる反応が素早く，また正確に情報を処理できることから，モジュールによる反応は，「考え」たり，情報を比較したりするという意識的反応ではないことが示唆される（潜在認知）。

　もちろん，乳幼児の学習のすべてがモジュールによって行われるわけではない。モジュールが扱うようデザインされた処理と関係のない事柄に対しては，領域一般的学習によって獲得されると考えられている。これは，処理速度，抑制能力やワーキング・メモリが向上し，脳における新皮質が増大することにより，多くの情報を同時に保有できるようになった結果とされる。

　プレマックは，模倣，教育，そして言語という，ヒトを特徴づける特性が，ヒトの社会的知能の核をかたちづくり，ヒトが新たな知識や技能の獲得とその世代から世代への伝達を可能にしたとする。

（4）社会的認知の進化

　ヒトの生活は，食物の取得，育児などの事情から集団生活であることが欠かせない。この集団による社会生活が，脳の進化への淘汰圧となり，大脳新皮質の大きさと関係しているとされる。また，食物を共同分配する暮らしや長い子育て期間によって，養育者と乳幼児との動作上のやりとりや音声（やがて言語）によるコミュニケーション，他者との共感性や協力行動，あるいは互恵的利他性などの社会的知性（社会的認知）が進化したと考えられる（**社会脳仮説**）。チンパンジーとヒトの違いとして，教育，指さし，視線の確認，視線による承認，もののやりとり，三項関係，模倣，心の理論（中村，2013）などの特徴が挙げられるが，その中でも教育という子どもへの働きかけにより，知識を共有する文化の創造，保持，伝達へとヒト独自に発展していったとみられる。

（5）心の理論

　社会的認知の中心となるのが心の理論である。心の理論は，「自己または他者に欲求や意図，信念などの心的状態を帰属させ，それによって行動を理解，説明，予測するという心的処理」と定義されている（Premack & Woodruff，

1978)。

　心の理論は，他者の意図を理解し，共感的感情を有することであり，協調，共感等も含まれる。社会的認知能力の1つであるメンタライジングは，社会性を担う機能の1つであるが，他者の心的状態を認め，他者の心的状態，信念欲求を推測することができる能力をさす。

　ところで，ヒトの心の理論の解明は，チンパンジー，自閉症スペクトラム障害の心の理論の特徴などの関係から，進化論的基礎，脳の機能的な基礎などの視点が重要であることが示唆されてきている。

　心の理論は，物理学や生物学と違い人を対象とする認知という特殊性がある。たとえば，対象の動き，対象や生物の内部や病気の見えない原因を推定する場合と人の頭の中（心）をもとにその人の行動を推理する場合の違いである。したがって，他者の行動の理解には，その人を観察している自分の心の状態ではなく，その人の知識状態，信念や欲求，感情といった心の状態を想定することが求められる。心の理論の有無を調べる課題として，誤信念課題（false belief task）が考えられている。この課題は，人が自身の信念に従い行動するということの理解を調べるためのもので，誤信念課題といわれる。

　具体的には，子どもがチョコレートを戸棚の中に置いて外出したところ，母親がチョコレートを別の場所に置き，子どもが帰ってきたときに，チョコレートを食べようとどこを探すかという課題である。これに対して，最終的にチョコレートがどこにあるかを知らない子どもがチョコレートがあると思っている場所（実際にある場所ではないので，間違った信念〔誤信念〕である）を探すというように，現在はない場所を探すという回答ができるか否かという課題である。

　この課題を遂行するには，課題の目的の保持，対象となる人の行動や状況の情報の保持が必要である。さらに，上述の通りそれを観察している人の信念や欲求ではなく，当該の人の信念，欲求に基づいて判断を行うことが求められることから，自分の信念や欲求を他者の行動の理解に使用せず抑制する必要がある。このように，誤信念課題にはワーキング・メモリの実行機能を必要とする。したがって，心の理論のメカニズムとしては，視線への注意，顔の認知，さらにワーキング・メモリが関係すると想定されている。

第 I 部　認知発達論

　千住（2015）は，チンパンジーが他者の目的，意図を読みとることができ，また他者が何を見ているか，何を知っているか（あるいは何を知らないか）を把握できることから，多くの側面において心の理論を用いていると考えられるが，心の理論の基準としての誤信念を理解できることを示す知見が得られていないと指摘している。チンパンジーなど他の種における心の理論の獲得の困難さは，ヒトと他の種の社会的認知における進化の違いが反映されていると考えられる。

　これに対し，自閉症スペクトラム障害児者にみられる心の理論の獲得のある種の困難さは，進化上の違いによるというよりは，脳の機能基盤の違いという観点から考えられる。

　ところで，バロン＝コーエン（Baron-Cohen, 1995）は，心を読むシステムは4つのモジュールからなるとしている。①意図検出器と②視線方向検出器はもって生まれるものだが，③視線共有機構は生後10〜12か月頃に出現し，④心の理論の機構は4歳頃に機能しはじめるという。

　心の理論は，理論説，シミュレーション説で説明されているが，役割遊びが心の理論を導くとの主張もある。心の理論の因果性は，信念─願望推理枠組み（Wellman, 1990；信念や願望を原因として行為という結果を説明する）として特徴づけられる。信念は，一次的信念，二次的信念（信念の中に信念が埋め込まれている）等と区別される。心の理論の獲得や獲得の時期に影響する要因としては，まず社会文化的環境（感情理解，母親と子どもとの言語的やりとりや，子ども自身の欲求や感情への言及，母親の養育スタイル，学歴や社会経済的地位，母子愛着の性質と心の理論との関係，きょうだいや友達との相互作用など），それから社会的能力（子どもの空想やふり，友達とのごっこ遊びや会話の多さ，および葛藤や会話の失敗の少なさ，社会的スキル，人気など），言語能力（心的動詞，語彙，言語的表現から話者の知識や確信度を感知するなど），記憶（エピソード記憶，実行機能やワーキング・メモリなど），自己体験的意識などが関係すると指摘されている（内藤，2007）。

　この進化論的問題は，今後ヒトとチンパンジーにおける心の理論や脳の研究との関連から明らかになっていくと考えられる。

第1章　認知発達の生物学的基礎

（6）進化論的視点のもつ意味

　進化論的視点をもつことによって，ヒトの認知の特徴が，個体発生において単に遺伝と環境の相互作用として形成されてきたのではなく，それ以前の系統発生の過程において，長い年月にわたる世代交代を経た進化の結果，生物種としての身体上の変化，脳の変化，さらに生活形態の変化などが起こり，今日のヒトの認知の特徴である社会的認知を代表とするヒト独自の認知の特徴がかたちづくられてきたと理解することができる。このことは，次に検討するヒトの認知の基盤である脳もまた，進化によりかたちづくられてきたことを示しており，ヒトの認知の特徴と脳の特徴は，進化の過程で相互に影響しながらともに形成されてきたと理解できる。

2　認知の脳神経科学

　近年，脳神経科学の研究は，脳の研究法の発展と相まって発展がめざましい。ここでは，脳の構造，脳の構成要素，構成要素からみた脳の発達，脳研究法と社会的認知の脳の基盤について述べ，認知の脳の基盤から，ヒトの認知の特徴について考えることとする。

（1）脳の構造

　中枢神経系は，前から順番に終脳・間脳・中脳・後脳・髄脳の5分節（セグメント）に分けられる（図1-1）。

　終脳は，鼻から匂いに関わる入力を受ける嗅球（olfactory bulb），匂い情報を処理する嗅皮質（olfactory cortex），学習・記憶に関わる海馬（hipocampus），運動機能をコントロールする線条体（striatum, caudate putamen），情動に関する扁桃体（anygdala），種々の感覚情報を統合して運動指令を出す大脳皮質（carebral cortex）などの領域からなる。

　大脳皮質は，溝により分けられた前頭葉（運動・行動），頭頂葉（空間・動きの認知），後頭葉（視覚），側頭葉（聴覚・形態認知）の4つの大きな部分に分か

9

第Ⅰ部　認知発達論

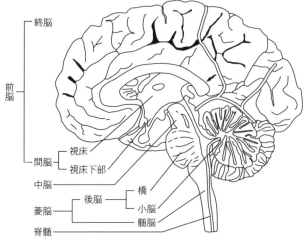

図1-1　神経系の構造
出所：理化学研究所脳科学総合研究センター，2011

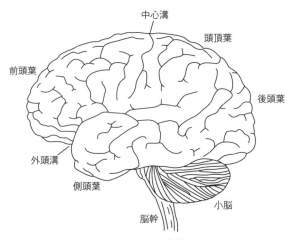

図1-2　大脳皮質
出所：理化学研究所脳科学総合研究センター，2011

れている（図1-2）。前頭葉は，前頭連合野，前頭眼野，運動連合野，運動野，ブローカ野からなる。頭頂葉は，体性感覚野，頭頂連合野からなり，後頭葉は視覚連合野と視覚野からなる。側頭葉は，聴覚野，ウェルニッケ野，側頭連合野からなる。

10

大脳皮質の機能に対応した領野は3つに分かれている。視覚・聴覚・味覚・体性感覚という4種類の感覚からの入力がある感覚野（視覚野，聴覚野，味覚野，体性感覚野），これらの情報が統合・処理される連合野（前頭連合野，頭頂・側頭・後頭連合野，辺縁連合野），運動の命令を出力する運動野である。ヒトでは，連合野が最も大きな領域を占め，認知，意思決定，言語機能，精神機能などの高次脳機能をつかさどっている。

大脳皮質と脳幹を結びつけている神経核をまとめて，「大脳基底核」という。解剖学的には，線条体，淡蒼球（globua pallidus），視床下核（subthalamic nucleus），黒質（substantianigra）などの領域を含む。大脳基底核を中心とする神経回路は，運動の調節や学習，動機づけ，報酬の予測などの機能を担う。視床（thalamus）は，間脳の上半分を占める領域で，20以上の神経核から構成されており，視覚，聴覚，味覚，体性感覚（嗅覚を除く4つの感覚）の入力情報を，視床の異なった神経核が，大脳皮質の適切な領野（視覚野，聴覚野，味覚野，体性感覚野）へと送るという重要な機能を果たしている。

間脳は，種々の情報の中継を行う視床とホルモン分泌の調節などを行う視床下部（hypothalamus）とで構成され，中脳は，視覚入力，聴覚の中継，運動の調節などの役割を果たす。後脳は，運動学習をつかさどる小脳（cerebellum）と感覚入力や運動出力に関わる橋（pons）を含む。髄脳（延髄）は，聴覚・味覚・体性感覚の入力，顔や舌の筋肉の運動，内臓の知覚と運動調節などの機能をもつ。進化を通じて皮質全体が拡大した結果，様々な刻み目（脳溝：sulcus）と突出部（脳回：gyrus）がみられるようになった。

（2）脳の構成要素からみた脳の発達

次に，脳の構成要素と脳の発達についてみていこう。脳の主な構成要素は，神経細胞，血管，そして両者を仲介するグリア細胞である。神経細胞は，樹状突起，細胞体，軸索，そして終末部からなる。神経細胞は，脳全体で約1000億，大脳新皮質だけで約140億あり，乳幼児期から20歳頃までは，この数はあまり変わらないといわれる。脳は，巨大な数の神経細胞がその数千倍に上るシナプス結合により構成されている，巨大な並列分散処理ネットワークである。

第 I 部　認知発達論

　脳の発達的変化について述べると，脳の容積は誕生から成年期の間で 4 倍となる。この増加の一因は，神経細胞の樹状突起の枝や**シナプス**の増加と，グリア細胞が増えて髄鞘化がなされることである。神経細胞の形成や適切な脳の領域への移動は胎児期に終わっているので，生後増加するのは，シナプス，樹状突起および繊維束などである。

　ハッテンロッチャー（Huttenlocher, 1990, 1994）は，人間の大脳皮質におけるいろいろな領域のシナプス密度の増減を報告している。シナプス発生の増加は，誕生時頃すべての皮質で始まるが，最も急増する時期と最も高密度になる時期は，領域により異なるという。視覚野や一次聴覚野（ヘルシュ回）では，生後 3 〜 4 か月の時期が急増期で，4 〜12か月の間で大人の150％ほどと最高密度になり，2 〜 4 歳で大人のレベルにまで減少する。ところが前頭前野では，シナプスの発生は他の領域と同時にスタートするものの，密度は非常に緩やかに増加し，1 年を経過するまではピークに達しない。そして，大人のレベルにまで減少するのは10〜20歳ぐらいだといわれる（落合・石王，2006）。

　もう 1 つの容積増加の原因は髄鞘形成である。髄鞘形成とは，ニューロンの経路を取り巻く脂肪質の鞘が増加することで，情報伝送の効率を増加させる過程である。ニューロンの髄鞘化は運動野より知覚野において早く，連合野は最後に髄鞘化する，この髄鞘化の発達の特徴を挙げると，まず 0 〜18歳という長期間で生起するため，行動発達の時期を限定できない。また，髄鞘化がまだ十分でない場合でも情報の伝達は可能であり，髄鞘の付加は効率を増大させるものの，言語や高次の認知機能のための脳の体制化を引き起こす主要な要因とは考えられないという。

　さらに，脳の他の発達指標として考えられるのが，脳代謝（ブドウ糖摂取）である。4 〜 5 歳頃，脳代謝は成人のおよそ150％を超えるピークにあたるという。これは，シナプス密度に比べてそのピークが 2 年ほど遅い（落合，2005）。

　霊長類では大脳皮質が劇的に拡大していることと，それと関連した大脳基底核のような構造も拡大している。ヒトの脳の発達は，他の霊長類において観察される発達的事象の順序にほぼしたがっているが，ヒトに特徴的なのは，脳発達のタイミングがゆっくりで，より長引いている点である。このゆっくりとし

第 1 章 認知発達の生物学的基礎

た発達によって，相対的により大きな皮質，特により大きな前頭葉皮質を作り上げることが可能になったという（Johnson & Haan, 2011）。

（3） 脳研究法

　生体可視化技術および医療画像装置の発展にともない，ヒトの脳の形態や機能を直接計測する，いわゆる脳機能イメージング研究が導入されることとなった。様々な発達段階にある対象者の，様々な刺激に対する脳の活動を取り出せるようになったことで，脳研究は一気に進んだといえる。主な方法としては，以下の通りである（田邊，2015）。

　① Ｘ線 CT

　Ｘ線を用いて撮ったデータを数値化して保存し，数学的に再構成し画像化することにより脳内部の断面を視覚化できるようになった。Ｘ線 CT では，可視化できるのは今のところ形態のみである。

　② PET（陽電子放射断層撮影，positron emission tomography）

　ガンマ線を検出し，数学的手法を使ってデータを再構成し画像化する方法である。PET は代謝，血流，神経伝達物質の挙動など脳活動の様々な側面を画像化できる点が特徴である。わずかとはいえ放射性物質を使用するため，実験参加者が被曝するなど他の装置と異なる制約事項がある。

　③ NIRS（近赤外線スペクトロスコピー／近赤外（線）分光法，near-infrared spectroscopy）

　血中の酸素化・脱酸素化ヘモグロビンの近赤外光領域での吸収率が，波長により異なることから，脳の血液動態を測ることで脳機能をみる装置である。

　④ MRI（磁気共鳴画像，magnetic resonance imaging）

　核磁気共鳴現象を応用した生体の画像化の方法である。神経科学的に重要な点は，MRI は脳の構造と機能，両方をみることができる点である。脳の機能をみる MRI を特に fMRI（functional MRI：機能的磁気共鳴画像）と呼ぶ。他の装置の脳活動計測より空間分解能が高く，秒単位の時間解像度をもち，課題や刺激に対する反応を引き出すことができる。

第 I 部　認知発達論

⑤　MEG（脳磁図，magnetoencephalography）

　MEG では，神経活動，特にシナプス伝達の際に神経細胞の樹状突起で起きるイオン電荷の流れ（電流）にともなう磁場を計測する。MEG は，他の装置と異なり，神経活動そのものに由来する信号をとらえるので，脳波／脳電図と近い。磁場は電場と異なり頭蓋骨や頭皮の影響を受けないため，EEG（Electroencephalogram：脳波）に比べより高い空間分解能を得る。一方，磁束密度は距離の二乗に反比例して減衰するため，脳深部の活動の検出が困難である。

　これらの装置それぞれの安全性，簡便性，拘束の少なさ，刺激呈示と計測の簡便性などから，乳幼児等では現在のところ NIRS や EEG を用いた研究が多いといえる。

3　脳基盤としての社会脳

（1）社会脳

　ヒトの認知の中でも，社会的認知が最も進化の影響を受けていると考えられている。社会的認知とは，集団生活（社会生活）に必要な認知機能であり，社会的関係性や社会的現象に関する認知である。具体的には，他者の行動の理解や予測，他者と約束をし履行する能力，コミュニケーション能力，共同注意，三項関係の理解，心の理論，共感や同情，自己認知，印象形成，原因帰属，さらに社会的約定を形成する認知能力等が挙げられる。また，他者との関わりに関して，種々の人を認識する，ある人との過去の相互作用を覚えている，自分の信念と欲求を他者に伝える，他者の信念と欲求を理解する能力（Cosmides & Tooby, 1992）も挙げられる。

　ここからは，社会的認知の脳の基盤について考えていこう。社会的認知は，行動生態学や霊長類学におけるマキャベリ的知性といわれたものである。第1節で述べたように，大脳新皮質の大型化は複雑な社会的環境への進化的な適応によるもので，特に大脳新皮質の大きさの違いは，食性や生態学的環境因子よ

りも社会的環境因子，特に群れの大きさ（＝社会関係の複雑さ）で最もよく説明され，群れの大きさによって大脳新皮質の大きさが違うという。

　ブラザーズ（Brothers, 1990）は，霊長類の脳には社会的情報処理に特化した構造が存在するという仮説を立て，電気生理学研究によって，顔や視線などの社会的情報が脳内の特定の部位で処理されていることを証明した。ブラザーズは，顔の認知など社会的認知に関わる脳領域を「社会脳」と呼んだのである（千住，2010）。「社会脳」に関わる脳の主要な部位として，彼は眼窩前頭皮質（Orbitofrontal cortex：OFC），扁桃体（Amygdala：Amy），側頭葉皮質を挙げた。また，心の理論を支える脳領域は，内側前頭前野皮質（medial prefrontal cortex：MPFC），側頭極（tempral pole），後部上側頭溝（posterior superior temporal sulcus）であると提案されている（Frith & Frith, 2003）。これらの領域内における神経活動が，心的状態の理解における様々な側面を反映している。

　その後，社会的認知は，内側前頭前野皮質，前部帯状皮質（Anterior cingulate cortex：ACC），島皮質（insular cortex），側頭頭頂接合部（Temporo-parietal junction：TPJ）などの領域が関わっている可能性も報告され，前頭葉・側頭葉・頭頂葉，および辺縁系に広がる広範な脳構造が形成する神経回路が，神経基盤であると考えられるに至った（藤原・村井，2015）。これらの領域内における神経活動は，心的状態の理解における様々な側面を反映している。たとえば，扁桃体は共感を通して情動を理解することに関わり，側頭極は生物的な側面と関わる運動や動作を表象し，また前頭皮質は，自己の心的状態を含む自他の“意図”を理解するうえで，重要な役割を演じているという。

　社会脳は，ワーキング・メモリを担っている前頭葉の外側面と内側面の深い部分の働きによって形成される。頭頂葉から後頭葉につながる領域には注意や視覚情報をまとめる働きがあり，前頭葉から側頭葉につながる領域には記憶や言語，さらに自己と他者の表現と関わる領域が内側面に広がっている。言語の処理については，多くの人が左側の大脳半球の前頭葉と側頭葉に発話や理解についての優位な領域をもっている。また，ワーキング・メモリの形成の基盤の領域とも共通の領域をもっている。ワーキング・メモリの抑制機能という実行系機能が働くことにより，他者の心が推定できるといえる。

第 I 部　認知発達論

　社会脳の研究の中では，社会的刺激への選好（人の顔の認知），行為者検出メ
カニズム（視線の共有など注意の認識のメカニズム，バイオロジカルモーションの
認識），行動の意味を理解したり，行動の目標と達成のための手段を区別した
りすることを可能にするメカニズム（外側前運動皮質の腹側領域にあるミラーニ
ューロン）など，この領域の研究が進んでいる。顔の認識は，視覚野の後部の
底部にある紡錘状回という領域が担っており，特別に人間の顔だけに複雑に反
応する。誤信念課題を解くにあたっては，内側前頭前野，側頭極や上側頭溝，
前頭葉が重要であり，このような領域が心の理論のネットワークを作るという。

（2）脳研究の認知研究への貢献

　ここでは，脳研究の認知研究への貢献の例として，**自閉症スペクトラム障害**
（ASD）と心の理論についてみておこう。米田（2015）は，ASD のある人々の
心の理論に関わる特徴を，認知研究の知見と脳科学の実証的研究から明らかに
している。以下にその特徴を述べる。

① 　記憶の特徴として，貯蔵した記憶を，エピソードとして検索することが
　　難しい。
② 　ASD の人は，ASD をもつ人物が登場する物語の記憶では，文脈と一貫
　　性のあるかたちで貯蔵している（つまり，自分と同じ特徴をもつ人がどうふ
　　るまうかは推理できる）。
③ 　自伝的記憶に関して，定型発達者は自分と関連づけた処理をする方が記
　　憶成績がよくなる（自己参照効果）が，ASD の人の場合，この効果がみら
　　れない。ASD の人は，他者の視点を通して自分について考えることを自
　　発的には行わない可能性が考えられる。
④ 　ASD の成人は，定型発達者とは異なり，自発的に相手の心の状態に目
　　を向けないことから，心の理論そのものに不全があるというよりも，心の
　　理論に付随する自発性に問題があると考えられる（千住，2014）。
⑤ 　心の理論に関連する部位である右半球の側頭頭頂接合部について，定型
　　発達者は意図の推論を必要とする物語を読んだ場合にのみ活動する。それ
　　に対し，ASD の人では意図の推論を含む物語以外でも活動した。さらに，

心の理論を支える脳領域として知られる内側前頭前野と側頭頭頂接合部の機能的連結が，ASDの人は定型発達者よりも弱いことが示唆された。

⑥　心の理論に関連する脳部位は，自己について考える際の脳部位と多くが重なっている。したがって，他者の心的状態を推測することと，自身の心的状態を内省することは関連しており，自己を投影することは，自分自身の心情について心の理論を働かせていることと考えられる。ASDの人の心の理論能力が定型発達者と異なる理由は，自分自身についての表象が定型発達者と異なること，自分と似ていない他者を自動的には理解できないこと，自分と似ている特徴をもっている他者は共感的に理解できることが示唆されている。ASDの人の自発的な心の理論の不全は，自分と類似していない定型発達者の心的状態を推測する場合においてみられると予測できる（特徴④参照）。

以上のように，自閉症スペクトラム障害児者の心の理論の特徴が定型発達者との比較から示され，支援にも生かされる指摘がなされている。

4　認知科学の最前線

（1）認知科学とは

認知科学という名称は，1970年初頭に用いられるようになった。ガードナー（Gardner, 1985）は，「認知科学とは，永い年月を経て問われてきた認識論上の問題に答えようとする，経験に基礎をおいた現代的な試みであり，特に，知識の性質，その構成要素，その源泉，その発展と利用にかかわるものである」と定義している。

当時，認知科学の重要な特徴として挙げられたのは，①心の表象，②コンピューターが心の機能的モデルとして重要な役割を果たすということ，③感情（情動）要因，歴史文化的要因や文脈の役割，④哲学・心理学・人工知能・言語学・人類学そして神経科学の統合された学際的研究，⑤認知科学の中に含まれる中心的成分が，西欧哲学の伝統の中で認識論哲学者たちが永年扱ってきた

第Ⅰ部　認知発達論

問題の系列である，あるいは関心事の集合であること，という5つであった。

（2）認知科学の最近の動向

　認知科学について，今日の状況はどのような特徴を呈しているのであろうか。ここでは，最近の動向として，認知神経科学の影響，**ベイズの確率論**に基づいた統計モデル，**身体性**（embodiment）**認知科学**（ロボティックス），社会的認知等について述べる。

①　認知神経科学の影響

　ヒトの脳に関わる研究は，従来は自然下における脳の障害の解剖学的研究であった。しかし，脳のイメージングを可能とする機器の発展により，心的処理と対応する脳の部位の活動を特定することも可能となってきている。このことから，健常な大人や乳幼児，児童青年，老年期など発達のあらゆる段階の人が研究対象となってきている。それだけでなく，複数の人々の脳活動を同時に計測できるハイパースキャニングという手法を用い，他者との相互作用中の神経活動をイメージ化し取り出すことができるようになった。そして，たとえば交互のやりとりをしている2人の神経同期活動を確認できるというように，社会的結びつきの神経基盤が見出される可能性が示唆されるようになっている。

　現在は，個別の学問領域において脳神経的基盤の研究が行われているが，認知科学においては文字通り隣接領域間の協力のもと，神経倫理学，神経言語学，神経発達学（発達と障害），神経注意学，神経社会ロボット学，神経文学，神経経済学などなど，脳に関わる新たな学問分野が拡大し，統合されるようになってきている。

　たとえば，上記のうち倫理判断に関連する脳領野はモラル脳（moral brain）と命名されている。モラル脳の関係部位としては，①前頭葉内側部，②帯状回後部／楔前部／脳梁膨大部，③上側頭溝／下頭頂葉，④前頭葉眼窩部／腹内側部，⑤側頭極，⑥扁桃体，⑦前頭葉背外側部，⑧頭頂葉，が相当すると考えられている。ここからわかることは，モラル脳が数多くの脳部位から構成されているということであり，ヒトの脳において倫理判断に特化した部位はなく，倫

理判断が情動・認知双方のより基礎的な処理の統合によって実現され，そのバランスが判断結果の違いを生み出している可能性が示唆されているとされる（寺津・渡辺，2009）。

ヒトにおいては，社会的認知機能が発達してきたと考えられており，扁桃体，前頭葉，側頭皮質などが重要な役割を果たしていることが示唆されている。認知神経科学の認知や認知発達に関わる点については，すでに第2節で記述した。

② ベイズの確率論に基づいた統計モデル

従来の頻度論的確率に基づいたノイマンとピアソン（Neumann & Pearson）の統計学に対し，仮説の真偽や母数の値に主観確率を積極的に認めてデータに基づいて仮説を評価し，母集団について推論する統計学のことをベイズ統計学（Bayesian statistics）という。ベイズ統計学はベイズの定理と，その定理に基づく統計的推定であるベイズ推定（Bayesian inference）からなっている。ベイズ統計では，得られたデータから尤度（統計用語でもっともらしさのこと）を算出し，事前分布を仮定して，ベイズ統計の基本公式から事後分布を推定し，さらにこの事後分布が次のデータの事前分布となってデータの分布に適合されていく。これをベイズ更新（Bayesian update）という。導入の事前分布は確からしいという主観に基づいて一様な分布を用いてもよい（このことを理由不十分の原則〔principle of insufficient reason〕と呼んでいる）が，ベイズ更新によって，逐次事前分布は更新されていく。このように，ベイズ統計は，人間の経験や思い込みを統計の処理過程に導入しているところが，これまでの頻度論確率とは決定的に異なっている点である。

人間の認知の特徴として，乳児はワーキング・メモリの容量や知識，推理力など大人と比べて情報処理能力に制限があるにもかかわらず，早期に種々の認知的達成をなすことが知られている。

これを保証している認知の仕組みは，情報処理能力が制限されていることを利点として，認知の競合を減じ，処理しなければならない刺激を単純化し，その結果として効率的に学習が進むという考えがみられる。たとえば，情報処理に制限のある乳児が素早く認知発達を遂げるのには，少数の刺激に制限される

第Ⅰ部　認知発達論

だけではなく，適切な刺激に注意を向けることが保証され，さらにこれに加えて刺激を適切に処理できることが必要である。これを保証する仕組みとして，制約とモジュールの組み合わせが考えられる。制約（constraint）とは，特定の認知領域の概念や事実と関係したデータに注意を向けさせ，環境の考えられる解釈の幅を狭めることができる機能を果たす。

　同様に，幼児期において，たとえば概念の学習，言語獲得，因果関係の理解などの際に具体的対象に出会い，共通性を抽出したり規則を見出すためには，入力情報を越えた推論が必要である。そして，この推論を可能にするものとして，制約，アフォーダンス，枠組みとなる知識，統計の事前分布などが考えられる。そして，その結果として幼児期において，素朴物理学，素朴生物学，素朴心理学など理論といえるまとまりをもった認知的達成がなされる。

　このように，認知発達の問題は，人が①いかに不十分なデータから抽象的知識の学習と推論を導くか，②領域と課題を越えて，抽象的知識はどのような形態をとるか，抽象的知識自体がいかに獲得されるかである。タネンバームら（Tenenbaum et al., 2011）は，ベイズ推論のよく構造化された階層的生成モデルを用いることで，認知とその起源の理解が可能であることを示している。階層ベイズモデル（HBMs）によって，抽象的知識が経験から学ばれ，特定された学習課題を制約するのに役立ち，生後早期に習得されると考えられている。階層ベイズモデルによって，仮説の確からしさ（確度）が増し，予測性が上がるのである。

　実際，合理的構成主義は乳幼児を理性的で建設的な学習者と理解する。発達初期の学習は，合理的で，統計的で，推論に基づいているとされ，幼児がなぜ速く，よく学ぶかの説明は領域一般的な統計的推論に基づいた学習メカニズムによるとされ，確率的因果モデルとベイズ学習の計算論的枠組みによる理論説が提案されている（落合・石王，2016）。

　このように，ベイズモデル化（Bayesian modeling；ベイズの確率論に基づいた統計モデル）は，条件づけ，視知覚，感覚運動学習，語彙学習，言語処理，意味表象，帰納推論，因果推論など様々な領域に適用されて，成果をあげている（Tenenbaum et al., 2011）。

③　身体性認知科学

　ヒトは，生命をもち，身体をもち，心をもち，そして外的環境と相互作用を
し，外的環境に適応している。ヒトは身体上も心のうえでも外的に操作されて
いるのではなく，自律的に自らを制御している。これまでみてきたように，身
体の特徴，また心の特徴は進化において変化してきた。したがって，たとえば
ヒトのようなロボットを作る場合には，単に認知の内容や仕組みをロボットに
もたせるだけでは十分ではない。認知でいえば，ヒトは外界に対して身体を介
して自ら働きかけ（身体性），その結果も過程も含めて心の経験として蓄積を
してゆく。

　このように，人型ロボットの作成には，身体性（embodiment）の問題がある。
実際，人間の認知は，身体を介して外界と関わっているという点で，身体性認
知を含んでいる。身体性認知とは，知覚を含めた認知現象が，身体運動と関連
し，身体運動を介して環境と相互作用する，という考え方である（樋口・森岡，
2008）。この身体性認知は，従来の認知科学における情報処理モデル（入力→処
理→出力という考え方）に対して提唱された概念である。情報処理モデルでは，
環境の情報を知覚し，内部で判断や意思決定を終えたのち，運動器官によって
環境に働きかけるという考え方であった。そのため情報処理が終了するまで運
動は出力されず，人間が瞬時に行っている判断や行動とは大きな違いがある。
この問題を解決するために，ギブソン（Gibson, J. J.）の生態心理学の考え方，
あるいはアフォーダンスの考えを取り入れ，環境と身体を相互作用する全体的
システムとしてとらえる身体性認知の考え方が提唱された（樋口・森岡，2008）。
脳がすべての処理を行うというのではなく，身体，感覚，脳などそれぞれが相
互に役割を果たしながら１つの認知的遂行を共同で行うというのである。つま
り身体性認知の考え方は，外的な活動（運動）による環境との「相互作用」に
よって認識が行われるという立場である。さらに，知識が表象として脳内にあ
るというだけではなく，知識が様々なものや文化的構成物の中にある，あるい
は人はそのときの状況にかかわらず同じ処理をするのではなく，そのときの状
況に強く依存して認知活動を行っているという状況的認知の考えは，人と人，
人ともの，ものとものなどの関係性の中で認知をとらえる必要性を示唆してい

第Ⅰ部 認知発達論

る。

（3）認知発達ロボティックス

最近では，神経社会ロボット学という新たな学問領域もみられるようになっ
てきている。同様に，発達に関連するロボットの研究分野は**認知発達ロボティ
ックス**（Cognitive Developmental Robotics：CDR）と呼ばれる。この学問は，浅
田（2009，2010）によると，人間の運動や認知の能力がいかにして発達するか
をロボットの設計─製作・作動を通して解き明かそうとする研究分野であると
いう。そのため，乳児の発達過程のモデル化が重要だとされる。ロボットを用
いた構成的手法により，乳児の認知発達の理解が深まると同時に，その計算モ
デルがロボットの設計論につながるというのである。たとえば，発達段階に従
い胎児期の自分の手で自分の口の周りを触ることで，感覚運動の予測学習（感
覚運動的写像）のよい事態となり，自他の区別，自他の類似性の理解などがミ
ラーシステムによりなされ，新生児，乳幼児期のハイハイ，歩行などの動的な
運動，抱っこによる養育者との物理的接触，身体や運動の表象と空間知覚，養
育者の様々な働きかけによる社会性行動の創発からコミュニケーション（共同
注意，音声模倣，共感発達など）へ発達する。これらについて，反射，感覚運動，
知覚，随意運動（自発的な運動），高次認知（認識，推論，計画，他者の意図推定
など）の心の機能を関係づけ，具体的場面での様々な経験をロボットを用いた
構成的手法により乳幼児の発達を実現するロボットの作成は，個別の精神機能
の発達を観察することからでは得られない貴重なデータを関係諸科学に提供す
るとともに，その計算モデルがロボットの設計につながることにもなると考え
られる。

特に，このような中で，認知の主体とその環境とのインタラクション，認知
主体の身体性が認知の発達に果たす役割を研究する身体性認知科学の知見が大
きな意味をもたらすことと期待される。

今日の認知科学においては，知性が適応的に働くために，身体，感情と社会，
環境が，ともに協調して認知的働きをするものと考えられている。

したがって，この章のタイトルである認知発達の生物学的基礎は，進化や脳

を指し示すものである。しかし，ここでみてきたように，認知科学においては，生物学的基礎に加え，人をとりまく環境，社会，状況，文脈などの社会的基礎と人が相互作用することにより，知性が生成されると理解されているといえる。

5　社会的認知

　認知科学におけるトピックスとして挙げられるのは，社会的認知である。社会とは，心理学では他者を指し，人と人に関わる事柄を指す。したがって，社会的認知は，自己と他者の関係を考慮しつつ行動を決定していく人間の行動や認知と関係が深い。社会認知については，すでに第1節で述べたように，進化の過程で人に特徴的な認知として形成されてきたものといえる。そして，第2節の認知の脳神経科学のところでは，社会的認知の脳の基盤として，皮質に広く分布した脳の領域が社会脳と呼ばれることを述べてきた。

＊

　以上，ここでは，認知発達の生物学的基礎として，認知発達の進化論的基礎，脳科学，そして認知科学について述べた。ところで，認知の生物学的基礎としては，このような系統発生における解明と個体発生における解明とが考えられる。

　認知の生物学的基礎に関して，進化論的視点は系統発生からみた認知の形成過程といえる。これは，個体における認知の形成過程を問題としているのではなく，ヒトという生物種としての認知的特性の形成過程の問題であり，他の種との認知的特性に関する共通性や差異性という問題である。ヒトという種の認知的特徴あるいは認知発達の特徴がいかに進化の中で形成されてきたのかの解明である。

　一方，認知発達は個体発生の中でも展開される。個体発生における認知発達の問題は，個体として誕生から死に至るまでの生涯という時間経過の中での認知の展開を問題とする。個体の発生においては，認知発達がよって立つ基盤がいくつか考えられる。この基盤には，生物的基盤（遺伝子，種の制約，個人差，生得的制約等），生理的基盤（認知に関わるハードウェアの基礎，神経のメカニズ

第Ⅰ部　認知発達論

ム等），環境的基盤，社会的基盤（取り巻く人との関係，人の機能，文化的基礎，社会制度，教育等々），時間的基盤（いつの時代での発達か，個体発生における時期など），関係的基盤（上記基盤の相互作用等）等が考えられる。これは，認知の個体発達に影響を与える要因でもある。

　認知発達においては，これらの2つの視点とその関係による説明が意味をもつといえる。

（落合正行）

第2章 認知発達のプロセス

　本章では，認知発達（cognitive development）のプロセスについて，発達期の区分，定型発達と非定型発達，情報処理過程と**モジュール**などの問題の要点を確認した後，乳児期・幼児期・児童期の認知発達のプロセスに関するピアジェ（Piaget, J.）の発生的認識論を概観し，成人や高齢者における加齢にともなう認知の変化の特徴および認知症の問題などの検討を行う。

1　発達期の区分

　本巻『認知発達とその支援』では，特に第3章以下において，認知（cognition）の機能別の発達的特徴とその支援方法が取りあげられる。そのことを理解する前提として，全般的な発達期（developmental period）の区分とその特徴についての知識をもっておくことが重要となるので，本章の最初にこのことをまとめておきたい。

　日常的に使われれる「赤ちゃん，子ども，おとな，年寄り」という区分も，一種の発達期の分類の仕方であるが，発達心理学では，生涯にわたる発達期を(1)出生前期，(2)新生児期，(3)乳児期，(4)幼児期，(5)児童期，(6)青年期，(7)成人期，(8)老年期の8期に分けるのが一般的である。発達期では，それぞれの時期のおよその年齢区分とその時期の発達的特徴が問題となるが，年齢区分は時期によって厳密に規定されているものと，大まかなものがある。以下，8期のそ

25

第Ⅰ部　認知発達論

れぞれについてその年齢区分と特徴を簡単に見ておこう。

（1）出生前期

　赤ちゃんが生まれる前の時期，すなわち母親の胎内にいる期間を出生前期（prenatal period）という。出生前期は，受精卵が子宮に着床する2週間くらいまでの卵体（ovum），妊娠3か月までの胎芽（embryo），出生までの胎児（fetus）の3期に分けられる。かつての「妊娠中は産科，出生後は小児科」というバラバラの医療体制を統合するために，妊娠22週から出生後満7日未満の時期を周産期（perinatal period）と一括して対応する周産期医学という考え方が現在では行われるようになっている。

（2）新生児期

　新生児は，「母子保健法」第6条5において「出生後28日を経過しない乳児をいう」と規定されている。この規定により，新生児期（neonatal period）は，生まれてから4週間までの時期ということになる。

　母親の子宮内で酸素および必要な栄養を「へその緒」を通じて受けて生かされている状態から，この世に生まれ出て，呼吸・摂食・消化・体温調節などを自力で行い，母親以外の人間とも新たな社会関係を築くことが求められる時期である。視覚・聴覚・味覚・嗅覚・触覚の五感は，すでに生まれたときから，その基本的な機能が成立しているとされる。

（3）乳児期

　「母子保健法」第6条2では，「1歳に満たない者」を乳児と定義している。他方発達心理学では，生後1年半までを乳児期（infancy）と定義しているが，それは乳児期を「歩行と言語の準備期」ととらえることに基づく年齢区分である。赤ちゃんは，おすわり，つかまり立ちなどを経て，自分で立ち上がり，定型発達児では1歳3か月頃までに歩行を開始し，1歳半にはかなり歩けるようになる。言葉の発達の早い子どもでは1歳前後から初語が出はじめるが，1歳半ではまだ言葉を話さなくても普通である。

乳児のもともとの意味は，字義通り「乳飲み児」である。現在わが国では，一般的に離乳の時期は生後6か月以前となっているが，たとえば鎌倉時代には離乳期が2歳くらいであったことが古人骨の研究から示されている。

（4）幼児期

「母子保健法」第6条3では，「満1歳から小学校就学の始期に達するまでの者」を幼児という。発達心理学では，1歳半から小学校に入る直前までの時期を指す。幼児期（young childhood）は，起床，着替え，食事，はみがき，トイレ，入眠などを独力で行う「身辺の自立」に向かう時期であると同時に，話し言葉の基礎が形成される時期である。この時期には，描画の表現が豊かになっていく。1〜2歳頃のなぐりがき（scribble）を主とする時期を経て，幼児期には様々な得意な図柄を多用する図式的表現がみられるようになる。

（5）児童期

児童期（childhood）は，小学生の時期全体を指す。文部科学省は，学校の種別に応じて，幼稚園では「幼児」（3〜6歳），小学校では「児童」，中学校と高等学校では「生徒」，大学と大学院では「学生」と呼び分けており，発達心理学も基本的にこの分類に従っている。なお，「児童福祉法」や「児童の権利に関する条約」でいう児童は「18歳未満の者」と定義されているので，注意したい。ここでは，その定義は採用しない。

児童期は，運動能力と行動半径が広がるとともに，「読み書き」の能力であるリテラシー（literacy）と，「計算」の能力であるニュメラシー（numeracy）を学校教育を通じて形成する時期である。なお，法的な規定は特にないが，小学校の後半から中学生までの時期を思春期（puberty）ということがある。

（6）青年期

青年期（adolescence）の始期は中学生からとして，高校生は間違いなく青年期に含まれるが，その終期については諸説ある。伝統的には，青年期は職業の選択（就職）と配偶者の選択（結婚）という「人生の二大選択」との折り合い

第Ⅰ部　認知発達論

をつける時期とされたが，現在ではそのこととの直接の関わりは少なく，20代
後半までの時期を青年期とする考え方が有力である。また，かつては「青少
年」という言葉が官庁用語として流布していたが，2009年に「子ども・若者育
成支援推進法」が制定されたことを受けて，『青少年白書』は2010年に『子
供・若者白書』にタイトルが変更された。官庁用語に「子ども」と「子供」が
併存する一方，「青年」は「若者」になり，内閣府による若者の「ひきこもり」
の実態調査では，30歳代の後半までが調査対象とされている。

（7）成人期

「民法」は第4条において「年齢20歳をもって，成年とする」と規定してい
る。成年に達したものを「成人」と呼ぶと考えれば，成人期（adulthood）の始
まりは20歳ということになる。しかし，発達心理学では，20代後半までを青年
期とみなしており，成人期の後半の60歳代半ばからは老年期と規定されること
になる。多くの成人は，職に就き，結婚して家庭をもち，子どもを育てる時期
を過ごすので，労働，家族，育児が重要なテーマとなる。

なお，中年期（middle age）は，青年期と老年期の狭間の時期という意味で
あり，「中年」および「中年期」を学術用語とはしないという考え方も根強い。

（8）老年期

老年期（senescence；old age）の始まりに関して，「老人福祉法」には老人が
何歳からかを直接規定した条文は置かれていないが，福祉の措置や支援体制の
整備の対象を65歳以上と規定している。「国民年金法」でも，国民年金の支給
対象は「65歳に達したとき」からと定められている。

「高齢者の医療の確保に関する法律」では，医療保険の取り扱いに関して，
65歳以上75歳未満を前期高齢者，75歳以上を後期高齢者と規定している。医学
的には，後期高齢者は，生理的機能の低下が病的な状態に結びつきやすく，が
ん，動脈硬化症，脳梗塞，骨粗鬆症，頻尿，糖尿病，感染症，認知症といっ
た疾患を発症しやすいとされる。

第2章　認知発達のプロセス

2　定型発達と非定型発達

（1）発達の順序性

　発達期はそれぞれの時期の年齢区分とその発達的特徴を問題とするが，発達段階（developmental stage）は，一般に物事の進行の順序性をとらえる言葉であり，生物の発生，経済の発展，社会の構造，技術の革新など，様々な分野で用いられる。最も重要なことは，後の段階が先の段階に先行することはないという点である。

　しかし，発達心理学の場合には，定型発達（typical development）における発達の順序性に「乱れ」が生ずる場合が様々に顕れ，それを非定型発達（atypical development）と呼ぶ。たとえば，言語の定型発達は，幼児期に話し言葉が成立した後に，児童期から書き言葉の学習が始まるが，非定型発達では言語発達が遅れて，まだ言葉が十分出ないうちに文字の学習が始まったりする。

　小説家で発達心理学者の堀田あけみは，自閉症スペクトラム障害の二男（カイト君）についての本（堀田, 2007）を書き，その中で次のように記している。

　　「カイトは話さなくなりました。けれど，彼は読めているのではないか？カイトは，五十音の積み木を，正しく並べることができます。アルファベットも同じ。あれは，読めているのでは。（中略）そのうち，カイトは何度か普通にして，それからしなくなっていたバイバイを，普通とは逆に，掌を内側に向けてするようになりました」（『発達障害だって大丈夫——自閉症の子を育てる幸せ』37-38頁）。

　堀田は，非定型発達の問題点を言語発達（ひらがなやアルファベットは読めても話すことはできないという逆順）と社会的行動発達（「バイバイ」の挨拶で手を振る際に，手のひらを自分に向ける状態から相手に向けられるようになる状態への定型発達とは逆順）の両面から実感したことを述べている。

29

第 I 部　認知発達論

　非定型発達の問題点をまとめると，定型発達とは①異なる発現時期，②異なる順序性，③異なる行動の質がみられ，発現した行動がその後の健常な発達につながっていかないことである。非定型発達のこのような問題点を理解するには，定型発達のプロセスをきちんと理解しておくことが不可欠である。

　しかしながら，定型発達とは異なる発現時期，異なる順序性，異なる行動の質がみられたとしても，それが直ちに「問題」になるわけではない。そのようなことがらを「個性」として受け止めてよい範囲というものがある。それは，つづめて言えば，本人や周囲の人たちがどのような支援（support）を必要とする状態であるかにかかっている。

（2）特別支援教育

　2006年に「学校教育法」が改正され，従来の「特殊教育」が「特別支援教育」に変更された。特別支援教育とは，障害のある幼児・児童・生徒の自立や社会参加に向けた主体的な取り組みを支援するという視点に立ち，一人ひとりの教育的ニーズを把握し，持っている力を高め，生活や学習上の困難を改善・克服するために適切な指導および必要な支援を行うものであるとされる（文部科学省ホームページ「特別支援教育について」より）。

　かつて「特殊教育」が対象とした障害は，視覚障害・聴覚障害・知的障害・肢体不自由・病弱およびその他の障害に限定され，「その他の障害」は，「学校教育法施行規則」において情緒障害（自閉症児も含まれていたと考えられる）と言語障害が挙げられるにとどまっていた。それに対し，「特別支援教育」では，子どもたち一人ひとりの教育的ニーズを把握して，特別なニーズをもつ子どもたち（children with special needs）を発見することが重視され，器質的な障害に加え，限局性学習障害（specific learning disability：SLD），注意欠如・多動性障害（attention deficit/hyperactive disorder：ADHD）も特別支援教育の対象になり，盲学校・聾学校・養護学校を特別支援学校に一本化する方針が示された。

3　情報処理過程とモジュール

　心理学では，心の機能から見た個人の特徴をパーソナリティ（personality）ということばで表している。パーソナリティには，大別すると，知性（intellect）と感情（affect）と意志（will）という3つの側面がある。知性は思考（thinking），知能（intelligence），問題解決（problem solving）などの研究テーマで，感情は気質（temperament），性格（character），情動（emotion），気分（mood）などの研究テーマで，意志は欲求（need），抑制制御（inhibitory control），満足の遅延（delay of gratification）などの研究テーマで，それぞれ実証的な研究が行われてきた。知性が認知の中心にあることには異論がないであろうが，意志もまた認知の問題であり，感情は以前は認知の対極にあるものと考えられていたが，最近では感情認知や情動認知の研究も進んでいる。

　認知（cognition）という概念がこのような研究テーマのどこまでを含むかについては，いろいろな考え方があるだろうが，たとえばイギリスの発達心理学者ゴスワミ編『児童認知発達ハンドブック』（Goswami, 2010）では，「記憶」「言語」「読み」「概念」「分類」「実行機能」「因果推理」「物理的事象の推理」「生物／無生物の区別」「空間認知」「社会認知」「道徳判断」などの章が設定されている。ハンドブックの章の構成としてはこれで特に問題はないのであるが，実はここには情報処理過程とモジュールの2つのカテゴリーに属する概念が入り混じっている。以下，それぞれが取り扱う内容についてまとめておく。

（1）情報処理過程

　認知のプロセスを情報処理の流れでみていくのが**情報処理過程**（information processing process）であり，感覚・知覚など外界から情報が入ってくる「入力系」，記憶・学習・思考（問題解決，推理，意思決定，連想，想像）・メタ認知・実行機能など入ってきた情報を大脳で加工する「中枢処理系」，運動・表現など加工された情報をもとに身体の動きにあらわす「出力系」に分けることができる。以下，この3つの系の内容を順にみていく。

第Ⅰ部　認知発達論

①　入力系

入力系（input system）を表現する言葉には，感覚（sensation）および知覚（perception）の２つがある。感覚は末梢神経系に近い比較的「低次の」情報処理過程，知覚は中枢神経系に近い「高次の」情報処理過程と定義されたりする。もう少しわかりやすい説明としては，「知覚＝感覚＋判断」であり，たとえば３歳くらいまでの乳幼児にとって時計は単なる物体の１つという「感覚」しかないが，時間のことを学んだ子どもは時計から現在の時刻を「判断」する時間の「知覚」をもつことができる。しかし，感覚と知覚の区別は，実際にはあまり厳密に行われない場合も少なくない（知覚については，本書第３章参照）。

五感（five senses）は，①光のエネルギーを受け止めて明暗，色，形，運動などを感ずる視覚，②音の刺激を受け止めてその強さ，高さ，音色，音の方向などを感じる聴覚，③甘味・酸味・塩味・苦味・うま味の基本五味をはじめ食品などの味を感ずる味覚，④化学物質の分子を受け止めて香りや匂いを感ずる嗅覚，⑤触感・痛み・温度など主に皮膚によって感じる触覚の５つをいい，前述のように，生まれたときからその基本的な機能が成立しているとされる。

五感は身体外部からの刺激に対して感ずる認知プロセスであるが，関節や筋肉の動きなど身体内部からの刺激を感ずる自己受容感覚（proprioception）も入力系である。

②　中枢処理系

中枢処理系（central processing system）は，入力系から入ってきた情報を中枢神経系（大脳）で加工する認知プロセスをいい，記憶・学習・思考（問題解決，推理，意思決定，連想，想像）・メタ認知・実行機能などがある。

記憶（memory）は，入力された情報を符号化（記銘），貯蔵（保持），検索（再生）するプロセスであり，感覚記憶・短期記憶（ワーキング・メモリ）・長期記憶の３種に分けることができる（記憶については，本書第４章参照）。

学習（learning）は，心理学では一般的に「経験による比較的永続的な行動の変容」と定義される。練習や訓練によって，新しい知識や技能を獲得することが可能になる。いうまでもなく，学習は学校教育において最も重要な認知機

能であり，学習障害は読字，書字，計算などの学習に困難がみられるものをいう（本書第6章，第12章参照）。

思考（thinking）は，入力された情報を加工して新しい情報を作り出すプロセスをいい，問題解決（problem solving），推理（reasoning），意思決定（decision making），連想（association），想像（imagination）など幅広い認知過程を含むものである。思考には，多くの入力された情報から新たに1つの有効な情報を抽出する収束的思考（convergent thinking）と，1つまたは少数の情報から新たにたくさんの情報を産出する拡散的思考（divergent thinking）の2パターンがある。問題解決，推理，意思決定は主として収束的思考，連想と想像は主として拡散的思考の形式をとることが多い。

メタ認知（metacognition）は，「自己の認知についての認知」という上位の（"meta-" の意味）認知プロセスをいう。ここで処理される情報は，外界から入力された情報というよりも，自分自身の認知活動によって生ずる情報であることが多い。たとえば，数学の問題をみたとき，解く前から自分には解けそうか解けなさそうかを判断するのは，自身の問題解決能力についての認知に基づくものである。

実行機能（executive function）は，目標に向かって思考や行動をコントロールする認知機能であり，誘惑に対する抑制制御（inhibitory control），情報の更新（updating），切り替え（switching）などを行うものである（実行機能の障害については，第13章参照）。

③ 出力系

出力系（output system）は，中枢処理系で加工された情報を身体の動きにあらわすものである。運動（movement）は，目的が何であれ，身体を動かすことをいう。握手をしたり，鍵を開けたり，ボールを投げたりするのは手の運動であり，しゃべったり，タバコをくわえたり，キスをしたりするのは口唇の運動である。表現（expression）は，内面的な認知過程を表情，身振り，言葉，音楽，舞踊，絵画，造形，スポーツ競技などで他者に表明し伝達する行為をいう。

第Ⅰ部　認知発達論

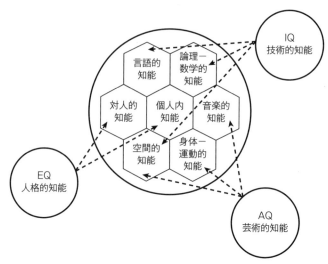

図 2-1　多重知能理論のモデル図
出所：子安，1999

（2）モジュール

　モジュール（module）という言葉の意味は，建築学では設計上の基準となる基本寸法，機械工学では機械を構成する交換可能な要素，生物学では生命体を構成する細胞・組織・器官などのことであるが，脳科学や心理学では「相対的に独立して機能する心の働き」をモジュールという。モジュールでは，処理すべき情報の内容が重要となる。

　アメリカの心理学者ガードナー（Gardner, 1983）は，脳損傷患者の損傷部位と対応する認知機能障害の研究に基づき，人間の知能を7つの独立した知能に分類する**多重知能理論**（theory of multiple intelligences）を提唱した。ガードナーは，①言語的知能，②論理―数学的知能，③空間的知能，④音楽的知能，⑤身体―運動的知能，⑥個人内知能，⑦対人的知能の7つの知能を挙げたが，その後8ないし9の知能に拡張されている（Gardner, 1993）。

　図 2-1 は，上記の7つの知能を筆者が整理したモデル図である（子安，1999）。言語的知能，論理―数学的知能，空間的知能の3つは，伝統的に知能検査によって測定されてきた「技術的知能」である。音楽的知能，身体―運動的知能，

および空間的知能は，音楽・舞踊・スポーツ，絵画・造形などに関わる「芸術的知能」に属する。自己の感情や思考を理解・表現する個人内知能と，他者の感情や思考を理解・表現する対人的知能は，あわせて「人格的知能」と呼ばれるものである。多重知能理論は，知能検査で測定される技術的知能だけでなく，芸術やスポーツなどの活動を支える芸術的知能と，自己および他者を理解するための人格的知能の三者が重要であるとする点がユニークである。

4　ピアジェの発生的認識論

　この節では，代表的な認知発達理論としてスイスの思想家ピアジェの発生的認識論について概説する。発生的認識論（genetic epistemology）とは，認識（認知）の起源を系統発生（科学史）と個体発生（認知発達）の両面から考察するピアジェのオリジナルな学問体系である（Piaget, 1970, 1972；Piaget & Inhelder, 1966）。

（1）ピアジェの発達思想

　ピアジェ（Piaget, J., 1896-1980）は，スイス西北部の湖畔の町ヌーシャテル（Neuchâtel）に，ヌーシャテル大学の中世史の教授を父として生まれた。知的に早熟なピアジェは19歳でヌーシャテル大学動物学科を卒業し，スイスのローザンヌ大学，チューリッヒ大学，フランスのパリ大学で心理学を学んだ後，ヌーシャテル大学，ジュネーヴ大学，ローザンヌ大学，パリ大学の教授職などを務めた。いずれもフランス語圏の高等教育機関であり，ピアジェの著作はほとんどがフランス語によるものである。

　ピアジェの発達思想は，歴史家の父親の影響により哲学・歴史学への関心をもちながらも，生物学的素養が色濃くみられる。すなわち，ピアジェの発達思想の核にある概念は，シェマ，同化，調節，均衡化など，生物学起源の用語である（第5章も参照）。**シェマ**（schema）は，神経学起源の用語であり，「認識の枠組み」というほどの意味である。**同化**（assimilation）は生物が外界から取り入れた物質を必要な物質に変えること，**調節**（accommodation）は環境の変

第Ⅰ部　認知発達論

化に対応して生体の機能を変化させること，**均衡化**（equilibration）は同化と調節のダイナミックな相互作用のプロセスのことである。認知的プロセスにおいては，同化はシェマによる理解であり，調節はシェマそのものを変えていくことである。たとえば，自然数のシェマしかもたない場合，足し算と掛け算しか行わないのなら同化だけで事が済むが，割り算が入ってくると，分数や小数の概念を取り込むようにシェマを調節しなければならなくなる。

　ピアジェの発達思想の核にあるもう１つの重要な概念は，「行為が内化されたもの」を意味する操作（operation）である。ピアジェは，この操作の概念を軸にして，以下に詳しく述べるように，認識の発達を４期（感覚―運動期，前操作期，具体的操作期，形式的操作期）に分けた。

（2）感覚―運動期

　感覚―運動期（sensori-motor period）は，誕生から２歳頃までの時期をいう。この時期の感覚や運動は，言語やその他の表象をほとんど介さずに結びついている。ここで**表象**（representation）とは，目の前にないものを心の中で再現したものをいう。感覚―運動期においても，情報の流れは刺激→反応という一方通行ではなく，刺激⇄反応という双方向的なものであり，たとえば赤ちゃんがガラガラを振るとき，振る動作が音を作り出すとその音がさらに振る動作を促すという**循環反応**（circular reaction）を生み出す。

　表象は，**物の永続性**（object permanence）の成立によって推測することができる。乳児は，見ていたものが急に隠されてもそれを探そうとしない段階から，隠された物を探したり，ほしがって泣いたりする段階を経て，そのものをうまく探し出せるようになる。

　ハイハイから歩行への運動の発達にともなう乳児の移動（locomotion）の能力の拡大は，手や口唇などによる活発な探索行動を可能にし，その探索行動が子どもの認知内容を豊かにしていくのである。

（3）前操作期

　前操作期（preoperational period）は，２歳頃から７歳頃までの時期をいう。

前操作期の間に，あるもので別の何かをあらわす記号的機能（semiotic function）が獲得されていく。その代表は，言語発達である。子どもは，２歳前後までには言葉が出はじめ，基本的な文法にしたがう発話が徐々に可能になり，日常生活に必要な語彙を増やしていき，７歳ともなると，母語話者としてかなりの高い域に達する（７歳のネイティヴな英語話者に匹敵する英語力を身につけられる日本人の英語学習者がどれくらいいるかを考えてみるとよい）。また，たとえば「ツメ」が「チュメ」，「ライオン」が「ダイオン」になるような幼児発音は，遅くとも７歳頃までには自然におさまってくる。

　しかしながら，幼児が大人と同じようにしゃべっているからといって，自分の発話内容を正しく理解しているとは限らない。用いていることばの意味や概念に大人とずれがあったり未熟であったり，たとえば願えばお願いごとが実現すると信じる魔術的思考（magical thinking）や，生命がないものに生命感を感ずる**アニミズム**（animism）の思考が入り混じったりするのが前操作期の子どもの発話であり思考である。

　この時期には，描画（drawing）というもう１つの記号的機能も発達する。感覚―運動期には何かを表現したものというよりは単なる「なぐりがき」にすぎなかったものが，自分の知っているものをいくつかの限られたパターン（図式）を用いて描くようになっていくが，前操作期の子どもが描く絵の特徴として，視点が１つではなく，いくつかの視点から見た絵が「重ね描き」や「並べ描き」されていること，水平―垂直軸が一意に定まらないこと，遠くのものと近くのものとが区別されず，遠近法的構図でないことなどが挙げられる。

（4）具体的操作期

　具体的操作期（concrete operational period）は，７～８歳頃から11歳頃までの小学生の時期をいう。この時期の子どもの認知は，まだ提示された材料の具体性にしばられ，同じ形式の問題でも，内容によってできたりできなかったりする。たとえば，「鉄１キログラムと綿１キログラムはどちらが重いか」という引っ掛け問題に対して，小学校低学年の子どもたちはやすやすと餌食になってしまう。

第Ⅰ部　認知発達論

　具体的操作期の中期から後期にかけて，たとえば何本かの鉛筆を長い順に並べるなど，物をある次元にそって順番に並べる系列化（seriation），集合間の階層関係を理解する集合の包含（class inclusion），「A＞Bで B＞C なら A＞C である」という関係がわかる推移律（transitivity），物質がその見かけなどの非本質的特徴において変化しても，数・長さ・重さ・面積・物質量・液体量などの本質的特徴は変化しないことを理解する**保存性**（conservation）といった論理操作が順次理解できるようになっていく。

（5）形式的操作期

　形式的操作期（formal operational period）は，11～12歳から14～15歳にかけての時期をいい，事実関係についてだけでなく，単なる可能性や蓋然性の問題についても考えることができ，仮説検証的な推理が可能になる。この時期には，①複雑な命題の組合せを理解したり，あるいは自身で構成したりする命題の組合せ操作，②ある現象に対して作用しているようにみえる複数の要因の中から，真に関連する要因を実験的に抽出する関連要因の発見（たとえば，振り子の振動数を決定する要因がひもの長さであることの発見），③ A：B≡C：D のような比例概念（たとえば，天秤は左右の重りの重さとその支点からの距離の積が等しいときにつりあうこと）の理解などが可能になる。

　形式的操作の思考が11～15歳にかけて完成するというピアジェの説は，その後の多くの研究で必ずしも追認されず，大学生になっても形式的操作の思考に至らないケースも続出した。また，形式的操作の思考を測定するピアジェ課題のほとんどが理科・数学的な問題であるということに対してもその限定性に対する批判が出された。

　このような批判に対して，その後ピアジェは，具体的操作から形式的操作へという操作的思考の発達の順序性が重要なのであり，その到達時期には大きな個人差があること，発達段階の概念と適性（文科系と理科系など）の分化の概念を調和させて考える必要があることを認めた（Piaget, 1972）。

5 加齢にともなう認知の変容

　発達とは基本的に年齢にともなう心身の変化であり，そのことは加齢（aging）という言葉で表される。加齢には，年齢とともに身体・精神の構造・機能が向上あるいは増大していく成長（growth）と，低下あるいは衰退していく老化（aging）の2つのプロセスがある。ここで「加齢」と「老化」を表す英語がともに"aging"であることに注意したい。老化は高齢者だけに起こるのでなく，早くから老化が始まる機能もある。大脳の前頭葉機能としての記憶や計算の能力などはその代表であり，10歳代後半から20歳代前半で認知機能のピークを迎えるとされる。

（1）老化の生物学的基礎

　前述のように，がん，動脈硬化症，脳梗塞，骨粗鬆症，頻尿，糖尿病，感染症，認知症などは，加齢が背景にある老化関連疾患とされる。加齢にともなう変化は，細胞の代謝過程における DNA 損傷の修復の限界という分子生物学のレベルでの老化に起因するが，組織・臓器レベルでの老化として顕現する。毛髪が白くなり，皮膚にしわやシミが目立ち，歯が抜けるなど，成人期の後半から老年期にかけて老化の進行が著しくなることは，誰でも知っていることである。このように見かけがはっきりした老化もあれば，心臓のように狭心症などの心臓血管系の病気としてあらわれないと明瞭にならない老化もある。あるいは，病原体に対する抵抗をつかさどる免疫系の老化も直接目にすることはできない。

（2）老化の認知的基礎

　身体─運動能力，知覚能力，認知能力は，加齢とともに次のように変化していく（Charness & Bosman, 1992）。

第Ⅰ部　認知発達論

①　身体─運動能力

　老年期に入ると，全般的な体力の衰えがみられ，骨量の減少と骨質の低下が生じ，酸素消費能力と身体バランス能力も低下し，激しい運動ができなくなり，行動半径が狭まっていく。乳幼児期に移動（locomotion）の能力の増大とともに認知能力が成長していくのとは真反対に，老年期の移動能力の低下は認知能力の衰退を招くものとなる。

　高齢者に対する戒めの言葉に，「ひくな，ころぶな，義理欠け」というものがある。「風邪をひくな，転ぶな，不義理になろうとも調子がよくないのに無理して葬儀に行くことなどは避けよ」といった意味である。高齢者は，万病のもとといわれる風邪をひきやすく，またちょっとしたことで転んで骨折して寝込むことになってしまうが，その後の回復が若い頃のようにはいかず大ごとになりやすい。そして，寝込むことが認知症を悪化させる原因にもなりかねない。

②　知覚能力

　一般的に，五感のうち視覚能力の老化が最も早く訪れる。40歳代から，目のピント合わせを調節する水晶体の弾力性が低下し，近くのものが見えにくくなる「老眼」がはじまる（医学的には「老視」という）。加齢とともに動体視力や夜間視力も低下していき，自動車運転の安全性にも影響が出かねなくなる。

　聴覚では，高音域から難聴がはじまり，聞こえる音域が狭くなっていく（老人性難聴）。高音域の聴力低下は話し声の聞き取りを悪くする一方，低音域の聴力の低下はゆっくり生ずるので，ドアの開閉音や自動車のエンジン音にはむしろ鋭敏になったりする。

　視覚・聴覚のような遠感覚に対し，味覚・触覚のような近感覚の老化の進行は比較的遅くにあらわれる。高齢者が食事とお風呂を心待ちにして心から楽しむのは，近感覚の楽しみである。このことを，冗談めかして「老人は接近戦に強い」と表現することもある。

③　認知能力

　加齢とともに動作がのろくなるといわれるが，認知プロセスにおいては，こ

のことは反応時間の遅れとしてとらえられる。ワーキング・メモリの低下は，別のことをしているうちに本来の目的が何だったかを忘れるとか，聞いたばかりの人の名前を失念してもう一度聞き返す，といった行動を引き起こす。さらに，同時に2種類（以上）の異なる作業をする注意分割（divided attention）の機能も加齢とともに低下していく。

イギリス出身の心理学者キャッテル（Cattell, R. B., 1905-1998）は，流動性知能と結晶性知能の2種類を区別した（本書第4章参照）。**流動性知能**（fluid intelligence）は，記憶や推理などの検査によって測られ，教育・文化的環境の影響を受けにくく，一定の年齢でピークに達し，その後は低下する。他方，**結晶性知能**（crystallized intelligence）は，言語理解や経験的評価などの能力であり，教育・文化的環境を受けやすく，年齢とともにむしろ向上し続ける（Cattell, 1963）。すなわち，流動性知能は老年期に入ると著しく低下していくが，結晶性知能の方は加齢による低下が比較的マイルドであり，そのことが「円熟の境地」を支えている。

6 認知症

認知症（dementia）について，厚生労働省のホームページに以下のような詳しい解説がある。

認知症は「生後いったん正常に発達した種々の精神機能が慢性的に減退・消失することで，日常生活・社会生活を営めない状態」と定義されている。その最大の危険因子は加齢であり，65〜69歳での有病率は1.5％であるが，以後5歳ごとにほぼ倍増していき，85歳では27％に達する。なお，18〜44歳までに発症する認知症を若年期認知症，45〜64歳で発症するものを初老期認知症と呼ぶ。認知症に共通の症状は，記憶障害，失語，失行，失認，実行機能などの認知機能障害と，暴言・暴力・万引・徘徊・失踪・妄想などの行動異常・精神症状に大別される。

認知症は，その診断基準となるアメリカ精神医学会の『精神疾患の診断・統計マニュアル』がDSM-IV からDSM-5（American Psychiatric Association,

2012；訳書2014）に改訂され，老化を主因とするものの若年者でも頭部外傷や感染症によって発症する場合も少なくないので，脳の器質性疾患の総称である神経認知障害（neurocognitive disorders）としてまとめられている。

　神経認知障害は，複合的注意（complex attention），実行機能（executive function），学習と記憶（learning and memory），言語（language），知覚―運動（perceptual-motor），社会認知（social cognition）の6つの主要な障害についてその水準や重症度が判定され，日常生活における自立の程度に応じて，「認知症（major neurocognitive disorder）」または「軽度認知障害（mild neurocognitive disorder）」のいずれかに分類される。

　認知機能障害の診断には，WAIS-III（ウェクスラー成人知能検査第III版）などが用いられるが，より簡便なスクリーニング検査として，アメリカで開発された見当識・記憶力・計算力・言語的能力・図形的能力などを測るミニメンタルステート検査（Mini Mental State Examination：MMSE）や，同様にわが国で作成された長谷川式認知症スケール（Revised Hasegawa's Dementia Scale：HDS-R）が利用される。

7　サクセスフル・エイジング

　ドイツの心理学者パウル・バルテス（Baltes, P. B., 1939-2006）は，老年期の叡智（wisdom）を研究し，**サクセスフル・エイジング**（successful aging）という概念を提唱した。人間は長い人生の中で様々な獲得と喪失（gain and loss）の問題に直面するが，それに対応する可塑性（plasticity）をもち，高齢化の進行にともない，認知と行動に様々な障害が生じてきても，選択的最適化によってそれに対応していくことができるとした。バルテスらの研究によれば，叡智は年齢との関連性はむしろ弱く，創造性や社会的知能などとの関連性が最も強く，次いで人生経験（職業経験など），さらにはパーソナリティ特性，知能の影響も見られたとされる（Baltes & Staudinger, 2000）。高齢者への支援にあたっては，このサクセスフル・エイジングという視点も不可欠である。

（子安増生）

第3章　知覚の発達

　人は外界を知って，外界と相互作用することで発達していく。この外界を知る働きは知覚によることが大きい。視覚では，明るさや色や形を知覚するが，そうして外界を知覚して，その外界に対して身体を操作して働きかけていく。働きかけに対する外界の変化も知覚する。人の発達にとって知覚の役割は極めて大きい。本章では，知覚のうち，視知覚，味覚，嗅覚，体性感覚，さらに空間認知を取りあげて解説する。

1　視　　覚

（1）視覚のしくみ

　視覚は外界の光を刺激として生じる感覚である。目に届いた光は，涙液，角膜，前眼房水，水晶体，および硝子体を経て屈折し，網膜に至る。網膜中の視細胞（錐体と桿体）によって光の刺激を感受する（図3-1）。桿体は網膜の周辺部に多く分布し，光に対する感受性が高く，暗い所で明暗の差を感知できる。錐体は網膜の中心部に多く分布し，光に対して閾値が高く，明るい所で色を感知する。両者にはそれぞれ特有の感光性色素が含まれており，光があたると化学変化を起こす。これが「視細胞の興奮」である。この興奮は視神経につながり，視神経交差を経て，右視野の情報は左半球へ，左視野の情報は右半球へ向

43

第Ⅰ部　認知発達論

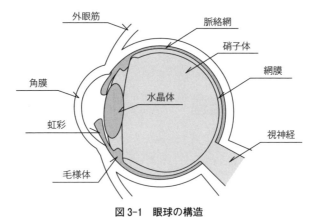

図 3-1　眼球の構造
出所：LATTE/COLUMN　https://latte.la/column/74820078 より作成

かう。外側膝状体を経て視放線へつながり、脳の後頭葉の一次視覚野に達し、その後、2つの経路に分かれて処理される。後頭葉から側頭葉に至る経路は腹側経路といい、物体の認識に関わる処理がなされる。一方、後頭葉から頭頂葉に至る経路は背側経路といい、主に位置の処理に関わるといわれている。これにより、明暗識別や光源の方向識別、あるいは対象物の形態や動き、対象物までの距離などの識別や色彩弁別が可能となる。

（2）色の知覚

色には色相、彩度、明度という属性がある。色相はわれわれが赤、青、黄などと色名をいうものである。明度は色彩の明るさを表し、彩度は色の濃さを表す属性である。

色相は、上述した錐体の働きによるものであるが、光の波長に対する感度の異なる3種類の錐体がある。L錐体（long）は約564 nmに、M錐体（middle）は約533 nmに、S錐体（short）は約437 nmに感度のピークがある。色はこの3種類の錐体がそれぞれどの程度応答したのかで決まっていくが、そのメカニズムはそれほど単純ではない。錐体レベルの応答の次の神経段階においては、異なる波長域に拮抗的な応答を示す反対色の応答が示されるという色覚の段階説が有力である。図3-2は反対色の色相環を示している。すべての色相は、赤、

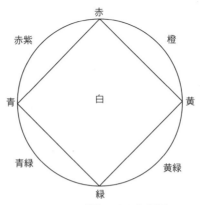

図 3-2 反対色による色相環

黄，緑，青の混色で表される。しかし，赤と緑，青と黄が反対色となっており，この反対色が同時に組み合わされる色相はない。そして，赤と緑が打ち消しあって，同時に青と黄が打ち消しあったときに白の色になる。

　明度については，明度が最も高い色は白で，最も低い色が黒になる。次に述べる彩度との関係が深く，各色相により，最も彩度の高い色の明度は異なり，その最も彩度の高い色の明度を下げたり上げたりすることで，彩度も下がる。彩度は純色の場合が高く，混色していくと低下する。明度と彩度の組み合わせを色調（トーン）と呼ぶこともある。

　色の知覚については恒常性という特性がある。これは，照明光の条件が変わってもその照明光の色に引きずられることなく，同じ物体は安定して同じ色として知覚される現象のことである。これは，網膜レベルで生じる現象ではなく大脳皮質における学習によると推測されている。ダンミラーら（Dannemiller & Hanko, 1987）は，乳児を対象に，青か紫の正方形を選んで何度も見せる学習を行い，その後，照明の色を変えて，色の区別ができるかを調べたところ，生後4か月では色の判断が正しくできないことがわかった。スギタ（Sugita, 2004）は，生まれて間もないサルを1年間，単色光だけの照明環境で飼育した。その後，カード課題を用いてこれらのサルの色覚を検査したところ，白色光のもとではある特定の色のカード（たとえば赤色）を選択できるが，照明光のスペクトルを変化させると，その色のカードを選択できなくなるなど，色の恒常性が

第Ⅰ部　認知発達論

失われることが示された。また，その後，通常の環境に戻した場合でも，容易には色の恒常性が回復することはなかった。このことは，色の知覚においても臨界期が存在することを示唆するものである。

　色の知覚は生後1か月まではははっきりしないといわれている。しかし，その後，急速に発達し，生後2〜3か月には，大人と同様に赤，青，黄などの基本色を区別できる（Bornstein, 1975）。色の知覚は，文化の影響があるかどうかが議論されてきたが，現在は文化の影響はなく，生物学的基盤によるものと考えられている。

（3）明るさの知覚

　ある面に光があたったときに，その面が反射する光の強度を輝度といい，輝度が強ければ明るく感じるのであるが，輝度と**明るさの知覚**は単純には対応していない。たとえば，明るい照明のもとでの黒い物体と薄暗い照明のもとでの白い物体では，黒い物体の方が輝度が高くても黒は黒であり，輝度が低くても白い物体は白である。隣接する面の輝度や空間条件によって明るさの知覚は変化することが知られている。図3-3は明るさの対比の例である。真ん中の正方形の輝度は左右とも同じであるが，背景が黒の左の方が明るく見える。図3-4は明るさの同化の例である。背景の輝度は同じでも右側の方が明るく見える。

　また，明るさには恒常性という性質がある。照明の強度が変化し，輝度が変わっても対象の明るさは同じに見えることである。ウォラック（Wallach, 1948）やギルクリスト（Gilchrist, 1977, 1980）によれば，面の明るさは同一平面に見える面同士の輝度比によって見えの明るさが決定されるという。

（4）形の知覚

　一般的に視覚や触覚でとらえられるもののありようの把握を**形の知覚**という。視野全体が同一光で満たされているときには形は見えない。視野が図と地に分かれるとなんらかの対象が見えるのである。このとき対象は，①素材的特性（色や強さなど），②空間的特性（距離，上下，左右，傾きなど），③時間的特性（過去・現在・未来），④形態的特性をもって現れるとされる。形態的特性とは，

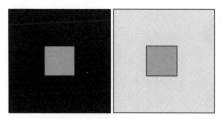

図3-3 明るさの対比

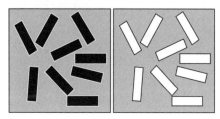

図3-4 明るさの同化

対象が時空間的に広がる場合，広がりや持続のみならず，まっすぐ，曲がっている，丸い，四角い，対称，などのような特性をいう。この対象のもつ特性の中の形態的特性に注目したときに「形の知覚」という。従来，形の見え方については，ゲシュタルト心理学派の研究が多くの知見をもたらしてくれた。その中で，図と地の分節，図の群化などについて考察され，原理的には全体が最も簡潔にまとまるというプレグナンツの傾向が導かれている。

新生児に対してファンツ（Fantz, 1963）は，パターンのある3つの刺激（人の顔，同心円，新聞）とパターンのない3つの刺激（白，黄，赤の円）を提示して，見つめた時間を比較した。その結果，パターンがない刺激よりもパターンがある刺激をより長く見つめ，とりわけ人の顔の刺激を長く見つめた。このように乳児期においも形の知覚はかなり体制化されている。主観的輪郭線を用いた研究では，乳児期に対象を1つの全体として知覚していることがわかっている。主観的輪郭線は，たとえば図3-5に示したカニッツァ図形などで，実際には描かれていないが白い正方形が知覚できる。ギム（Ghim, 1990）は，3か月児にこのカニッツァ図形を見せ実験をした結果，白い正方形を知覚していることがわかった。

形にも恒常性という特性がある。対象を見る方向が変われば，網膜の視細胞

図 3-5 主観的輪郭の錯覚の研究に用いられるカニッツァ図形

への刺激，いわゆる網膜像も変わるのであるが，対象の形が変化したとは感じず，同一の対象として知覚する（Slater & Morison, 1985）。また大きさの恒常性もある。対象から遠ざかれば網膜像は小さくなるが，対象が小さくなったとは感じず，対象の大きさは同じように知覚する。これらの形と大きさの恒常性はすでに新生児期には備わっていることがわかっている（Slater et al., 1990）。

（5）奥行の知覚

網膜に投射される映像は 2 次元の平面画像であるが，ヒトは 3 次元の世界として知覚している。動画や写真の場合も同様に 3 次元の世界として知覚している。こうした知覚を奥行の知覚という。**奥行の知覚**が成立する要因として様々なことがある。両眼で対象物を見るとき，両視線が交わる輻輳角は，対象が近ければ大きくなり，遠ければ小さくなる。このときの動眼筋の緊張度が奥行き手がかりとなる。また，1 つの対象を両目で見る際の微妙な見え方の違いを脳内で処理することで，対象を立体像として知覚する。単眼視では，対象の大きさをあらかじめ知っている場合には，見え方から対象までの距離が推測できる。重なって見える場合は，後ろ側が遠くにあることになる。線路などの平行線は遠ざかるほど幅が狭くなり，最後は 1 点になる。模様の場合，遠くにあるほどきめが細かくなる。観察者が移動している場合，遠くにあるものほど一緒に移動しているように知覚される。

乳児の奥行の知覚に関する研究としてギブソンら（Gibson & Walk, 1960）が行った視覚的断崖の実験が有名である。6〜14 か月の乳児が図 3-6 のような実験装置に乗せられた。一方は浅く，もう一方は深く見える。深い方はガラスのカバーがしてあり，転落することはないが，呼びかけに対してガラスの上を通って這ってくる子はいなかった。このことから，奥行の知覚は生得的なものであると結論された。

第3章 知覚の発達

図3-6 視覚的断崖実験装置

(6) 視知覚の発達

　ヒトは生まれたときから成人が物を見るように見ているわけではない。生まれたときから，見ることの学習をはじめ，成人の視知覚に達するのは12～13歳頃といわれている。以下に視知覚の発達の様子をみてみる。

　新生児では，物を見ることができるが，それは漠然としており輪郭なども曖昧であるといわれている。新生児は生後1週間以内に単眼で固視するようになるが，両眼を連動させて見ることはできず，目の動きのコントロールはそれぞれの目で行われる。狭い範囲であれば動く物を目で追うことができる。静止している物は，背景が混ざりあったり，消えたりするので，動いている物を見る方が容易であるといわれている。

　生後1か月になると固視や注視を安定させ，少しの間なら対象に視線を保つことができる。30～40センチ離れた物が最もよく見え，ゆっくりとした追視も可能であるが，単眼視を交互に用いている。興味を引くパターンであれば，より長い時間注視する。2か月になると両眼視が可能となるが，過剰に輻輳することが多い。頭部を回旋して対象を見ることもできるが，追視では動きに合わ

49

第Ⅰ部　認知発達論

せることは難しい。非対称性緊張性頸反射の姿勢では，一方の目だけを使い，顔側の手を固視している。

　生後3か月くらいになると左右対称の屈曲姿勢が発達し，両手を正中線上にもってくることが増え，これが目の輻輳や正中線上での視覚的注意，両眼視を可能としてくれる。この時期，乳児は自分の手を見ていることが多く，重要な発達の指標となる。追視は，目と頭が一緒になって動き，正中線を越える際には不安定である。この頃より，見ようとすることが運動発達の強い誘因となる。腹臥位では盛んに周囲を見たいと思っているかのごとく頭を上げることが増える。定頸の時期であり，あらゆる姿勢で頭部を垂直に保とうとする。それによって，さらに見る活動が進んでいく。表3-1に追視の発達を示している。

　生後4か月では，上肢をリーチしようとする。すなわち，目で見た物に対して，上肢をコントロールして接触を試みるようになるということであり，非常に重要な行動である。まだうまくリーチできないが，対象物，自分の手，対象物の順に視線を動かす。リーチするためには，リーチした反対側に体重移動するなどの抗重力姿勢でのコントロールが発達する必要があり，同時にリーチすることでこのコントロールが発達する。視野の範囲は広がり，近い物なら長い間注視できるようになり，離れているものでも短い間なら注視できるようになる。頭部や頸部のコントロールが発達するために，頭部を動かさずに目だけで追視するようになる。手の動きは，まだ母指と他指が向きあう形であることは少ないが把握が上達する。正中線上で両手の指をからませて遊ぶことも増えてくる。

　生後5か月では，姿勢コントロール，上肢のコントロールがより発達してくるため，視覚のコントロールもよりよいものになってくる。物を見るとすぐに手を伸ばすようになり，目と手の協調関係は確立したといえる。左右上下，円の追視もスムーズとなり，3つ以上の物に視線を順に移すことも容易になる。

　6か月では，体幹の平衡反応が発達してきて，頭部の独立した運動が可能となり，そのため空間の中の対象物を視覚的に位置づけることができるようになる。両目の固視や輻輳も的確となる。腹臥位や背臥位でも平衡反応が発達してきて，斜め方向にも追視しはじめる。寝返りもそれまでの平衡感覚や筋肉等の

第3章　知覚の発達

表 3-1　追視の発達

月　齢	追視の発達
1か月	正中線から水平60°の範囲で追う。動きはぎくしゃくしている。
2か月	正中線をわずかに越えた所から水平90°の範囲で追う。動きはぎくしゃくしている。
3か月	頭部を動かしながら一方向に連続的に水平180°の範囲で追う。動きはぎくしゃくしている。
4か月	目は頭部から独立して働き始め，水平180°の範囲を追う。正中線上でぎくしゃくした動きをともなう。
5か月	目は頭部から独立し，水平180°をスムーズな動きで追う。
6か月	どんなスピードでも無限大の距離で水平180°の範囲でスムーズに追う。

出所：Erhardt, 1990

　感覚の変化をもとめるものから，見たいがために寝返るという視覚誘導性のものになる。空間の中の複数物を詳しく見ることができるようになり，外界への興味関心はさらに広がる。リーチは視覚が先導し，体幹のコントロールもより上達するので，自分の上肢より先にあるものへもリーチすることが始まる。

　生後7〜9か月になると，座位の完成，つかまり立ちが可能となり，腹臥位での方向変換，腹這い，などの移動能力を獲得する。上肢も随意にコントロールするようになり，方向変換や移動によって見た物にリーチするようになる。指さしも可能となる。ここにきて，視覚と運動が活発な探索活動を可能とする段階まで達したといえる。目でとらえた物を自分で上肢を使って動かすことができ，自分の意志で物を操作することができるようになる。日常生活の中でも保護者が目を離せないほど旺盛な探索活動を行い，こうした経験からさらに外界に対する興味関心が増す。

　生後1歳では，眼球の動きは輻輳，開散を保つ時間が長くなり，2歳では，視力が0.5くらいになり，かなりの正確さで他覚的視力の測定ができるようになる。眼運動反射は精密になってくるが，この時期にわずかでも疾病や障害が加わり，眼を使用していないと消失してしまうといわれている。3歳では，視力は0.6〜0.7くらいになる。眼運動反射はさらに安定してくるが，やはり眼を使わないと消失してしまう。4歳では，両眼視する視機能は完成に近づく。眼を使わないとある程度損なわれるが，消失することはない。5歳で，視力は1.0くらいになる。両眼視の機能はさらに安定し，完成するが，眼を使わないと不安定になる可能性がある。小学校6年生頃には，両眼視をはじめ視覚機能

第Ⅰ部　認知発達論

は強固に完成し，容易なことではこの機能が動揺しないといわれる。

2　味覚・嗅覚

（1）味　覚

　味覚は化学的受容体に物質が結合することで検出される。舌に多く存在する味蕾は味覚受容体細胞と支持細胞から形成されており，化学的受容体は味覚受容体細胞の先端（味蕾の味孔と呼ばれる開口部から突出している部分）に分布する。そこが刺激されると味覚神経を介して脳に信号が送られて味を感知する。

　味には「甘味」「塩味」「酸味」「苦味」「うま味」の五味があるといわれており，それぞれが，いわば信号としての役割をもっている。甘味は，エネルギー源である糖の存在を知らせる。塩味は，体液のバランスに必要なミネラル分の存在を知らせる。酸味は，腐敗している，果物などが未熟であることを知らせる。苦味は毒の存在を知らせる。うま味は身体をつくるのに必要なたんぱく質の存在を知らせる。このように，味覚とは生きていくために必要なものを識別する能力である。

　味蕾は，妊娠7週目くらいにできはじめ，14週くらいには大人とほぼ同じ構造になり，その後は生後3か月くらいまで増え続ける。味蕾は新生児では1万個ほどあり，生後3か月でピークを迎えるが，5か月くらいになると味蕾細胞の数はそのままで，味覚だけが鈍感になっていく。この時期がちょうど離乳食開始時期と重なり，何でも口にすることができるようになる。味蕾は，刺激物で摩耗するため，成人男性では約7,000個，高齢男性では約3,000個と減少していく。

　実際に物を食べておいしいと感じるのは，ここまで述べた味覚の働きだけでは不十分である。乳児は離乳食を通じて，様々な味，食感，舌触り，温度，におい，色彩などを感じて，美味しさを知っていくのである。味覚だけではなく，視覚，聴覚，触覚，筋運動感覚をフル稼働させる。特に，摂食機能の発達は，物をよりおいしく食べる機能の発達であるといえる。2〜3歳くらいになると

第3章　知覚の発達

食べ物の好き嫌いがでてくる。3～5歳くらいまでは成人に比べ，甘味に対する閾値が高く，より甘いものを好む（Liem & Mennella, 2002）が，これはこの時期の子どもが高いエネルギーを必要としているからと考えられている。こうした好き嫌いであるが，その食べ物を食べたときの体験なども含めて様々な要素が関わってくる。

（2）嗅　覚

　味と密接に関わっているのがにおいの感覚，すなわち**嗅覚**である。これは空気中のにおい物質が鼻腔内の嗅上皮に達するところから始まる化学受容感覚である。また，口腔内の食べ物のにおいが中咽頭を通って鼻腔に達し，においを感じることもある。色彩感覚は3原色，味覚は5基本味といわれるが，嗅覚には基本的なにおいというのがあるのかないのかが議論されてきた。においの受容体を発現させる遺伝子は1,000以上あるといわれており，このことは生命維持にとって嗅覚がきわめて重要であることを示しているといわれている。においについては「甘い香り」「酸っぱいにおい」などと味で表現できることがある。においと味の結びつきは，日常の食生活で形成されると考えられるが，近年の研究では，食行動のコントロールに関わる眼窩前頭皮質に味覚情報と嗅覚情報の両方に応答する神経細胞があること（Rolls & Baylis, 1994）や，日常生活でより頻繁に経験する味とにおいの組み合わせほど，より強い嗅覚による味覚の増強効果をみせること（坂井ら，2002）がわかってきている。

3　体性感覚

（1）皮膚感覚

　皮膚は紫外線や細菌から身体を守り，体温調節にも関わっている。そして外界の刺激を受け取るセンサーの役割も果たしている。図3-7は，皮膚の構造を示したものである。皮膚は，表面の表皮の下にある真皮，さらにその真皮の下にある皮下組織から成っている。痛みや熱い，冷たいといった刺激を感じる受

53

第Ⅰ部　認知発達論

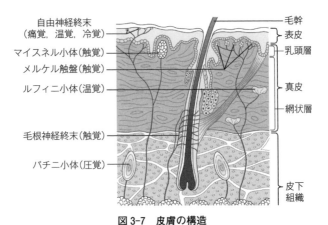

図 3-7　皮膚の構造
出所：「看護 roo!」https://www.kango-roo.com/sn/k/view/1928 より作成

容器は表皮から真皮にある。ここには自由神経終末と呼ばれる痛み，温かさ，冷たさを感じる受容器がある。真皮は，密な繊維性結合組織によって構成され，主に乳頭層と網状層に分けられる。乳頭層には，マイスネル小体と呼ばれる触覚受容器が分布している。真皮の深いところにある網状層の毛根神経終末は触覚を感じ，皮下組織には，血管や汗腺，脂腺とともに，圧を感じるパチニ小体という受容器がある。これらの受容器の密度は身体の部位によって異なり，舌先，手の人差指の先端，口唇などでは密度が高く，背中などで密度が低くなっている。皮膚が感じる痛み，熱い，冷たいといった感覚の大部分は大脳にまで至らず，脊髄で分析され，反射路を通って筋肉に伝えられる。

　これらの**皮膚感覚**は感覚としては胎児期から機能しているが，発達的には，新生児における母親との接触による皮膚感覚が外界との初めての関わりであり，その意義は大きい。同時に母親のにおいも感じて，母子の一体感から基本的信頼を得ることになる。皮膚感覚による社会性の発達との関連は，ハーロウ（Harlow, 1958）の子ザルの実験が有名である。哺乳瓶を持った針金の母ザルの模型と針金を温かな毛布でくるんだ母ザルの模型では，子ザルはおなかが空けば哺乳瓶を持った針金の母ザルのもとに行きミルクを飲むが，それ以外は毛布でくるんだ母ザルの模型のもとにいた。このことからスキンシップが非常に重要であるとの定説ができることになる。

（2）深部感覚

　皮膚感覚と**深部感覚**を合わせて体性感覚という。この２つの感覚は，感覚伝導路や大脳皮質における感覚野が近く，一体となって働くことが多いのでまとめてこう呼ばれる。深部感覚とは身体各部の位置や運動，振動の状態を知る感覚である。深部感覚の受容器では，関節の動きに関連する受容器である関節包のルフィニ小体，関節靭帯のゴルジ受容器がある。筋，腱に存在する受容器は筋紡錘とゴルジ腱器官である。これらの深部受容器からの求心性信号が深部反射を発現させるとともに大脳皮質感覚中枢へ伝導され，多様な深部感覚が起こる。

4　空間認知

　空間認知とは，視覚，聴覚，前庭覚，体性感覚，化学感覚（嗅覚）などほぼすべての感覚を動員して統合し，空間的広がりを認識する作用である。形・大小・方向・位置・距離がその対象となる。空間認知は，眼球運動，到達運動，把持運動，歩行運動など身体運動の制御や，空間のワーキング・メモリ，あるいは移動のためのナビゲーションに活用される。

　視覚では，先に述べた奥行知覚が特に重要である。加えて，動いている物を知覚する，運動知覚も重要である。**運動知覚**は，外界の物体そのものの動きと観察者自身の動きによってもたらされる網膜の上の像の動きがもとになる。水平面の動きとともに，３次元空間内での動き（前後，回転，並行運動）などがある。運動視に関する心理物理的手がかりとして，静止した視覚刺激を場所と時間をずらして提示するときに起こる仮現運動，背景の動きによって物体が動いて見える誘導運動がある。また，奥行の動きには，両眼視差の変化と大きさの変化が手がかりとなる。

　他の感覚において，聴覚では，左右の耳への音の到達時間や大きさの違いから，音源の定位が可能となる。前庭覚は三半規管から発せられる頭部の位置，動きの感覚であるが，自己の身体視覚対象の位置関係を把握するのに必要であ

第 I 部 認知発達論

表 3-2 視覚誘導リーチの正常発達

ステージ	月 齢	状 態
1	1.0〜1.5	視覚的応答がないあるいは短い。リーチしない。
2	1.5〜2.0	短時間ながめる。非対称性緊張性頸反射の上肢伸展側で持続する。活動していなければ活動性は増し，活動していれば活動性は減少する。
3	2.0〜2.5	注視し，強打運動を行う。手は握っている。
4	2.5〜3.0	注視し，強打運動を行う。正確になる。手とものを交互に見る。
5	3.0〜3.5	両手と同時に使う活動。正中線上の呈示では手を挙げたり抱きつくようにする。対象を一側に呈示すると片手を挙げ，他側で抱きつくようにする。交互に見る。
6	3.5〜4.0	両側性反応が優性になる。手を見つめてモニターすることが持続する。
7	4.0〜4.5	両側性と一側性の応答が同じように出現する。両手を挙げたり，片手を伸ばしたりする。手を開くことがわかる。未熟な把握。
8	4.5〜5.0	視野外にある手を素早くもののところへ運ぶ。手を開くことがわかる。左右の手を交互に見つめる。上手な把握。

出所：White et al., 1964より作成

る。体性感覚では，皮膚感覚は，空気の流れや温度の変化を感じることができるとともに，何らかの対象との接触が自己の身体のどこで生じているのかを感じることができる。固有受容感覚などの深部感覚は，自己の身体の動きの感覚であり，特に視知覚との関係で，対象に手を伸ばしたり，つかんだりすることに重要である。先に述べたように，対象に手を伸ばすことは生後4か月頃にはできるようになる。嗅覚では，においの種類の変化と強さの変化が自己の動きの感覚と対応して空間を知覚することに役立つ。

　自己と対象の位置関係について，渡部（2013）は，ハートら（Hart & Moore, 1973）の自己中心的・固定的・抽象的の3種類の空間参照系について紹介している。幼い頃に現れる自己中心的参照系では自身の身体を基準として空間内の対象を位置づけるため，身体の向きや位置に変化が生じると正しい位置を定位できず，探索行動や空間移動が不正確になる。次に，環境内の目立った事物（ランドマーク）や通路（パス），交差点（ノード）などを手がかりに空間をとらえようとする固定的参照系を用いるようになると，対象間の結びつきの理解や移動がより適切になるが，方位角や距離などの判断はまだまだ不正確である（Shemyakin, 1962）。最も遅くに獲得される抽象的参照系では，東西南北などの

第3章　知覚の発達

客観的な座標を当てはめることで，空間全体を包括的に理解することが可能となり，その結果，事物の空間的配列が正確に記されたサーヴェイ・マップ型の認知地図が形成され，空間の計量把握の正確さが高まるといわれる（渡部，2013）。このような環境の中での場所の知覚に関わる脳内経路として，近年，頭頂葉から，内側側頭皮質に向かう経路が推測されている（Kravitz et al., 2011）。

　空間知覚と運動発達は相互作用があるといえる。乳児の積極的な外界への働きかけは生後4か月頃から現れる視覚誘導型のリーチである（表3-2）。これができるようになるためには，陰影，重なり，動きなどの複数の奥行手がかりから外にある世界の奥行や位置をうまく推定できていなければならない（山口・金沢，2008）。これは，先に述べたハートら（Hart & Moore, 1973）の自己中心的参照系ということになる。そして，視覚誘導型リーチの先に寝がえり，四つ這い等の視覚誘発型の運動が可能となり，立位，歩行へと運動発達が進む。

（川間健之介）

第4章 記憶と情報処理

　記憶や思考，推論といった認知機能，およびその背景にある情報処理の問題は，われわれの行動や学習，さらには生活場面での適応における基礎となるものである。そのため，その特徴を踏まえることは，発達やそこにおける障害の理解，そして臨床的支援を考える際に必須である。

　本章では，われわれの学習や適応の基底にある記憶の問題と，それを含めた認知的情報処理のメカニズムおよびその発達について解説する。

1　記憶のメカニズム

（1）記憶とは

①　記憶研究のはじまり

「記憶」とは，経験を保持し，後にそれを再現，利用するなど後の行動に影響する精神機能である。つまり，学習や思考，性格など，過去の経験が影響する様々な心的事象の基礎にあるものといえる。記憶（する）という言葉は，一般的には出来事や言葉を「覚える」ことを指すことが多い。しかしながら，心理学では記憶の働きは記銘（覚える），保持（覚えておく），想起（思い出す）に区分される。

　心理学においてはじめて行われた記憶に関する実験は，エビングハウス

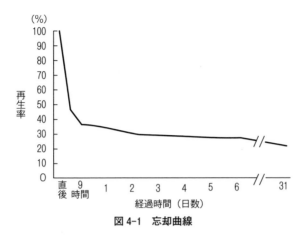

図 4-1 忘却曲線

(Ebbinghaus, 1885) による無意味綴りの記憶と再生の実験である。それによれば、単語の再生率は記憶後数時間のうちに急速に低下するが、それ以降の保持率は20～30%程度でほぼ一定となる（忘却（保持）曲線：図4-1）。また、文章などの有意味な情報は、無意味語に比べて忘却が起こりにくく、記銘材料の構造や記銘者が材料に見出す構造が記憶に影響すると考えられる。

記憶成績は、必ずしも記銘から想起までの時間が短いほどよいとは限らない。すなわち、物事を順番に記憶する際の再生率（系列位置効果）は、最初と最後に記銘したものがよく、それぞれ初頭効果、新近性効果という（図4-2）。

なお、学習（記銘）した直後よりも一定時間経過した後の方が記憶成績がよい場合がある。この現象は**レミニセンス**と呼ばれ、無意味語の記憶や運動学習では数分後という比較的短い時間間隔で生じ、文章などの有意味刺激の学習においては2～3日後という比較的長時間の後にみられる。

② 忘却のメカニズム

記銘した情報が想起できないことを忘却という。忘却は、「忘れた」すなわち保持の失敗だけでなく、保持されているものが「思い出せない」すなわち想起の失敗によっても生じる。前者の場合は再生（記憶した対象を回答させる）も再認（記憶した対象をリストの中から選択させる）も失敗するが、後者の場合は再生には失敗しても再認には成功することが多い。

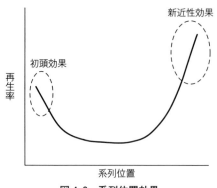
図4-2 系列位置効果

　保持の失敗による忘却については，記銘の際の印象が薄いなど脳内に残される痕跡が弱い場合，時間とともに痕跡が消えてしまうために忘却が生じるという減衰（記憶痕跡崩壊）説や，記銘された内容がそれ以前に記憶した事柄の干渉（順向抑制）や以後に記憶した事柄の干渉（逆向抑制）を受けるために忘却が生じるという干渉説などにより説明される（McGeoch, 1932）。また，想起の失敗による忘却については，記憶に保持されている情報が何らかの理由で検索に失敗し想起できないために忘却が生じるとされる。精神分析学の立場では，自我を脅かすような不快なことは意識にのぼらないように無意識の中に抑圧され，想起できないために忘却が生じると考えられている。

　ある事柄が想起できない場合でも，自身の記憶に対する信念，すなわち自分はそれを知っていて，後から思い出すことができるという感覚を「既知感（feeling of knowing：FOK）」という。既知感が強い場合には，たとえば思い出そうとする対象に関連する情報だけが想起される場合があり，これを「喉まで出かかる（tip-of-the-tongue：TOT）現象」という（Brown & McNeill, 1966）。

③ 記憶の変容
　時間の経過とともに記憶に保持された内容が変容することがある。たとえば，多義図形の記憶課題における記憶の変容には，標準化（日頃見慣れたものに近づく），強調化（特徴的な部分が強調される），水準化（小さな特徴が薄れて平均化される）という現象（プレグナンツの法則）がみられる。また，カーミカエルら

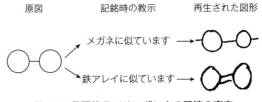

図 4-3 言語的ラベリングによる記憶の変容

(Carmichael et al., 1932) は，記銘時の言語的な命名（ラベリング）が記憶の変容に影響することを見出した（図4-3）。

記憶の変容には，学習者自身のもつスキーマの影響もみられる。たとえば，バートレット（Bartlett, 1932）による文章の記憶実験では，細部の特徴的な内容は正確に再生されるが，全体的な内容は学習者自身のもつスキーマに沿って再構成されたものとなっていた。

（2）記憶の種類

① 手続き的記憶と宣言的記憶

後述する二重貯蔵モデルに示されるように，今までの生活における経験や学習を通して蓄積された情報（知識）は長期記憶に保持されている。長期記憶は永続的でその容量はほぼ無限であると考えられるが，そこに保持される情報はその内容や特性によっていくつかの種類に分けることができる。

その1つに，**手続き的記憶**と**宣言的記憶**との区分がある。手続き的記憶とは，スキルや方法に関する記憶であり，自転車の乗り方や楽器の弾き方など，技能に関する行動的スキルや，暗算など，方略に関する認知的スキルがある。また，手続き的記憶は言語化できないものも多く，ある行動について熟達した技能をもつ人でも，その技術や方略を言語化して伝えるのが困難である場合も多い。

宣言的記憶とは，言語により記述できる，事実に関する記憶である。宣言的記憶はさらに，**エピソード記憶**と**意味記憶**とに区分することができる（Tulving, 1983）。エピソード記憶とは，たとえば「私は10歳の頃ハドソンというゴールデンレトリバー犬を飼っていた」というような，個人的な体験や経験と結びついた記憶である。エピソード記憶は，多くの場合特定の時間と場所が

第Ⅰ部　認知発達論

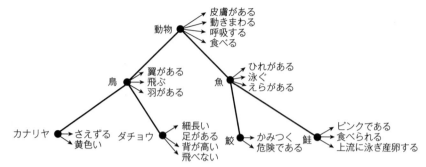

図4-4　意味記憶における階層的ネットワークモデル
注：概念はノード（点）で表され，概念間の関係はそれらを結ぶリンク（線）で表される。ネットワークは上位概念から下位概念へと階層的に構造化されている。また，各概念に固有の特徴はそれぞれのノードに貯蔵されているが，概念間で共通する特徴は上位のノードに貯蔵されており，情報が重複して貯蔵されないようにしている。
出所：Collins & Quillian, 1969より作成

関係し，客観的な事実だけでなく，経験者の主観的な印象をともなったものである。これに対して意味記憶とは，たとえば「ゴールデンレトリバー犬」のように，辞書に書かれるような定義的な知識など，個人の主観的な経験や特定の場所や時間に関係しない，客観的に共有することが可能な一般的な情報に関する記憶をいう。

　意味記憶は単語やその他の言語的記号，およびその意味や関係などの知識を体制化した心的辞書であるとされる。意味記憶に含まれる膨大な情報は，長期記憶の中でネットワーク状につながって保持されていると考えられており，コリンズとキリアン（Collins & Quillian, 1969）はこれを階層的ネットワークモデル（図4-4）として提唱している。

② 顕在記憶と潜在記憶

　長期記憶のもう1つの区分の方法として，**顕在記憶**と**潜在記憶**との区分がある。顕在記憶とは想起に意識をともなう記憶であり，通常の記憶研究で使用される再生法や再認法は顕在記憶によるものである。他方，たとえば自動車の運転や学校の登下校などの日常的な行動においては，想起しているという意識をともなわずに判断や行動を行っている場合も多い。このような，想起している

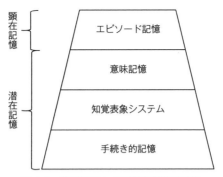

図 4-5　顕在記憶および潜在記憶の構造
出所：Tulving, 1991；太田，1995

という意識をともなわず，無意識のうちに行動に影響を及ぼしている記憶を潜在記憶という。潜在記憶は想起に意識をともなう記憶課題では確認することはできないが，それを確認する方法の1つにプライミング効果を用いた実験課題がある（Meyer & Schvaneveldt, 1971 など）。プライミング効果とは，先行して提示される情報（プライム）が後続する情報の処理に影響を与える現象である。たとえば，「リサイ__ル」という単語完成課題において，先行刺激として「音楽演奏」という語を提示すると「リサイタル」という反応が，「資源活用」という語を提示すると「リサイクル」という反応がなされやすくなる。これは，長期記憶内の関連する言葉や概念同士がネットワーク状に結びついているために（Collins & Loftus, 1975），先行提示された語によって無意識に関連する情報が活性化され，それぞれの語が想起されやすくなったためであると考えられる。

　タルヴィング（Tulving, 1991）によれば，顕在記憶および潜在記憶には図4-5に示す内容が含まれる。なお，図中の知覚表象システムとは，意味的処理が行われる前段階の感覚や知覚のレベルで働く記憶のことである。また，この図では下位に示された手続き的記憶を基礎にして，順に上方へ発達していくものであると考えられている。つまり，潜在記憶が基礎となって顕在記憶が成立しているといえる（太田，1995）。

第Ⅰ部　認知発達論

③　展望記憶

　長期記憶に保持されている内容は過去の出来事に関するもの（回想的記憶）
だけでなく，将来の行動に関する記憶である**展望記憶**も存在する（Cohen,
1989；Meacham & Leiman, 1982）。展望記憶には，主に「どのような行動を」
「いつの時期に」行うのかという情報が含まれ，行動の実行や計画に関係して
いる。そのため，展望記憶は生活の質（quality of life：QOL）にも大いに関わ
ると考えられる（中島，2006）。

2　記憶の情報処理モデル

（1）二重貯蔵モデル

　初期の心理学の記憶研究においては，記憶は単一の精神機能として扱われて
いた。しかしながら，認知心理学の台頭とともに，記憶に複数のシステムを想
定し，記憶を一連の情報処理過程ととらえてそのメカニズムを明らかにしよう
とされるようになった。

　記憶における情報処理モデルの代表的なものに，アトキンソンとシフリン
（Atkinson & Shiffrin, 1968）の提唱した**二重貯蔵モデル**が挙げられる（図4-6）。
このモデルでは，保持できる時間と容量によって，記憶を感覚記憶，**短期記憶**，
長期記憶の3つに区分している。まず刺激（情報）が提示されると，感覚記憶
において知覚的な情報として一時的に保持される。続いて，感覚記憶において
貯蔵された情報のうち，注意を向けられた情報は短期記憶に貯蔵される。その
際，貯蔵される情報は知覚的なものから意味をもったものへと変換（符号化）
される。

　短期記憶とは，情報の短期的な貯蔵庫であり，保持できる時間（通常15〜30
秒程度）や情報量（文字列や数列の場合，7±2桁程度）は非常に限られたもの
である。そのため，情報は短期記憶に保持されている間に長期記憶に送るため
の記銘処理がなされなければ忘却されてしまう。そこにおいて重要な働きをす
るのがリハーサルである。リハーサルとは，短期記憶における忘却を防ぎ，長

64

第4章 記憶と情報処理

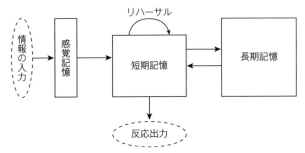

図4-6 記憶における二重貯蔵モデル
出所：Atkinson & Shiffrin, 1968

期記憶に情報を正確に伝達するために保持すべき内容を頭の中で（あるいは口頭で）繰り返す活動を指す。なお，リハーサルには，記銘すべき対象を主に言語的にそのまま反復する維持リハーサルと，対象の意味や内容を分析したり，長期記憶に保持された他の情報と結びつけたりする，精緻化リハーサルとがある。

　短期記憶における処理の結果，必要な情報が長期記憶に伝達，保持される。長期記憶は永続的で無意識的な，無限の容量をもつ記憶であり，その内容には前節で述べた様々な区分がある。また，想起の際には長期記憶において検索，選択された情報が短期記憶に伝達され，反応出力（口頭反応や身体反応など）に必要な処理過程を経て，反応が生じる。

(2) ワーキング・メモリ（作動記憶／作業記憶）

① ワーキング・メモリのモデル

　記憶の二重貯蔵モデルでは，記憶を短期記憶と長期記憶とに区分し，主に記憶の量的側面，すなわち保持できる時間と容量に注目する。このモデルは，記憶のメカニズムをとらえるうえで一定の有用性が認められるが，他方で次のような問題点が挙げられる。1つは，視覚的情報と聴覚的情報など，扱う情報の種類による処理の差異が考慮されていないことである。そしてもう1つは，記憶の制御機構，すなわち提示された情報から必要な情報を選択し，課題に従った処理を行う際の指示や制御をどこで行っているのかということが不明確であるということである。

第Ⅰ部　認知発達論

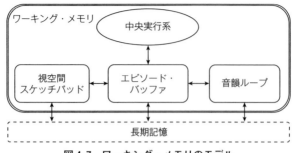

図 4-7　ワーキング・メモリのモデル
出所：Baddeley, 2012をもとに作成

　これらの問題に対応するモデルとして，バドリーら（Baddeley, 1986；Baddeley & Hitch, 1974）の提唱した**ワーキング・メモリ**（作動記憶／作業記憶）の理論がある（図4-7）。ワーキング・メモリは，主に短期記憶の理論を発展させ，記憶する情報の「量」に加えて，「内容」と「操作」とに焦点を当てている。

　まず，情報の内容については，情報の特性に応じた，次の下位機構（サブシステム）が想定されている。1つは音韻ループ（聴覚的短期記憶）であり，主に聴覚的情報に対応し，言語に基づくような情報を取り扱う。音韻ループは，発声に関わらない音響的な情報を収納する音韻貯蔵庫と，内言を含む音声化によって言語情報を取り扱う能動的な機構である構音制御プロセスとからなる。二重貯蔵モデルにおけるリハーサルの働きは，主に後者に含まれると考えられる。すなわち，音韻貯蔵庫の情報をリハーサルすることで記憶の痕跡をとどめようとしたり，言語的情報を音韻コードに変換し，音韻貯蔵庫に登録する働きが想定されている。もう1つは，視覚的・空間的イメージの情報処理を担っている視空間スケッチパッド（視空間的短期記憶）である。さらに近年提出された新たなモデルでは，ワーキング・メモリと長期記憶とにおける情報の統合など，複数の情報を統合した表象を扱うエピソード・バッファという機構が想定されている（Baddeley, 2012）。

　情報の操作とは，必要な情報に注目したり，不要な情報を抑制したりして限られた記憶容量を効率的に使用することや，記憶した情報に操作を加えるとい

第 4 章　記憶と情報処理

9S1R5P3T

上の文字と数について…
・**聴覚的短期記憶**：提示された順に再生する（順唱）
・**ワーキング・メモリ**（中央実行系＋聴覚的短期記憶）：たとえば
　数字を小さい順に，次にアルファベットを発音順に並べ替えて再
　生する（語音整列）

図 4-8　短期記憶の課題とワーキング・メモリの課題の例

った能力である。具体例として，短期記憶の容量を測定する課題と，ワーキング・メモリのそれとの比較を図 4-8 に示す。ワーキング・メモリにはそれらを司り，情報処理の状態を管理する中央実行系と呼ばれるシステムが想定されている。なお，中央実行系は，認知的処理における実行機能の一部であると考えられる。

② 　ワーキング・メモリの個人差と臨床的意味

　近年，ワーキング・メモリにおける諸機能の個人差が発達における問題をとらえるうえで重要な意味をもっていることが指摘されている。たとえば，ワーキング・メモリの容量は年齢にともなって増加するが，容量には個人差が大きく，7 歳の時点ではワーキング・メモリの容量が11歳程度に大きい子どももいれば，5 歳程度に小さい子どももみられる（Gathercole & Alloway, 2008）。ワーキング・メモリの容量は学習場面において大きな意味をもつ。すなわち，たとえば学校の授業においては教師の指示に従い，教科書や黒板に書かれた情報を参照し，他の子どもの発言も聞き取り，ノートに書き留めるなど，様々な情報を処理しなければならない。しかしながら，ワーキング・メモリの容量の小さい子どもは，与えられる情報量に対してワーキング・メモリがオーバーフローしてしまい，教室において適切な行動や学習を行うことが難しくなってしまう。また，反対にワーキング・メモリの容量が大きすぎる子どもの中には，教師から与えられる指示や学習内容をたやすく処理してしまうがゆえに授業内容に飽きてしまい，学習への意欲が低減してしまう者もいる可能性が考えられる。

　また，ワーキング・メモリの個人差は，処理できる容量だけでなく，処理機構の機能においてもみられる。たとえば，学習障害のある子どもの中には，視

第Ⅰ部　認知発達論

空間スケッチパッドにおいて扱われる視空間的情報，または音韻ループにおいて扱われる音韻的，言語的情報のいずれかの処理に困難さがあったり，両者の機能に偏り（ディスクレパンシー）があることが指摘されている。このため，たとえば教師の発話など聴覚的に提示される情報については何ら問題はないのに，板書など視覚的に提示される情報に対しては著しく理解が困難である，もしくはそれとはまったく逆の特徴がみられることがある。このような特徴を踏まえると，ワーキング・メモリに関わる困難さのある子どもに対しては，困難さに着目してそれを克服するだけでなく，強みに着目した支援というアプローチも可能である（湯澤ら，2013）。

　ワーキング・メモリの能力は，新たに物事を学習する能力に関わると考えられる。このため，アロウェイとアロウェイ（Alloway & Alloway, 2015）によれば，すでに獲得された能力を反映する知能指数よりも，将来の子どもの学習成績を正確に予測するとされる。すなわち，低学年時にワーキング・メモリの能力が低い子どもは，学習場面において困難を示しやすく，その後適切な支援がなされなければ高学年時にも引き続き低い学習成績を示すばかりか，平均的な子どもとの差異は低学年時よりも大きくなってしまうと考えられる。

3　記憶の発達

（1）記憶の発達プロセス

①　記憶の初期発達

　人間の記憶はいつから存在するのであろうか。胎児期においてもいくらかの視覚，聴覚の能力は存在し，それにともなってある程度の記憶が存在すると考えられている。たとえば，新生児が胎内で聞いた物語の韻律を再認するという報告（De Casper & Spence, 1986）などは，胎児期の記憶の存在を示唆している。

　記憶の発達は，対象を長期記憶に保持するための心的な形式である表象の発達と密接な関係にある。生後数か月の乳児の記憶は，感覚運動的記憶と呼ばれる，主に感覚や知覚，動作に基づく水準のものである。その後，乳児は対象の

第4章　記憶と情報処理

永続性，すなわちモノに隠されて直接目に見えなくなってもそれが存在していることを理解するようになる。さらに，たとえば以前見たバスを思い出してバスごっこをするといった遅延模倣がみられるようになるが，これは対象を文脈から離れたイメージとして保持し，後で再生するといった，表象機能に基づく記憶の発達を意味している。

　乳幼児期の表象は主に対象の具体的な物理的特徴に基づく映像的表象であるが，言語発達にともない，分析的，抽象的な表象である，言語的（命題的）表象が現れる。たとえば，机の上に置かれた本と鉛筆を記憶する場合，その状況を映像的に記憶するだけでなく，「机，本，鉛筆」またはそれらの構成（本と鉛筆が机の上にある）といった構成要素やその意味が言語的に表象される。それにともない，記憶においても言語的表象の影響を受けるようになる。その傾向は，言語が思考の道具として機能しはじめる幼児期後半からみられるようになり，児童期の具体的操作期以降では，映像的表象よりも言語的表象の影響が強くなる。

②　記憶の容量と方略の発達

　一度にどのくらいのことを覚えることができるのかは主に短期記憶の容量による。単純な文字列や数列の記憶の場合，成人は 7 ± 2 桁であるのに対し，幼児では3桁，10歳児では4桁程度である（Case, 1972）。なお，感覚記憶については，5歳までにほぼ成人と同様のレベルまで発達すると考えられる。

　情報の効率的な記銘や想起のために用いる方略を記憶方略という。記憶方略には，カテゴリー化などにより関連する情報を整理する体制化，情報に意味をもたせて符号化する精緻化（例：794年→ナクヨうぐいす平安京），記憶する項目を復唱して言語的に符号化するリハーサルなどがある。

　課題に固有な記憶方略は2，3歳児においてもみられるが（Wellman, 1988），幼児期においては，課題に共通して有効な記憶方略の使用は難しいと考えられている。たとえば，リハーサルは，5歳児では1割程度にしかみられず，多くの子どもにみられるようになるのは10歳頃からである（Flavell, 1979）。これは，年少児ほど記憶が刺激の提示されたモダリティに依存する傾向にあり，特に視

第Ⅰ部　認知発達論

覚的に提示された刺激をリハーサルによって言語的に符号化して効率的に記憶することが難しいためであると考えられている。ただし，幼児期には自発的には記憶方略を使用できないが，教示等の援助や誘導があれば使用できるという「産出欠如」の段階があるとされる（Miller, 1994）。

また，記憶方略はメタ認知能力，すなわち自分の記憶に対する認識の発達とも関連している。フラベルら（Flavell et al., 1970）によれば，記憶に対するメタ認知（メタ記憶）の能力は年齢とともに発達し，それによって，記憶課題の成績が向上するとともに自身の記憶成績に対する予想と実際の成績との誤差が小さくなり，より正確で効率的な記憶が可能になると考えられる。

なお，記憶の能力や記憶方略には領域固有性の特徴がみられる。すなわち，たとえば幼児がテレビアニメに登場する数多くのキャラクター，または動物や列車などの名前や細かな特徴を記憶するなど，ある特定の興味のある事柄に限って高い記憶能力や，発達の水準を大きく超えた記憶方略を示すことがある。

（2）加齢と記憶

①　記憶の生涯発達

人間を生涯を通して発達する存在ととらえる生涯発達心理学の立場から，加齢による記憶能力の変化や，高齢者における記憶の特徴についての検討がなされている。一般に記憶をはじめとする人間の諸機能は青年期から成人期にピークを迎え，その後衰退していくと考えられがちである。しかしながら，太田（Ohta, 2002）によれば，記憶の発達的変化は一様ではなく，加齢とともに能力が低下するもの，低下しないもの，向上するものがあるとされる。能力が低下するものとしてはエピソード記憶，低下しないものとしては意味記憶や潜在記憶が，向上するものとして修得した経験や知識に基づく「生きる知恵」のようなものが挙げられる。また，太田（2008）は，幼児の記憶と高齢者のそれとの間には共通点があるという，記憶の生涯発達的変化のシンメトリー（対称性）を指摘している。先に述べたタルヴィングによる記憶の構造のモデルによれば，手続き的記憶→知覚表象システム→意味記憶→エピソード記憶の順に発達するが，高齢期では逆の順番，すなわち，エピソード記憶から順に衰えはじめ，そ

の結果，幼児期と共通した特徴がみられるようになるという。

②　高齢者の自伝的記憶

　結晶性知能，すなわち語彙や社会的技能など，過去の学習を通じて蓄積された知識を現実の場面で応用する能力や，「人生とは」など，様々な知識や経験を統合する能力は加齢によって発達し続け，高齢者において高い能力を示すとされる。その背景には長年にわたる生活経験の蓄積が重要な意味をもつと考えられるが，高齢者はその経験をどのように記憶しているのであろうか。生活の中で経験した出来事に関する記憶のうち，それまでの人生を振り返って再現するエピソードを**自伝的記憶**と呼ぶ（Brewer, 1986）。自伝的記憶はエピソード記憶の一種であるが，自伝的記憶はその中でも個人の人生にとってより重要な過去の出来事であり，個人のアイデンティティと密接に関わるという特徴をもつ。

　高齢者の自伝的記憶の特徴として，直近に経験した記憶の再生（新近性効果）を除けば，10代から30歳にかけての出来事の想起が多いという，**レミニセンス・バンプ現象**がみられる（Jansari & Parkin, 1996；Schrauf & Rubin, 1998など）。レミニセンス・バンプ現象はこの時期の経験の記憶が高齢者にとって重要な意味をもっていることを示唆していると考えることができる。

4　認知の諸機能

（1）認知的情報処理

①　認知活動における情報処理過程

　われわれの日常の様々な行動の多くは，認知的な活動をともなっており，認知心理学ではそのような認知的活動を情報処理のモデルでとらえようとする。スタンバーグ（Sternberg, 1969）によれば，情報が入力されてから反応が出力されるまでには，表4-1に示す4つの処理段階が想定される。たとえば，「絵を見てその名前を答える」という非常に単純な活動にこの処理段階をあてはめると，絵の視覚的処理（入力段階），絵の示す内容についての概念の活性化お

第Ⅰ部　認知発達論

表 4-1　認知的情報処理における処理段階

入力段階	提示された刺激に対する感覚的・知覚的分析とともに，後続する処理に必要な特徴分析の処理が行われる。
判断，決定段階	入力された種々の情報の中から，課題解決に必要な情報を選択し，不要な情報を排除する。
反応コード選択段階	処理された情報をどういう形で出力するのかという，反応コードの選択・決定が行われる。
出力段階	選択された反応コードに基づいた反応が出力される。

出所：Sternberg, 1969より作成

および名前の検索（判断，決定段階），口頭反応の決定（反応コード選択段階），音声（口頭）による報告（出力段階）ということになる。なお，情報がある段階から次の段階に送られる場合には，その情報は新しい段階において処理できるように変換される（McClelland & Rumelhart, 1981）。この変換は符号化と呼ばれ，視覚的符号化，意味符号化，音韻的符号化などがある。

②　情報処理速度

　仕事や課題を，どれだけ速く正確に行うことができるかを，**情報処理速度**という。この場合の課題は，アイデアを出すような発展的な課題よりもむしろ，事務的な，単純作業を指すことが多い。情報処理の速さと正確さは一般にトレードオフの関係にあり，状況や課題に通底する個人の認知的特性（**認知スタイル**）として，遂行に時間を要するが誤りの少ない人は熟慮型，遂行に要する時間は短いが誤りの多い人は衝動型と呼ばれる（Kagan & Kogan, 1970）。

　情報処理速度は精神機能の中でも重要なものの１つであり，たとえばWISC-IV 知能検査では知能を構成する指標の中に「処理速度」がある。この指標は情報処理の速度とともに実行機能（プランニング），注意（注意の集中），視覚的短期記憶，筆記技能（視覚―運動協応）の能力を含むものである。なお，処理速度に困難さがある子どもは，授業中に板書を写したり問題を解くのに時間がかかる，学習や行動において集団のペースに合わせることが難しい，行動を急かされると誤りが増え作業が雑になる，などの特徴を示す。

第 4 章　記憶と情報処理

表 4-2　継次処理，同時処理の得意さを生かした支援方法

継次処理の得意な子ども	同時処理の得意な子ども
・段階的な教え方 ・部分から全体への方向性を踏まえた教え方 ・順序性を踏まえた教え方 ・聴覚的，言語的手掛かりの重視 ・時間的，分析的要因の重視	・全体を踏まえた教え方 ・全体から部分への方向性を踏まえた教え方 ・関連性を踏まえた教え方 ・視覚的，運動的手掛かりの重視 ・空間的，統合的要因の重視

出所：熊谷・青山，2000

③　継次処理と同時処理

　認知的情報処理の能力は処理速度だけによって規定されるのではなく，情報処理の形式によって区分することができる。その一例として，**継次処理**と**同時処理**（Das, 1973；Luria, 1966）が挙げられる。継次処理とは，情報を連続的かつ逐次的に分析し，時間的に順を追った情報の処理を指す。他方同時処理とは，情報を全体的・包括的にとらえ，情報の関係性を視覚的，空間的に分析していくという処理を指す。継次処理，同時処理の能力を測定する検査としては，**KABC-II 心理・教育アセスメントバッテリー**や **DN-CAS 認知評価システム**などがある。

　音韻的・聴覚的情報は継次処理に，空間的・視覚的情報は同時処理に優位性をもつとされる。このため，継次処理に困難さのある子どもは聴覚的に提示される課題が，また同時処理に困難さのある子どもは視覚的に提示される課題が苦手であることが多い。つまり，同じ内容の課題であっても情報の提示の仕方によって理解のしやすさが異なると考えられる。教育的支援においては，子どもの認知的処理の得手不得手の個人差に配慮し，たとえば表 4-2 に示すように子どもの得意な面を生かせるような課題提示に留意する必要があるといえる。

（2）情報の管理，制御機能

①　実行機能

　認知活動においては，情報の処理の上位に処理を制御したり監視したりする，「指令役」や「管理者」の機能が必要になる。認知的情報処理においては，これに対応するものとして**実行機能**と呼ばれる機能が想定されている。なお，前

第 I 部　認知発達論

節で述べたワーキング・メモリにおける中央実行系のシステムも実行機能の一部であると考えられる。実行機能とは，注意の抑制，情報の更新，ルールのシフティング（転換）といった，認知機能を監視，制御する機能であり，脳の前頭前野の働きが関連しているとされる（船橋，2005）。

　実行機能は，状況に応じたルールの理解やルールが変更された際の適応など，われわれの日常における学習や対人関係の場面において不可欠な能力である。そして，その困難さは，たとえば自閉症スペクトラム障害のある子どもにおけるこだわりの強さやあいまいな状況に対する認知の難しさなど，発達障害の特性とも関連すると考えられている。

　②　抑制機能

　認知的情報処理においては，処理を行う対象に注意を向ける必要がある。注意におけるメカニズムについて，従来は選択された対象のみに注意を向けるとする考え（スポットライト説）が主流であった。しかしながら，注意を向ける対象以外の不必要な情報に焦点をあて，それを抑制する機能の存在が指摘されている。つまり，不必要な情報への注意が抑制された結果，抑制されなかった対象が知覚されるということである。ティパー（Tipper, 1985）は，ネガティブ・プライミング課題（図4-9）によって抑制機能を実験的に確かめている。

　なお，抑制機能は，前述した実行機能の働きの1つであると考えられる。そして，この機能の障害は，たとえば注意欠如・多動性障害（ADHD）のある子どもにみられる，不必要な情報の抑制が難しいために必要な対象への注意の持続が難しいという特徴など，発達障害に関連する要因の1つであると考えられている。

（3）推　論

　新しい課題を解決したり，知識を獲得する際に，われわれは以前の経験に基づいて予想を立て，それに基づいて結論を導き出すような方略を用いることが多い。このような思考の働きを推論と呼ぶ。

　論理学においては，推論は主に**演繹的推論**と**帰納的推論**とに区分される。演

第4章 記憶と情報処理

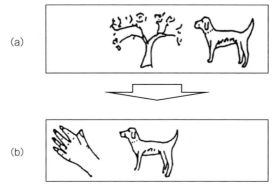

図 4-9 ネガティブ・プライミング課題
注：課題では，周りの刺激を無視して中央にある絵の名前を答える。試行(a)において無視した刺激（図では犬）が次の試行(b)で中央にくると，名前を答えはじめるまでの時間（反応潜時）が長くなってしまう。これは，試行(a)において中央の刺激（木）に注意を向けるだけでなく，周囲の刺激（犬）の注意を抑制するという処理が行われていたためである。
出所：Tipper, 1985

繹的推論とは，前提となる法則（公式など）を定義し，それを用いることによって具体的な個々の事例に対する結論を導き出す「一般から特殊へ」というトップダウン型の思考の方略である。たとえば，「すべての哺乳類は四足である」という定義に従い，様々な哺乳類をこれに当てはめるような場合である。他方，帰納的推論とは，経験の積み重ねからある法則を導き出す「特殊から一般へ」というボトムアップ型の思考の方略である。たとえば，様々な哺乳類に関する既有知識を総合して，「すべての哺乳類は四足である」という結論に至るような場合である。演繹的思考に基づいた推論は，必ずある種の答えに至ることができ，効率の良い問題解決ができるという点では有効であるといえるが，われわれが日常生活で行う推論は経験に基づいた帰納的推論である場合が多い。

また，人間の推論は必ずしも理論的であるとは限らない。その1つに，**類推**と呼ばれる推論の形態がある。類推とは，共通する特徴Xをもつ2つの対象AとBについて，Aに存在するもう1つの特徴YもBに存在するだろうという思考の方略で，たとえば「マグロとイルカはともに海の生物であり，姿にも共通点がある。そして，マグロはエラ呼吸なので，イルカもエラ呼吸であろう」と

第Ⅰ部　認知発達論

いうような推論である。類推は，論理的な妥当性に乏しいが，人間らしい思考
の特徴であり，ドライシュタット（Dreistadt, 1968）によれば，類推は科学的
発見においても数多くみられるものである。

　発達的視点では，シュテルン（Stern, W.）は幼児期にみられる推論の特徴と
して**転導推理**（推論）を挙げている。転導推理とは，たとえば「蛇口をひねる
と水が出るので，空の上の蛇口をひねると雨が降る」というような特殊から特
殊への理論の飛躍や，「雨が降ると傘をさす，だから傘をさすと雨が降る」と
いうような因果関係の取り違えといった推論の形式を指す。このような特徴は
非論理的ではあるけれども，大人に比べて幼く未熟であるとするよりも，むし
ろ大人とは違った考え方をする存在としての幼児期の発達的な特徴を認めると
いう視点が必要であろう。

（4）感覚機能

　外界の刺激をそのままのかたちで受容する仕組みを感覚機能という。感覚は
人間の認識の基礎をなすものであり，フェフィナー（Fechner, G. T.）の創設し
た精神物理学においては外的刺激と感覚との関係に注目する。記憶や認知的情
報処理においては，それ以降の高次の脳機能である認知的処理に注目すること
が多いが，感覚機能はそれらの基底にあるものとして無視することはできない。
また感覚機能には主に五感（視覚，聴覚，触覚，味覚，嗅覚）が挙げられるが，
われわれの認知活動で扱われる情報の大半は視覚と聴覚からの情報によるもの
である。特に，視覚と聴覚は他の感覚機能に比して言語的なコード化が容易で
あるという点でも，認知活動における重要性は高いと考えられる。

　また，感覚機能には五感以外にも運動感覚（自己受容感覚），平衡感覚，内臓
感覚などが挙げられる。五感が外部からの情報を受容するのに対し，これらは
生体内部の情報を受容する感覚機能である。ところで，「場の空気を読む」「雰
囲気を察する」など，言語的な理解をともなわない状況の判断（直観的心理化）
において，これらの感覚機能の重要性が指摘されている。たとえば，ダマシオ
（Damasio, 1999）によれば，ある状況で生じた身体系，内臓系の反応が身体記
憶として残されることが，その後の環境刺激に対する反応に影響するとされる

第 4 章　記憶と情報処理

（ソマティック・マーカー仮説）。特に，直観的心理化の困難さや感覚機能の障害
は自閉症スペクトラム障害のある人においてみられるため，感覚機能の理解は
発達支援においても重要な意味をもつといえる（別府，2012）。

5　知　能

（1）知能とは

①　知能の定義

　記憶や認知的情報処理に関わって，われわれの知的活動の基底にあると考え
られるものが知能である。知能という言葉から，たとえば学力テストの成績の
よさなど，学習した内容を正確に繰り返す能力をイメージする人も多いのでは
ないだろうか。学校教育ではこのような能力が求められることが多いため，知
能のイメージもそのようになりがちであると思われる。しかしながら，以下に
述べるとおり，本来の知能の定義は少し異なっている。

　心理学における知能の定義には様々あるが，概括すると，「新しい問題場面
において，問題を解決する能力の基礎をなすもので，経験によらず，創造的思
考を行う能力」ということができる。すなわち，未経験の新しい場面において
問題を解決したり，自分なりの意見を表現することができる能力，ということ
になる。新規な場面においてわれわれが問題を解決する場合に生じる精神的活
動には個人差があり，それを生じさせている原因と考えられるのが知能である。

②　知能因子説

　われわれが問題を解決する際に使用する知能はいつも同じものではなく，課
題の種類や状況によって異なると考えられる。このように，知能を単一ではな
く，複数の要素（因子）から構成されるとする考え方を知能因子説と呼ぶ。知
能因子説のはじまりは，スピアマン（Spearman, 1927）による 2 因子説である。
彼は，知能にあらゆる課題に共通する**一般知能（g）因子**と，個々の課題の特
殊性に応じた**特殊知能（s）因子**との 2 つの因子を仮定した。その後，サース

77

第Ⅰ部 認知発達論

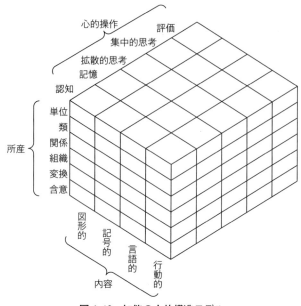

図4-10　知能の立体構造モデル
出所：Guilford, 1967

トン（Thurstone, 1938）の提唱した多因子説では、2因子説で提唱された一般知能因子にかわって基本的知能因子（群因子）と呼ばれる7つの因子（言語（V）、語の流暢さ（W）、数（N）、空間（S）、記憶（M）、知覚（P）、推理（R））が仮定された。この考え方は、その後に開発された多くの知能検査の基盤となるものである。また、ギルフォード（Guilford, 1967）は、知能を心的操作（課題や情報に加える操作、どのような活動をするか）、所産（情報が伝えるもの）、内容（課題や情報の種類、どのような課題であるか）の3次の組み合わせからなる120の知能因子を仮定した（図4-10）。

③　知能検査

　知能を主にその個人差の観点から科学的、客観的に測定しようとするテストを知能検査という。知能検査のはじまりは、フランスの心理学者ビネー（Binet, A.）と医師シモン（Simon, T.）が、通常の学校教育が適用できないような、知的な遅れのある子どもたちを同定するための検査を開発したことによる。

彼らは，知能の個人差の測定に主眼をおいた検査を1905年に開発し，その後検査は1911年に3歳から15歳までの子どもの知能を測定できるように改定され，これが今日の知能検査の原型とされる。なお，現在使用されている知能検査の詳細については，第8章において紹介する。

（2）知能の諸側面

先に述べた知能の多因子説を発展させ，近年ではより多面的な視点や社会との関係から知能をとらえようとする立場がある。以下では，このような視点からの知能の区分について取りあげる。

① 結晶性知能と流動性知能

キャッテル（Cattell, R.B.）は，知能を**流動性知能**と**結晶性知能**とに区分した。流動性知能とは，情報の処理や新しい場面への適応などにおいて，正確かつ素早く行う際に必要とされる能力であり，経験や文化，環境の影響を比較的受けにくいとされる。記憶や計算力，図形の弁別，推理などがこれにあたる。他方結晶性知能とは，過去の経験を通して培われた知識を現実場面で応用する力（今までの経験が結晶化されたもの）で，過去の経験内容や環境，文化的な要因の影響を強く受けるとされる。判断力や習慣，語彙，社会的な能力などがこれにあたる。

ところで，流動性知能と結晶性知能との区分は，知能の発達を一元的な成長や衰えととらえず，年齢に応じてその時期なりの課題解決の方略や得意分野が質的に変化すると考える立場であり，知能の生涯発達において多くの示唆を与えている。すなわち，図4-11に示すように，両者は加齢による変化のしかたが異なっており，流動性知能は青年期にピークを迎え，その後は訓練や生活状況による差異はあるものの，一般的には加齢により低下する。他方で結晶性知能は加齢によって低下はせず，むしろ経験を重ねることによって生涯を通じて発達し続ける。つまり，若い頃は課題を速く，正確に解く能力に優れていて，年齢とともにそのような能力は低下するものの，かわりに課題に対して全体を要約，展望したり，自分なりの考えを表現する能力に優れてくるといえよう。

第Ⅰ部　認知発達論

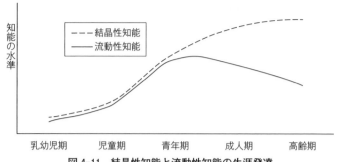

図 4-11　結晶性知能と流動性知能の生涯発達
出所：Horn, 1970

② CHC 理論

キャッテルが提唱した結晶性知能と流動性知能との区分に対して，彼の弟子であるホーン（Horn, J. L.）はこれを拡張し，7～16の新たな知能を追加した。さらに，キャロル（Carroll, J. B.）は知能に関する諸研究のメタ分析から，3層の構造からなる知能理論を提唱した（Carroll, 1993）。これらの理論を整理したものが，彼らの名前にちなんで **CHC**（Cattell-Horn-Carroll）**理論**と呼ばれる（McGrew, 2005）。CHC理論では，次のように知能を3層の構造としてとらえている。すなわち，最上位に一般知能（g）因子が想定され，その下位に表4-3に示す10の広範な能力因子からなる層，さらに，それぞれの広範能力因子の下位に，計76の限定的な能力因子からなる層が想定されている。ただし，一般知能（g）因子の存在については議論が分かれている（三好・服部, 2010）。CHC理論は，ウッドコック・ジョンソン検査（WJ-Ⅲ）やKABC-Ⅱ心理・教育アセスメントバッテリーをはじめとして多くの知能検査において測定される能力と符合することが知られており，知能の構造を説明するうえで有力な理論であると考えられている。

③ 知能の鼎立理論

スタンバーグ（Sternberg, 1985）は，知能を構造，機能，社会的文脈の各側面からとらえ，**知能の鼎立理論**を提唱した。鼎立とは，3つの脚によって支えられて立つという意味である。すなわち，知能の鼎立理論は知能をコンポー

第 4 章　記憶と情報処理

表 4-3　CHC 理論における広範能力因子

流動性知能（Gf）	記憶，計算，図形，推理などに関わる能力。経験や文化，環境の影響を比較的受けにくく，10〜20代にピークを迎え，老化にともなう衰退が顕著。
結晶性知能（Gc）	単語理解や一般的知識，社会的能力などに関する能力。経験や文化，環境の影響を大きく受け，能力のピークに達する時期は遅いが，老化による衰退が緩やか。
認知的処理速度（Gs）	時間をかければ解ける比較的単純な課題を素早く正確に解いていく，認知的処理速度に関する能力。
視空間能力（Gv）	視覚的なパターンや刺激の知覚・分析・貯蔵・検索・操作・思考に関する能力。
短期記憶（Gsm）	与えられた情報を数秒間保持し，その後取り出すことに関する能力。
長期貯蔵と検索（Glr）	保持した情報を長期記憶から取り出すことに関する能力。
聴覚的処理（Ga）	聴覚的刺激の知覚・分析・統合や，音のパターンの中のかすかな差異の検出に関する能力。
決断／反応速度（Gt）	刺激に対する反応や決定の素早さに関する能力。
量的知識（Gq）	量的情報や数的表象の操作に関する能力。
読み書き能力（Grw）	書き言葉の基本的な読み，読みの流暢性，筆記による意見表出などに関する能力。

注：McGrew（2005）は上記に加え，広範能力因子に（特定領域の）一般知識（Gkn），触覚能力（Gh），運動感覚能力（Gk），嗅覚能力（Go），心理運動能力（Gp），心理運動速度（Gps）を含めている。
出所：McGrew, 2005；三好・服部，2010を参考に作成

ネント理論，経験理論，文脈理論の 3 者からなるとし，さらにそれぞれにおいて下位構造を想定する，階層的な理論体系である。コンポーネント理論とは，知的行動の背後にある構造と機構を明らかにするもので，知能を前述した流動性知能と，結晶性知能とに区分する。経験理論は，情報の効率的な処理に関する機能や能力を明らかにするもので，知能を新しい状況や課題に対処する能力と，情報処理を自動化する能力とに区分する。文脈理論は，知的行動の社会的，文化的文脈での適応について明らかにするもので，実用的知能の理論と社会的知能の理論からなる。

④　多重知能理論

　ガードナー（Gardner, 1999）は，知能とは普遍的なものではなく，その人が暮らす特定の社会や文化にとって価値のある問題解決能力や創造的能力であり，

第Ⅰ部　認知発達論

文化の多様性に応じて多様な知能が存在することを指摘した。そのうえで，従来の知能検査で測定される言語，数，空間に関する能力以外にも，対人的知能や芸術に関する知能などの幅広い内容を想定する，**多重知能理論**を提唱した。ガードナーは多重知能として，「言語的知能」「論理数学的知能」「音楽的知能」「身体運動的知能」「空間的知能」「対人的知能」「内省的知能」「博物的知能」「霊的知能」「実存的知能」を挙げている。

（3）知能の恒常性と変化（可塑性と社会的影響）

　一般に，知能検査で測定される個人の知能（知能指数）には恒常性，すなわち生涯を通じて変化しにくいという特徴がある。このため，ある時点で測定されたある個人の知能指数は，他の時点で測定してもほぼ一定であり，ある程度の予測性をもつと考えられる。ただし，知能のこのような特性は，知能検査が多様な知能のうち経験や環境の影響を受けにくいものを測定していることによるという可能性がある。

　他方で，知能には可塑性，すなわち環境の影響によって変化するという側面もあることが指摘されている。知能の背景にある大脳の神経回路は，出生直後は様々な環境に対応できるように，いわば無駄の多い状態にあるが，その後の発達の過程で環境に応じて処理が効率化，最適化されるように再編成がなされる。このような変化は主に出生直後において生じ，知能が測定可能となる幼児期以降ではその時期に比べれば小さいが，知能も環境に適応できるように変化すると考えられる。

　さらに，知能は社会や文化の影響を受けることも指摘されている。一例として，フリン（Flynn, 1984）は，20世紀後半に先進諸国で知能指数が飛躍的に伸びたことを報告している。このような，時代の経過とともに知能が向上するという現象は，彼の名にちなんでフリン効果と呼ばれる。フリン効果のメカニズムについては明らかにされていない面も多いが，少なくとも社会的，文化的環境の変化とそれにともなう教育環境の向上や，生活の中で抽象的，論理的思考を行う機会が増えたことがその一因にあると考えられている。

第 4 章　記憶と情報処理

6　英　知

（1）英知とは

　知能指数（IQ）という言葉は世間にも広く認知されるようになったが，それがあたかもその個人の全人格や人間としての優劣を決定づけるという誤解がされがちである。確かに学齢期に限れば，そこにおける評価や成功の主たる要因である学業成績は知能指数と深く関係する。しかしながら，その後の社会生活における評価や社会的な成功は必ずしも知能指数とは相関しないことが指摘されている。そしてそれらにはむしろ，豊かな人生経験の蓄積によって得られる能力，いわば社会をよりよく生きる「知恵」のようなものが関与していると考えられる。本章では最後に，そのような能力を示す概念である「英知（wisdom）」について説明する。なお，英知については第 2 章においてサクセスフル・エイジングの視点から述べられているが，本章では認知的能力という点からあらためて英知の内容について考える。

　英知とは，バルテスとスミス（Baltes & Smith, 1990）によれば「複雑さや不確かさを含むような，人が生きていくうえで出あう問題に対して，優れた洞察や判断を可能にしてくれる，人生の基本的な実践で用いられる熟達した知識」と定義される。その基準として，表 4-4 に示すように，生活における具体的，実用的な知識や実行するための方略，問題に対する文脈の重視や不確定性などが挙げられている。

（2）英知に関連する能力

　バルテスとシュタウディンガー（Baltes & Staudinger, 2000）は，英知に関するいくつかの研究の共通分析の結果から，英知に関するパフォーマンス（知識や判断）を規定する要因とその強さを示している（図 4-12）。これによると，英知は知能や性格など単一の要因のみによって規定されるのではなく，個人の生活経験も含めた複数の要因が影響を与えていると考えられる。

83

第Ⅰ部　認知発達論

表 4-4　英知の基準とその内容

事実的知識	誰がいつ，どこで，といった具体的な知識，事例，そのバリエーション。感情，傷つきやすさ，いろいろな選択肢についての一般的知識。
手続き的知識	情報を収集し，意思決定を行い，アドバイスを与えるための方略。アドバイスのタイミング，感情的反応に対するモニタリング。
生涯的文脈の重視	年齢段階に応じた人生の展開の可能性，社会歴史的，特徴的な文脈。人生の課題と時間の流れに沿った変化との協調。
相対主義	宗教的，および個人的な選択ないしは好み。現在，および将来の価値観，目標，動機。
不確定性	完全な解決がありえないこと。損得の最適化。未来についての予測の不完全さ。解決の助けとなるような数々の方策。

出所：並木，1999

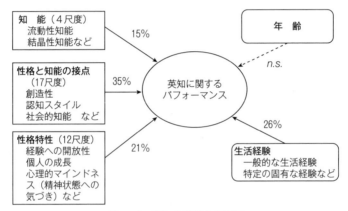

図 4-12　英知を規定する要因
出所：Baltes & Staudinger, 2000

　一般的には，英知は加齢にともなう豊かな人生経験の中で，多くの知識を得，またパーソナリティ特性が統合されていく中で獲得されていくものであると考えられる。ただし，バルテスらは，操作的定義に基づけば英知は必ずしも高齢者のみに特有の心理的能力ではないことを指摘している。また，英知が生活経験の積み重ねによって獲得されていくものであるとともに，英知自体が生活経験を豊かにするものであるとも考えられるので，英知と豊かな生活の質とは双方向的な因果関係にあると考えられる。

（田爪宏二）

第5章　対人関係の基礎としての認知発達

　人間ほど複雑な社会に生きる生物はいないだろう。人間が生きる社会とは，人と人とが現実に出会う社会だけではない。人間は，自分の頭の中で人を思い浮かべ，そこに表象された世界の中でも人と生きようとするからである。思い浮かべた人との出会い，そこでの語り合い，そして喜びや悲しみの分かち合い。人間は，現実の社会と表象された社会，その何層にも折り重なった社会の中で仲間とともに生きようとしたおそらく唯一の生物である。

　人間は，進化の過程で「心を読む（mind reading）」という淘汰圧が強くかかった存在である。人の心を理解できれば，相手の考えや意図がわかり，力を合わせて協力することも，騙されないように気をつけることもできる。それは，自分や家族の生命や生活を安全なものにさせる。この能力の獲得によって，人間は生存競争をきわめて有利にすることができたのである。神経科学ではこうした心の働きを生み出す脳を「社会脳（social brain）」と呼んでいる。

　本章では，人間に特有な対人関係とそこで生じる心の働きの一端について，「表象」「共同注意」「心の理論」という研究領域を結びつけながら検討してみたい。

1　表象の発達

　表象を英語では「representation」という。representation とは，そこにな

第Ⅰ部　認知発達論

い対象，つまり不在対象を〈再（re）現（present）〉することである。人間は，この表象を特異な能力として獲得することにより，生活世界を複雑で豊かなものにしてきた。人間の表象能力は，現実の世界がもつ制約から解放されたイメージの世界を作り出すことを可能にするからである。

　表象という用語は，多義的であり，曖昧な意味が付与されたまま使用されやすい。人間の表象能力とは何か。その表象はいかに発生するのか。表象と認知や情動との関係はいかなるものであるのか。こうした古くからある基本的な問題でさえ，いまだに議論されている（木下，2011b；Callaghan, 2013など）。

（1）ピアジェの表象論

　ピアジェ（Piaget, J.）は，認識の発達の起源を，乳児が物に能動的に働きかけることに見出した。人の知的な活動は，生物学的な適応の延長とされ，身体による行為（感覚運動的活動）から始まり，その行為が内化されることによって，精神的思考（表象活動）を用いたものへと発達していく（Piaget, 1948/1978）。

　ピアジェは，知能の発達を「同化」と「調節」が補完的に機能し，「シェマ」が高次化する過程だとした（第2章参照）。シェマとは，外界に「適応」する際に，繰り返し使用する活動や知識の枠組みである。同化は，既存のシェマを使って外界を理解する働きであり，調節とは，既存のシェマでは対応できなくなると，そのシェマを修正したり，新しいシェマを作ったりして理解しようとする働きである。たとえば，物を自分の手で握ることは，把握のシェマへの同化であり，調節はその物の大きさに合わせて握り方を変えることである。それゆえ，同化と調節は，同一の働きの2つの側面を表現しており，同化なしに調節はありえない。また調節は常に同化を志向している。

　乳児は，こうした「感覚運動的知能」を使って，周囲にある物や状況に対する適応スキルを向上させる。適応とは，新たに出あう物を既存のシェマや調節されたシェマ，あるいはシェマ同士の協応によって作り出された新しいシェマに同化することである。乳児はシェマの構造を複雑で柔軟なものにしながら，認識能力を深め適応行為の有効性を高めていく。

86

乳児は感覚運動的活動を繰り返し経験することによって，物は見えなくなっても存在し続けることに気づきだす。この「物の永続性」（対象の永続性ともいう）の理解には，物の存在を表象として保持し続けることが必要になる。ピアジェは，物の永続性能力の獲得を生後 8 か月以降（感覚運動的知能の第 4 段階〔生後 8 ～12か月〕：2 次循環反応の協応期）に見出した。乳児の目の前に興味のある物を置き，布で隠して見せると，その布を持ち上げて探すことができるようになるからである。

　しかし，この表象能力は不完全である。隠された物をＡの場所で見つけ出す経験を繰り返した乳児に，Ｂの場所に隠して見せると，その乳児は依然としてＡの場所を探し続けるからである（A-not-B error）。それゆえ，ピアジェは，この段階で出あう物は，まだ子ども自身の行為から独立した存在ではないとし，真の物の永続性の概念は，こうした誤りがなくなる感覚運動期の最終段階（第 6 段階〔生後18～24か月〕：心的表象期）になると論じた。

　心的表象期になると，物が隠される軌跡と物を探すシェマを心の中で協応させながら再現できるようになり，見えなくなった物を探す適応能力が格段に向上する。この表象的な知能を利用して，子どもは「延滞模倣」が可能になり「シンボル」（最も高次なシンボルが言語）も使えるようになる。延滞模倣は，モデルが不在な場面で，行為を再現する模倣であり，シンボルは，不在な対象を指し示すために使う手段である。いずれもその行動の背後には表象能力が存在する。ピアジェにとって，表象とは，呼び起こしを可能にする「能記」と思考によって呼び戻された「所記」との結合である（Piaget, 1945/1988）。彼が論じた表象とは，心内でイメージでき，表現活動として意図的に再構成できる特徴をもつものであった。

（2）知覚的表象の世界

　ピアジェの表象論は，表象能力をより早期に見出した研究によって批判された。しかし，そうした研究が見出した表象とはいかなるものだったのだろうか。ここでは，「新生児模倣」と「物の永続性」に関する研究で見出された表象を素材にして検討してみたい。

第 I 部　認知発達論

①　新生児模倣

　ピアジェは，模倣能力の発達を感覚運動的知能の発達と並行すると主張し（Piaget, 1936/1978など），目で見ることができない自分の顔を使った模倣は，生後8か月以降になって可能になるとした。

　メルツォフ（Meltzoff, A. N.）は，新生児が成人の顔の動き（舌だし，開口，口唇の突き出しなど）を模倣することを見出した（Meltzoff & Moore, 1977）。これはピアジェの模倣論では説明ができない現象である。この新生児模倣には，①同一の身体部位の運動形態の違い（開口と口唇の突き出し）や，同一の運動形態を取る異なる身体部位（口唇の突き出しと舌の突き出し）を区別すること，②模倣行動を次第に正確な行動に修正すること，③モデルの顔の動きを記憶し，その後，普通の顔をしたそのモデルに出会うと模倣行動をすること，といった特徴がすでにある（Meltzoff & Williamson, 2010）。

　メルツォフは，新生児模倣の出現を，他者の身体運動情報（視覚表象）と自分の身体運動情報（自己受容的表象）とを鏡のように照合させる「能動的様相間マッピング（Active Intermodal Mapping：AIM）」の働きによると説明する。そこでは，特定の感覚様相に限定されない表象システムが，異なる感覚情報の比較を可能にさせる。他者の行為を見ると，その情報は非様相的（amodal）な情報として蓄積され（stored representation；Meltzoff, 2002），他の感覚での使用が可能になる。それゆえ，他者の行為を見ると（視覚情報），それに対応した身体運動を生み出す情報（自己受容的情報）を使って再現できるのである。

　新生児模倣の発現は，人とのコミュニケーションを志向する生得的欲求に由来する可能性が指摘されている（Kokkinaki & Kugiumutzakis, 2000）。またメルツォフは，異なる感覚間の情報を照合する表象メカニズムの働きによって，新生児は自他の等価性に気づき，そこに自分と似た他者を感じるようになる機縁を見出そうとする（like-me 仮説）。

②　物の永続性

　ベイヤールジョン（Baillargeon, R.）は，期待に反する出来事を見ると，驚いて注視時間が長くなる馴化―脱馴化現象を利用して，乳児の物の永続性の理解

第5章 対人関係の基礎としての認知発達

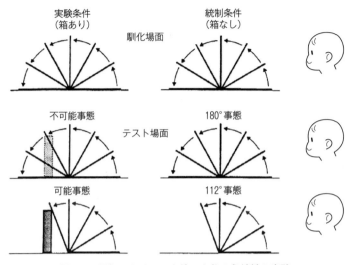

図 5-1 回転スクリーンを使った物の永続性の実験
出所：Baillargeon, 1987

を検討した。

　回転スクリーンを利用した古典的な実験の1つを見てみよう（図5-1；Baillargeon, 1987）。対象になったのは，3か月半と4か月半の乳児で，どちらの月齢群でも同じような結果が得られている。乳児は，正面に置かれた回転スクリーンが次第に立ち上がり，まっすぐに起立し，最後に反対側に倒れるところを繰り返し見せられた（馴化場面）。乳児はこの場面にすぐに馴化し，見ようとしなくなる。この時点で，スクリーンの軌道上に箱が置かれた（実験条件）。したがって，スクリーンが回転していくと箱にぶつかるので，向こう側にまで倒れない（可能〔期待〕事態）。一方，不可能（期待違背）事態では，スクリーンが立ち上がり，乳児から箱が見えなくなった時点で，こっそりと箱を取り去るので，スクリーンは完全に向こう側に倒れてしまう。統制条件では，この箱を使用しないで，実験条件と同じようにスクリーンを回転させた。

　注視時間を分析すると，乳児は実験条件の不可能事態では可能事態より長く注視した。統制条件ではスクリーンの止まる位置の違いで注視時間に差はなかった。ベイヤールジョンは，この結果から，乳児は箱のあるところでスクリー

第Ⅰ部　認知発達論

ンが止まらなかったことに驚いたのだと考えた。乳児はスクリーンに隠された
箱の存在に気づいていたのである。それは，見ることができない物を心の中で
表象していたことを示している。

（3）表象とは何か

　メルツォフの新生児模倣やベイヤールジョンの物の永続性に関する研究は，
乳児の表象能力がピアジェの指摘する時期より早くから存在することを明らか
にしたものとして注目された。しかし，同じ表象と命名される現象とはいえ，
こうした研究が取りあげた表象を，ピアジェが問題にしようとした表象と同列
に論じることは難しい。

　前者の表象は，対象が不在になった後もそのまま残る知覚記憶痕跡（木下，
2011a）や，不在な対象に対応する知覚的な情報スキーマ（Povinelli, 1995）に内
在する機能の自生的表現であろう。この不在対象の知覚表象は，新生児模倣と
いった非様相的な情報の照合も，物と物との間で期待される関係の理解も可能
にさせる。しかし，その活動は，眼前にある物や出来事，またその記憶痕跡と
一義的に対応し，それらがなければ活性化されえない。それは，自ら意図的に
スキーマ間の関係を作り出す能動性を心の中に保持してはいない。こうした表
象形態は，人間に特有なものとして発達したのではなく，多くの動物にも存在
することが知られている（Callaghan, 2013）。

　一方，後者の表象は，むしろその場にない事物との意図的な結びつきを作り
出す能力である。それは，精神内容の意図的な再構成を想定しており，知覚的
な概念システムから動作として表現される単純な再構成ではない（Nelson,
2006）。その表象とは，事物を，それが生じた場から時間的，空間的に切り離
し，心的な情報に置き換えたもの（シンボルなど）である。知覚的経験と知覚
記憶痕跡との間には，連続的かつ同質的な関係があるが，こうした表象と知覚
的経験との関係はそうした束縛からはるかに自由である（木下，2011a）。人間
は，表象を組み合わせ，現実の世界とは異なる自律的な世界を心に作り出し，
その想像表象（imaginative representation；Allen et al., 2008/2014）を使って現実
世界を操っていくのである。

90

子どもの表象の発達理論として，カーミロフ＝スミス（Karmiloff-Smith, A.）の「表象書き換え理論」がある。これは，個別の領域に生得的な表象を想定するスペルキ（Spelke, E. S.）の「コア知識理論」とピアジェ理論とを融合させたモデルである（Vauclair, 2004/2012）。個別の領域の情報を手続きの形式で符号化する暗黙のレベルから，明示的で意識化できるレベルを経て，複数の領域にまたがる知識を言語で表現できるレベルに達する。このレベルで，子どもは表象自体を認識する「メタ表象」が可能になる（Karmiloff-Smith, 1992/1997）。

2　共同注意の発達

　人間の乳幼児は，生得的な知覚的表象を基盤にして，イメージとしての表象世界を創発していく。外界と直結する知覚世界から自立したシンボリックな表象世界が生み出されてくる。しかし，こうした表象世界は，乳児の自己活動だけに由来するものではない。それは，人に特有な他者との関係活動を肥沃な土壌として芽生え，そして育まれるものであろう。

　本節では，乳児が経験する他者との関係活動を**「共同注意」**としてとらえ，その発達を表象と関連づけながら論じてみたい。

　共同注意の発達には，バターワース（Butterworth, G. E.）の生態学的メカニズム（生後 6 か月以降），幾何学的メカニズム（生後12か月以降），表象的メカニズム（生後18か月以降）や，バロン＝コーエン（Baron-Cohen, S.）の二項表象の階層（意図検出器〔intentional detector：ID〕と視線検出器〔eye direction detector：EDD〕），三項表象の階層（共有注意メカニズム〔shared attentional mechanism：SAM〕），メタ表象の階層（心の理論メカニズム〔theory of mind mechanism：ToMM〕）といった段階論が知られている（Baron-Cohen, 1995/1997；Butterworth, 1995/1999など）。さらに，バロン＝コーエンは，こうした認知的モジュールからなる階層論に情動性（emotionality）を統合する必要性を認め，2 種類の情動的モジュールを追加している（Baron-Cohen, 2005）。1 つは，相手の情動状態を表象する情動検出器（The emotion detector：TED）であり，もう 1 つが，相手の情動に対する適切な情動反応を引き出す媒介をする共感シス

テム（The empathizing system：TESS）である。

　ここでは，子どもの共同注意を情動と認知の両面からなる母親との関係ととらえ，その発達過程を新生児期から論じてきた大藪（2004など）による共同注意の発達過程を取りあげておきたい。

（1）前共同注意

　新生児期の母子間には，共同注意の基盤となる関係的活動の萌芽的な形態が生じている。しかし，その関係の場に共同注意対象は存在しない。それゆえ前共同注意と呼ばれる。

　母親は，自らのふるまいを新生児が知覚しやすい形態にして関わろうとする。新生児に関わろうとするとき，母親は新生児の行動のリズムや情動表現に直観的に合わせながら，新生児のリズムを自らのリズムに巻き込んでいく。これを「調律行動」という。母親のリズム構造をもつ語りかけはその典型である。母親の語りかけは「マザリーズ（motherese）」といわれ，普段よりハイピッチで，ピッチの変化が大きく，休止が長く，発語が短く，繰り返しが多くなる（Fernald, 1991など）。また，表情を誇張させ，顔全体を前後に揺らしたり，リズミカルに手で触れたり（Adamson, 1996/1999），お乳を吸うのをやめると乳房や哺乳瓶を揺すって静止させ，再び吸いはじめるのを待つといったやり取りが生じる（Kaye, 1979/1989）。こうした母親による直観的で情動的な働きかけが乳児のリズム構造と同調するとき，乳児は母親に対する注意力を高め，そこには順番構造をもったコミュニケーションが登場してくる。

　先に紹介した新生児模倣の発生メカニズムは，こうしたコミュニケーションの基盤としても働いている。新生児模倣には，知覚的表象が関与し，非様相的な表象情報が身体運動を生み出してくる。また，その模倣は，今見ている動作ではなく，記憶に蓄積された表象を模倣する場合もあれば，自分の動作を能動的に修正したりすることもある。他者の行動を見たときと自分で行動するときの両者で活動電位を発生させる「ミラーニューロン」との関係も示唆されるが，不明な点も多い（Meltzoff & Williamson, 2010など）。

　新生児期の母子間のやり取りは，次の対面的共同注意期と比較すると格段に

第5章　対人関係の基礎としての認知発達

弱い。しかし，新生児模倣などから，新生児は母親との交流場面で，すでに人の刺激を鋭敏に感じ取り，注意を向け，能動的に応答しようとしていることがわかる。新生児の知覚的な表象活動は，寄り添うように関わろうとする人との情動的な共感関係を経験しながら，より高次な表象活動へ向かおうとする。

（2）対面的共同注意

　乳児の行動は，生後2か月になると，急激な転換期を迎える。この頃から数か月間，母子は豊かに情動を表現し合いながら親密に交流するやり取りを持続的に出現させる。この時期の特徴は，〈乳児―他者〉〈乳児―物〉という「二項関係」が主であり，〈乳児―物―他者〉という「三項関係」からなる共同注意とは切り離されて論じられやすい（Tomasello et al., 2005など）。一方，乳児は誕生直後から母親と対面しながらその視線をモニターし，相互の経験を共有し合おうとしており，そこで生じる視線の出あいを「単純な2者間の目と目の共同注意（simple dyadic eye-to-eye joint attention）」と呼ぶ研究者もいる（Bruner, 1995/1999）。近年になり，この時期の乳児の対人的活動を三項関係として論じるに足る実証的なデータも得られるようになった（Legerstee, 2013; Mundy, 2013など）。人の乳児と母親との二項関係には，閉鎖的ではないコミュニケーション通路が開かれており，第三項を志向する開放的な力動特性が備わっている。この原初的な三項関係活動を対面的共同注意という（大藪，2004など）。

　対面的共同注意の場面では，情動を豊かに共有させながらやり取りが行われる。情動は，乳児にも母親にも自動的に共鳴するように生じる。この自他の心身が融合した世界の中で，乳児は自分の情動に気づき，それが「自分のよう（like-me）」に見える他者の情動表現に対する気づきを生じさせる。異なる身体に分離された他者の情動理解は，自分の情動体験によらざるを得ない。母親と情動を共有する場面で，自分の情動体験に気づき，それと同質の情動表現を母親に見出すとき，乳児は母親の心の世界を理解する地点に立つことができる。

　情動の共鳴現象は，自分の情動が相手から「鏡映化（mirroring）」される場面である。それは，乳児が相手の身体上で自分を再体験することである。この鏡映化には，自他の違いを気づかせる働きがある。鏡映される反応は，自分の

93

第Ⅰ部　認知発達論

行動と似てはいるが，同じではないからである。乳児の優れた直観能力を備えた感覚は，その違いにも鋭敏に気づいていく。そこには，他者に備わる「自分ではない（different-from-me）」特徴に気づこうとする心の働きがある。他者の心を適切に読み，他者との関係を有効なものにしようとした社会脳は，自他を混同することなく，自分の独立性を確保することを必要としたのである。

　このように，乳児は情動共有と鋭敏な認知能力を基盤にして，他者に出会い，同時に他者に投影される自己にも再帰的に気づいていく。他者と自己を対象化しようとする心の働きは，他者表象と自己表象を生み出してくる基盤として働く（川田，2014；大藪，2008；Reddy, 2008/2015など）。

（3）支持的共同注意

　生後半年を迎える頃，母親はわが子のふるまいの変化に気づくようになる。乳児は，母親から目をそらし，身近にある物に視線を向け出すようになるからである。母親は乳児の視線を追って，その体験世界を共有しようとし，乳児は母親からの働きかけに支えられて物に対する活動を持続させる。こうした特徴をもつ共同注意を支持的共同注意という。

　この支持的共同注意では，乳児は母親に視線を向けることは少なく，もっぱら物に専心する。それゆえ，母親の行動に対する気づきに乏しい印象を受ける。しかし，先述したように，乳児はすでに他者に対する気づきを深めており，母親との関係が遮断されるわけではない。

　久保田（1982）は6か月児で観察された興味深い報告をしている。半割のレモンをなめさせて，酸っぱい体験をさせた数分後に，女性が何気ない様子でそのレモンをなめようと口にあてて見せると，乳児は自分でも酸っぱそうな顔をして口をすぼめた，という報告である。このエピソードで興味深いのは，乳児が酸っぱそうな顔をしたのが，酸っぱい体験をしたレモンを見たときではなく，女性が普通の顔をしたままレモンを口にあてたときだったことである。そこには，レモンを口にあてることが酸っぱい体験を〈指し示す〉ことに対する気づきがある。

　レゲァスティ（Legerstee, M.）は，6か月児を対象に，人がカーテンの後ろ

94

に向かって語りかける行動と手を伸ばす行動がもつ意図の違いに気づくかどうか検討した（Legerstee, 2005/2014）。どちらかの行動を繰り返し見せ続けると，やがて見つめる時間が短くなる（馴化）。その直後に，箒に語りかける場面，箒に手を伸ばす場面，人に語りかける場面，人に手を伸ばす場面，のいずれかを見せたのである（脱馴化）。すると，語りかけ場面で馴化した乳児は，箒に向かって語りかける場面で，一方，手伸ばし場面で馴化した乳児は，人に向かって手を伸ばす場面で脱馴化した。この結果は，語りかけや手を伸ばす行動を見る6か月児は，それを単に身体の運動として見てはいないことを示唆している。そこには，語りかけは人を，手伸ばしは物を〈指し示す〉意図的な行動であることに対する気づきがある。

　支持的共同注意の時期の乳児は，物との関わりに専心しているように見えるが，他者の物や人に対するふるまいがもつ「意図」に気づき，それが〈指し示す〉世界を表象しはじめている。乳児は，現前しない対象をイメージするようになる。そこには，指し示す行動を使って，指し示される対象を理解するシンボリックな働きが生まれている。しかし，乳児はまだこの表象関係を内省（reflection）することはできないようである（Carlson & Zelazo, 2008）。

（4）意図共有的共同注意

　生後9か月以降，共同注意には再び質的な変化が生じる（Tomasello, 2008/2013など）。乳児は物を一緒に見ながら，母親の顔に能動的に視線を向けることが多くなる。この人と物に対する視線交替の背後には，母親が物に意図的に関わる主体であることの理解の深まりがある。乳児は主体としての母親と自他の世界を積極的に共有し合おうとするのである。この共同注意を意図共有的共同注意という。

　意図の理解は，霊長類や自閉症児でも可能なものがある。人間の社会的認知能力の特殊性は，意図理解に加え，意図を他者と共有する能力の高さにある（Tomasello, 1999/2006など）。人間は，意図とその目標を他者と共有することによって，相互に協働しながら目標を達成する能力を発達させてきた。その萌芽的能力はこの時期に出現する。他者と一緒に積み木で塔を作っている場面を見

てみよう。そこでは，塔を作るという自分の目標だけでなく，相手の目標にも気づき，それに対応した互恵的なふるまいが見られる。たとえば，相手が積む番になると，その目を見て積み木を手渡して援助したり，探している積み木を見つけると指さしをして教えようとしたりする。また，相手が積むのをやめると，目を見たり声を出したりしながら積み木を渡し積ませようとする。

　こうした協働活動を可能にさせるのは，自分と相手の目標と意図を自らの認知フォーマットの中で表象し，それを鳥瞰的な視点から眺め，自他に必要な役割を理解し実行する能力である（Tomasello et al., 2005）。その能力は乳児期から発揮されるほど，人間の心の基底層に根づいている。人間の乳児は，自分の目標だけを達成しようとするのではない。自他の目標や意図を共有し，双方に有益な成果を得るために，自分の行動を振り返りながら，その行動計画を調整しようとするのである。

　そうした行動の調整能力をこの時期に活発に生じる模倣行動で確認してみよう。ガーガリー（Gergely, G.）は，14か月児を対象に，ブランケットを上半身に羽織った実験者が手を見せながら額でライトを点灯した場面か，ブランケットで手を隠して額で点灯した場面を見せ，どちらの場面で模倣するか検討した。額押し模倣は，手が見える実験者のほうで有意に多かった。何がこの違いを生み出したのだろうか。手が使えるにもかかわらず額で押した動作を見た14か月児は，実験者の額押し行動の背後に，その行動を選択した意図を検出したためだと考えられる（Gergely et al., 2002）。ライトを点灯することだけを目標とするなら，額で押す必要はない。手で押せばよいのである。しかし人間の乳児には実験者の意図が気になり，共有しようとする。模倣することによってその行動の意味が理解できるからである。乳児に見られるこの「意図模倣」への強い志向性は，人間に「文化」という意味共有世界を発展させた基盤の1つである（Tomasello et al., 2005など）。

（5）シンボル共有的共同注意

　生後15〜18か月頃までに，多くの子どもが言語的シンボルを理解し使用しはじめる。シンボルの獲得によって子どもは他者や対象物との交流構造にシンボ

第5章　対人関係の基礎としての認知発達

図5-2　牧場で母親と一緒に牛を見ながら指さしする13か月児
撮影者：大藪　泰

ルを組み込み，共同注意場面には新たな領域が出現する。このタイプの共同注意をシンボル共有的共同注意という。

「シンボル (symbol)」は，表象と同様に，様々な使われ方をする (Callaghan, 2013)。たとえば，ゼラゾー (Zelazo, P. D.) は，シンボルを，何か他のものを表象するために意図的に使用され，指示対象との表象関係に対して内省的な気づきがあるものとしている (Zelazo, 2004など)。しかし，言語的シンボルを獲得し使用するためには，さらにシンボルを他者と共有する能力も必要とされる。

指さし，特に「叙述の指さし (declarative pointing)」は，初期のシンボル共有的共同注意の典型である (図5-2)。この行動には，指示対象を表象する行為の意図的な使用と意識的な気づきがあり，さらに注意と関心を自己と共有しうる主体としての他者理解が認められる。リシュコウスキー (Liszkowski, U.) は，12か月児が叙述の指さしをするとき，相手が何も反応しない場合だけでなく，指さされた物を見るだけの場合でも，肯定的な情動表現をしながら乳児を見るだけの場合でも満足せず，指さしを繰り返すことを見出している。それらは乳児が意図した行動ではなかったからである。乳児が満足したのは，相手が肯定的な情動表現をしながら，その対象と乳児との間で視線を交替させたときであった (Liszkowski et al., 2004)。この主体的な表象行為には，意図性，内省性，共有性といった機能が働いている。

第Ⅰ部　認知発達論

　「ふり遊び（pretend play）」は，シンボリックな遊びである。ひとり遊びの場合も，他者との共同注意活動の場合もある。積み木を車に見立てるふり遊びはよく見られる。ふり遊びでは，車ではない積み木が，車の代わりに使われる。その積み木は，車を表象するシンボルである。「ブーブー」と言いながら積み木を押している母の顔を見て微笑んだ子どもが，自分も同じようにふるまうとき，その子は積み木に表象させた車の意味を母親と共有させながら遊んでいる。それは，人が構築してきた意味世界への参入であり，「文化学習（cultural learning）」という人間に固有な精神活動である（Tomasello, 1999/2006など）。子どもが不意に積み木を耳にあて，電話に見立てて遊びだせば，それは意味世界の能動的な拡張であり，文化を創出しようとする心の働きの原型である。子どもの遊びには，すでに文化継承と文化創出の萌芽的機能が現れている。

　言葉は，最も「恣意性」が高いシンボルである。積み木と車のどちらも物質であり形が似ているともいえ，その間には「類縁性」がある。「ブーブー」という幼児語はエンジン音を模しており，そこにはまだ類縁性が残されている。しかし，「アカ」という音声と赤い色との間には類縁性は皆無である。子どもはこの類縁性のない言葉を，赤い色を見て「アカいね」という人から学習する。しかし，アカという音声と赤い色を機械的に結びつけて覚えるのではない。人の子どもは，赤い色を見てアカという音声を発する人と，その赤い色とアカという音声を共有する視点に立って学習しようとする。それゆえ，子どもの面前にある自動車が，母親から見れば「それ」であり，自分から見れば「これ」であることや，子どもが自動車を母親に渡すという行動が，自分から見れば「あげる」であり，母親から見れば「もらう」であることが容易に了解できるのである。

　シンボル共有的共同注意とは，子どもが他者と物を共有する領域にシンボルを組み込み，シンボルという表象世界を他者と共有しながら自在に操作する活動を意味している。それは，〈子ども―物／シンボル―他者〉という「四項関係」であり，過去，現在，未来にまたがる精神活動を可能にさせる。人間の共同注意が特有で優れた機能をもつのは，三項関係を超えて，この四項関係を生み出す能力とその原初的活動を背後に潜ませているためであろう（大藪, 2014）。

98

3 心の理論の発達

　乳児は，他者と物やシンボルを共有し合う共同注意を経験しながら，他者の心の世界に気づき，その理解を深めていく。心の理論とは，精神状態を他者や自分に帰属させることによって，その行動を説明し，予測し，解釈する能力である（Astington & Hughes, 2013）。子どもはこの心の理論をいつ獲得するのだろうか。

　心の理論研究は，心の理論の存在証明を，「**誤信念課題**（false-belief task）」に求めてきた。誤信念課題は，他者が自分とは異なる表象世界をもちうることを理解する能力の有無を評価できるリトマス試験紙だとされたからである。しかし，第2節で見たように，子どもの表象世界は信念だけではない。

　タガー＝フラスバーグとサリヴァン（Tager-Flusberg & Sullivan, 2000）による「心の理論の構成説（Componential view of theory of mind）」は，心の理論を乳児期から成人期までの心の理解の発達過程の中に位置づける契機となった。この理論は，「直観的（intuitive）」な社会―知覚的下位システムと，「内省的（reflective）」な社会―認知的下位システムから構成される。「直観的知覚」とは，顔の表情，運動，声の調子などが伝える情報から，人の精神状態を直接的に評価する社会知覚的スキルである。一方，「内省的認知」は，この知覚的評価と出来事の時間的推移を統合させて，人の精神状態と行動を内省的に推論する能力である。

　近年の心の理論は，早期に出現する直観的な社会的スキルと，その後に発達する内省的な社会的認知の両者を統合的に把握する発達的なフレームワークの中で検討することの重要性を指摘しており，信念以外に願望，意図，情動といった精神機能についても積極的に取り扱うようになっている（Astington & Hughes, 2013）。

（1）一次の誤信念課題

　「一次の誤信念課題」あるいは「標準的な誤信念課題」は，一緒に体験して

第Ⅰ部　認知発達論

いる物の世界に対する他者の信念と自分の信念とが異なる場合があることを理解できるかどうかを検討しようとする。この誤信念課題を評価するために，ウィマーとパーナー（Wimmer, H. & Perner, J.）はマキシ課題として知られる誤信念課題を考案した（Wimmer & Perner, 1983）。

・マキシ課題

　この課題では，人形を使って，子どもに次のような物語を聞かせる。一人の登場人物（マキシ）が，ある場所にチョコレートを置いて，立ち去る。その直後に，母親がそのチョコレートを別の場所に移して立ち去る。そこへ，マキシがチョコレートを取りに戻ってくる。ここで，子どもに「マキシがチョコレートを探すのはどこですか？」と尋ねるのである。子どもがその物語を理解し記憶していることを確かめるために，マキシがチョコレートを置いたのはどこで，それは今どこにあるのか，ということも尋ねられている。

　このマキシ課題を使った多くの研究で，4～5歳の子どもは，マキシが物を置いた場所を探すと答えるが，それより幼い子どもは，物が今ある場所を探すと答えることが見出されてきた。物が最初に置かれた場所を尋ねると，正しく答えられるにもかかわらず，今ある場所を探すと答えるのである。

　この課題を解決した子どもは，マキシの行動を推測するために，マキシ自身の信念を利用したと確実にいえるだろう。なぜなら，この課題を解決するためには，物が今ある場所に対するマキシの信念と自分の信念が異なることに気づき，マキシの信念がたとえ誤りであっても，それが彼の行動をガイドすると解釈する必要があるからである。

　しかし，この場所の変化を問う誤信念課題は，幼い子どもには難易度が高いという問題が指摘された。入り組んだ物語を聞いて理解し，人形に信念を帰属させ，その信念から人形の行動を解釈することは容易ではないからである。

・スマーティ課題

　パーナーらは，容易な誤信念課題として，子ども自身に誤信念を経験させ，その後，同じ場面で他の人がどんな信念をもつかを尋ねる場面を考案した（Perner et al., 1987）。スマーティ課題として知られ，「予期せぬ物」誤信念課題

100

ともいわれる。

この課題では，子どもにスマーティという馴染みのあるキャンディボックスを開けて見せ，キャンディではなく鉛筆が入っていることを教える。その後，鉛筆を箱の中に戻し，「この箱の中を見たことがない人は，中に何が入っていると思うか？」と尋ねるのである。

このスマーティ課題でも，4〜5歳児では中にキャンディが入っていると思うと答えるが，3歳児ではそのほとんどが鉛筆と答え，誤信念を使用できないことが知られている。

ウェルマン（Wellman, H. M.）らは，マキシ課題やスマーティ課題以外の誤信念課題を含め178個の研究をメタ分析して，3歳児は一貫して誤信念課題に失敗することを見出している（Wellman et al., 2001）。こうした誤信念課題を適用する限り，3歳以下の子どもには，他者の視点から自分とは異なる表象世界を思い浮かべ，それを課題解決に適用することが困難なのである。

（2）乳児の心の理論

こうした誤信念課題ができないことが，心の理論の理解能力のなさを証明するものではない。それは，共同注意で論じたことを思い出せば明らかであろう。注視時間による馴化―脱馴化法といった研究方法を使って，乳児にも心の理論が存在することを示唆するものは多いが（Luo & Baillargeon, 2007など），ここでは，1歳児の手渡し行動というより意図性の強い行動を対象にした共同注意研究を紹介してみたい。

マキシ課題ではマキシという人形が不在になるが，実験者自身が不在になる場面を設定すれば，1歳児を対象にして誤信念課題とほぼ等価な場面を提供することが可能になる。

トマセロらは，①子どもと実験者が2つの玩具を一個ずつ使って遊ぶ（共同注意場面），②実験者が部屋から出ていく（退室場面），③子どもと実験補助者が3つ目の玩具で遊ぶ（不在場面），④退室した実験者が部屋に戻り，実験補助者によって並べられた3つの玩具を等しく見ながら，「わあ，それ何？　す

第Ⅰ部　認知発達論

ごい。それ，ちょうだい」と言って子どもに手渡しを求める（共同注意場面），
という順序で進行する実験を行った（Tomasello & Haberl, 2003）。つまり，乳児
は３つの玩具のすべてを見て知っているが，退室した実験者には見ていない玩
具があるという状況を設定し，言語反応ではなく手渡し反応を利用しながら，
マキシ課題とスマーティ課題を合成したような課題場面を作り出したのである。

　この研究では，12か月児でこの課題を通過すること，つまり自分は見て知っ
ているが，実験者は見ていないので知らない３番目の玩具を手渡すことが見出
されている。これは，１歳前後の乳児が，共同注意場面で，他者の経験世界が
自分のものとは異なることを直観的に理解し，その情報を利用して相手に対す
る適切な行動を選択して実行できることを示している。そこには，自己と他者
との表象世界の違いに気づき，他者の精神状態に依拠してその行動を理解し，
対応しようとする乳児がすでに存在するといえるだろう。

　わが国の１歳児でも，この他者の「経験知」理解の課題ができることが確認
されているが（大藪，2015a），14か月児では通過せず，18か月児で通過してお
り，社会的認知の発達には文化差がある可能性が示唆されることを付言してお
く。

（3）二次の誤信念課題

　子どもは，人は他者の心の世界に関する信念をもっていることにも気づくよ
うになる。こうした他者の精神状態に関する信念を二次の精神状態という。7 ～
8歳児は，「XはYがpを信じていることを信じている」という二次の信念を
表象し，その信念を使ってXの行動を推論することができる（Perner &
Wimmer, 1985）。この信念の獲得を検討する課題を「二次の誤信念課題」とい
う（Astington & Hughes, 2013）。

・マキシとハナ課題

　人形を使って次のように話して聞かせる。マキシと妹のハナがチョコレート
を買って家に戻ってきた。マキシは引き出しにチョコレートをしまい，「僕，
遊んでくるね」と言って外へ出て行く。しかし，マキシは，ハナがマキシにい

たずらをして騙そうとすることを知っているので，ドアの陰からハナの様子を
のぞき見していた。すると，思った通り，ハナはチョコレートを引き出しから
取り出し，食器棚に隠した。マキシはハナを見ているが，ハナはマキシを見る
ことはできない。やがて，マキシが戻ってきて，お腹がすいたのでチョコレー
トを食べようとする。

　ここで，子どもに，「ハナは，マキシがチョコレートを探すのはどこだと思
っていますか？」「ハナは，マキシがどうしてそこを探すと思ったのでしょう
か？」と尋ねるのである。子どもがその物語を理解し記憶していることを確か
めるために，マキシが遊びに出かける前にチョコレートを置いたのはどこで，
それは今どこにあるのか，そして，ハナはマキシが部屋をのぞき見していたこ
とを知っていたかどうかということも尋ねられている。

　ハナが，マキシはチョコレートを引き出しに探すと確実に答えるようになる
のは7歳になってからである。7歳児は，〈マキシがチョコレートが食器棚に
あることを［知っている］〉ことを知っているが，〈マキシがチョコレートが食
器棚にあると知っていることをハナは［知らない］〉ことも知っているので，
〈ハナはマキシが引き出しを探すと思う〉と答えられるのである。そこには，
他者と自分が〈知っていること〉と〈知らないこと〉を振り返り，そこで何が
起こるのかを考えようとする子どもがいる。

　こうした「再帰的な思考回路」は，皮肉や隠喩のように意味を間接的に表現
する言葉の理解や使用の基盤である（Astington & Hughes, 2013）。実際に表現
されている言葉と，その言葉の背後に隠された意味との違いに気づけるように
なるからである。自他の精神状態を再帰的に理解する能力は，社会的場面で生
じる対人力動に関する感受性を急激に高めていく。たとえば，7歳までには
「相手を傷つけない嘘（white lie）」があることを理解する（Talwar et al., 2007）。
やがて，同じ現象に対して，どちらも正当だが異なった解釈がありうることを
理解するようになる。それは，正信念や誤信念の理解とは次元の異なる心の理
解の世界である。

第Ⅰ部 認知発達論

4 表象，共同注意，心の理論の基底にあるもの

乳児は，自他の心の世界を重ね合わせる情動の働きと，その世界を切り分ける認知の働きを使って人の心を理解しようとする。人の心がもつ社会的な有能性は，この「情動性」と「静観性」をどちらも非常に高次なものとして獲得したことにある。

情動性は，自他の境界をなくして共鳴し合い，相手との距離をなくすような現象であり，静観性は相手との距離を可能な限り取って冷静に観察しようとする現象である。ゆえにそれらは正反対の心の働きに見える。しかし，それは同じ方向を向いた働きでもある。情動は相手と自動的に共鳴し合うことで，静観は相手を冷静に見つめることで，どちらも相手との距離を無限に縮め，相互の心に接近し，その世界を共有し合おうとする心の働きであるからである。こうした人の心に特有な働きを筆者は「情動知」と呼んできた（大藪，2013，2015b）。

母親は乳児に対してきわめて豊かな情動知を表現して見せる。そして，表象世界を豊かに獲得した母親の心は，この情動知を，自らの表象世界の中でも展開させる。ここにある母と子の写真を見てほしい（図5-3）。ベッドに横たわる子どもは交通事故にあい，意識が戻らず，目が見えず耳も聞こえない。しかし，母親はわが娘が大好きだった人形を見せて話しかけようとしている。いったい母親はこの人形を誰に見せ，誰に語りかけようとしているのだろうか。それは間違いなく母親の心の中に今なお生きる子どもに対してである。母親は，子どもの目になり，子どもの耳になり，そして子どもの心になって，その人形を差し出し語りかけるのである。そのとき，母親の目と耳と心は，子どもの目になり，耳になり，そして心になる。母は，鏡のようになって，子どもの姿を子どもに映し出す存在である。そこには，情動知を，自分の表象世界の中に住む娘との間で再帰的に活動させている母親が存在する。

母親が作り出すこうした鏡映的で情動調律的な行動は，乳児が生得的にもつ情動性と静観性の働きを促し，人との関係活動を育む肥沃な土壌として働く。

第5章　対人関係の基礎としての認知発達

図5-3　意識のないわが娘に
語りかける母親
撮影者：高山清隆, 2005

そうした他者との豊かな関係活動が，乳児の心に，物の世界や表象の世界を他者と共有する能力を生み出し，それが共同注意や心の理論を育てる基盤を作り出していくのである。

（大藪　泰）

第6章 メタ認知と学力

1 メタ認知

　メタ（meta）とは，一般に「越える，超越する」を意味する接頭辞であり，**メタ認知**は「思考に関する思考」過程であるといわれる。「メタ認知」という語は，「知る」ということについて知るための能力を表すものとして用いられてきたのである。メタ認知とは，いわば上位レベルから下位レベルの知識や思考に関する処理を俯瞰し統制することに関わる過程であるといえよう（Brown, 1978；Fravell, 1976；Nelson & Narens, 1990；Schraw & Moshman, 1995）。

（1）メタ認知モデル

　メタ認知のメカニズムは，フラベル（Fravell, 1976）やその後の研究者たちによって，3部構成のモデルとして提案されてきた。これはメタ認知に関する3つの要因から成る。すなわち，知識とモニタリング，およびコントロールである。メタ認知に関する知識とは，認知という事象に関する知識のことであり，学び方に関する知識や，学びを改善することに関する知識などが含まれている。メタ認知に関するモニタリングとは，認知的活動の現在の状態を評価することであり，自分が問題解決に近づいているかどうかといった判断や，自分が読んでいる内容をよく理解できているかどうかといった判断が含まれている。メタ認知に関するコントロールとは，進行中の認知活動のある側面を統制すること

であり，難しい問題を解こうとするときに新しい方法を適用するという決断をしたり，質問に対する答えを覚えるために時間をかけようと決断したりするといったことが含まれている（Dunlosky & Metcalfe, 2009）。

われわれが様々な場面で取り組む課題を考えてみよう。それらは一瞬で終わるということはなく，解決に至るまでにいくつもの手続きを経なければならず，一定の時間を要するという場合が少なくない。課題解決に向けて生ずる様々な認知的活動をコントロールしつつ，その結果をモニタリングしながら取り組むのであるが，そこにメタ認知が働いているといえるのである。これは，従来から「内省」という言葉で示されてきた心の活動とも関連し，「自己統制（self-regulation）」や「自己覚知（self-awareness）」といった働きとも深く関わる。「内なる目」（Humphrey, 1986）といった概念とも関わりの深い概念でもある（丸野，2008）。また知覚・認知・学習・記憶といった基礎心理学領域においては，「**知識既有感**（feeling of knowing）」「既習得判断（judgement of learning）」や「判断の確信性（confidence of judgement）」といった要因（Dunlosky & Metcalfe, 2009）や，知覚─運動における熟達（Maclntyre et al., 2014）についてもメタ認知機能が密接に関連しているとみられている。認知機能における自動的過程が進行する中で，間接的にモニタリングすることにより処理状態を把握する機能がメタ認知であるといえよう。

（2）メタ認知と関連する概念

メタ認知に関連の深い概念として，心理学領域では**メタ記憶**，**実行機能**，**ワーキング・メモリ**などがあり（Shimamura, 2000；Lyons & Zelazo, 2011），教育学領域では批判的思考などがある。

メタ記憶（Dunlosky & Metcalfe, 2009）は，自分の記憶に関してモニタリングしコントロールすることに関連している。メタ認知における記憶面に焦点をあててみたものともいえよう。実行機能（Zelazo et al., 2004）は，問題を多面的に把握して解決手順を計画し，目標に至るまで実行過程を監視する機能であるが，認知のモニタリングやコントロールという点で，メタ認知という概念と密接に関連しているといえよう。ワーキング・メモリ（Baddeley, 2000）は，視空間ス

第Ⅰ部　認知発達論

ケッチパッド，音韻ループ，エピソード・バッファ，中央実行系から成っており，情報を一時保存しつつ処理を行うメカニズムである。特に中央実行系の役割は，メタ認知と密接に関連しているといえよう。批判的思考（critical thinking；Parrott & Rubinstein, 2015）は，議論の分析，演繹・帰納的推論，判断，評価，問題解決などの要因を含んでおり，メタ認知メカニズムが密接に関与するといえる。

　メタ認知には，動機づけも深く関与すると考える研究者も少なくない（Schraw et al., 2006；Perfect & Scwartz, 2002）。シュロウら（Schraw et al., 2006）は，動機づけと関連の深い「自己効力感」という要因がメタ認知に重要であるとみている。学習場面においてメタ認知を有効に機能させるためには，特にモニタリングとコントロールに関連する要因について，動機づけも含めて総合的に考慮しなければならないであろう（Winne & Nesbit, 2010；Lyons & Zelazo, 2011）。

（3）メタ認知の発達

　メタ認知スキルは，従来，より遅い時期に発達するとみられていた（Flavell, 1979）。8～10歳くらいまではメタ認知能力は十分に発達せず，たとえば課題遂行中の自分自身の思考をモニターするといったことは困難であるとみられてきた（Whitebread et al., 2009）。また適切に方略を立て処理資源を配分するといったプランを立てることなども，10～14歳くらいまでは十分に発達しないとみられていた。しかしながら，3～5歳の子どもでも知識既有感をもとに判断し得る（Cultice et al., 1983）ことなど，問題解決中に「認知の知識」「認知の制御」や情緒や感情の制御を含むメタ認知的行動の存在が示されるようになった。幼児期の子どもでも，問題解決のために目標に向けた進行具合のプランニングやモニタリングを行い続けることが可能であり，6歳くらいになればより成熟した認知がなされるようになるのである。

　メタ認知の発達には，実行機能の発達が密接に関与している。特に抑制的統制は，目標の追跡中に現れる無関連な刺激への反応を抑制するといった重要な役割を有している。この抑制的統制は，3～6歳の間に目覚ましい発達を遂げ

る。また，相手の立場に立って認知的枠組みを構成することができるかどうか
は，まさにメタ認知機能の発達に関わるため，心の理論課題はメタ認知の発達
を検討するうえでも重要な課題といえる（Dunlosky & Metcalfe, 2009）。なおこ
の課題においても，抑制的統制は密接に関わっているとみられている。

　メタ認知の発達においては最初に認知的知識が現れ，6歳くらいで正確さも
みられるようになり，8〜10歳で認知的スキルも固定化されるようになる
（Kuhn, 2000）。その後，認知的制御能力が現れ，10〜14歳くらいでプランニン
グにおけるモニタリングと制御に劇的な改善がみられるようになる。しかし一
般にモニタリングと評価については成人期まで発達が続くとみられるが，最終
的には認知的知識と認知的制御の統合が行われていく。メタ認知発達の初期に
は，その領域は特定的であるが，徐々に他の領域にも拡張していき，より組織
的でより一般化したかたちになっていくのである（Schraw & Moshman, 1995）。

　3〜5歳にかけて，言語能力が心の理論課題と強い関連を示すようになるこ
とから，言語はメタ記憶に直接，間接的な影響を与えているとみられる
（Lockl & Schneider, 2007）。5〜6歳では，比較的簡単な連合でも記銘すること
に困難が生じるが，12歳くらいまでには学習能力はかなり改善されていく。児
童期には，課題の特徴と方略の利用のしかたによっては記憶が困難になり得る
ことを理解できるようになり，12歳までには様々な記憶方略のそれぞれの効果
を区別して利用することができるようになるとみられる。さらにより効果的な
自己制御が可能になり，勉強時間や注意を適切に配分できるようになっていく。
このような方略的知識の発達は青年期から成人初期まで続き，課題の特徴と方
略と努力といった要因に関してより複雑な関係を学んでいくとみられる（Rai,
2011）。

（4）読み・書き・算数とメタ認知

　読み・書き・算数に関わるスキルは学びの基礎であり（Dunlosky & Metcalfe,
2009），それらのスキルの獲得は学校教育の基盤であるといえる。

　読みは，文字が組み合わされた単語，さらに単語が組み合わされた句や節，
それらが組み合わされた文が書かれた印刷物のうえで，視線を移動させて次々

第Ⅰ部　認知発達論

と情報を入力し，脳内で解析していく過程である。そして意味論・語用論・統語論に関する脳内辞書を参照し，文に込められた意味を理解するための多数の作業を同時的に進行させている。もし1つの段落の意味することをよく理解できなかったとしたら，もう1つ前の段落に戻って解析し直すこともあるだろう。そのようなときに，文の解析に関与している様々な認知機能をモニターしコントロールするために働いている機能がメタ認知であるといえる（Hacker, 1998）。

　書きは，言語的に表象された内容があり書記言語によりそれを表現しようとするときに生じる行動であるといえる。言語的内容は書記言語に変換され，筆記用具を書字スキルに基づいて操作することで，外部に表現されることになる。表記された文字は内部文字表象と合致しているか，単語を組み合わせた句や節，さらにそれらを組み合わせた文は，表現したい内容を適切に示しているか……そのようなモニタリングと必要な修正は，メタ認知機能により担われている（Hayes & Flower, 1980）。

　算数・数学には数量と図形，あるいは代数と幾何の領域があり，それらに関連する様々なスキルが獲得される必要がある。数量を理解するためにはその基盤として，形や色などにより区別される物体の認知機能や，複数の物体の空間的位置を同定するための機能が必要であり，さらにそれらを脳内で操作する機能が必要である。どのようなスキルを順次結びつけていけば，数量あるいは図形に関する所与の課題を解決できるのか，関連する様々なスキルをチェックし課題に合わせて組み合わせて実行し，目的に達するまで必要な修正を加えつつ作業を行う必要がある。算数・数学の課題は文章により示されるため，その基盤として読解リテラシーが関与することになる。数学的諸概念に関連するスキル群を用いて，課題文が意味する内容を数学的構造に変換する必要がある。そのうえで，課題に適切と想定される操作群を順次実行していき，目標と照らし合わせながら解決に至るまで手順の修正を行う必要がある。このような作業において重要な役割をするのが，メタ認知であるといえる（Schneider & Artelt, 2010：OECD, 2014）。

第6章 メタ認知と学力

2 学力の定義と測定・評価

(1) 狭義の「学力」——従来の学力観

「学力」とは何か。これは，古くかつ新しい問題である。「形式陶冶」と「実質陶冶」をめぐって中世以来続いてきた様々な論争は，思考・思想の形成基盤とその展開に関わる議論であり，「学力」の形成につながる議論であったといえよう。何を学ぶことが基本なのか，基本はいかに実践に結びつき得るのか，に関わる議論であるといえる。

　学力とは，簡潔に述べれば，「学校教育を通じて獲得・達成されたと考えられる知識・技能や思考力・判断力」（日本教育心理学会，2003）である。いわば「学んだ力」ということになろう。知識や技能は，学校教育におけるカリキュラムに対応したかたちで子どもの内に体系化されていくと考えられる。さらに「意欲・関心・態度も含める広義の立場」（日本教育心理学会，2003）からみれば，「学ぶ力」でもあるといえる。獲得・達成された知識・技能や思考力・判断力に基づいて，子どものもつ意欲・関心・態度に応じた学びが生じる。その学びは，日常生活や社会生活の場に展開されていくことが期待されるのである。

(2) 広義の「学力」——現代的学力観

　広義にみた場合の「学力」のとらえ方は，近年大きく変わろうとしている。学びに関わる諸要因が総合的にとらえられ，「**コンピテンシー**」概念を中心としてモデル化されるようになった。コンピテンスとは有能性を意味し，潜在的能力であると考えられる。コンピテンシーとは，獲得された知識や技能を単に利用するのではなく，関連する心理的・社会的資源をも活用して，日常生活や社会生活においてより複雑な課題を解決することのできる能力であるといえよう。獲得された知識・技能をベースの１つとしつつも，思考力・判断力などが汎用的，創造的で，実践的な総合的能力として展開することが求められるようになっている。

111

第Ⅰ部　認知発達論

　欧州や米国において，「コンピテンシー」概念を中心として，それぞれの国々や機関に応じた様々なモデル化が行われ，実践に向けて取り組みが進んでいる。ここでは OECD による「**キー・コンピテンシー**」と，米国などを中心に展開している「**21世紀型スキル**」について概観する。

①　キー・コンピテンシー

　キー・コンピテンシーとは，欧州各国の教育に関する諸問題への取り組みの中で経済協力開発機構（Organisation for Economic Co-operation and Development：OECD）のプロジェクト「コンピテンシーの定義と選択」（Definition and Selection of Competencies：DeSeCo）により掲げられた概念である。コンピテンシーは，先に述べたように知識や技能以上のものであり，特定の状況の中で心理社会的な資源（技能や態度を含め）を引き出し，起動することにより複雑な要求に応じる能力を含んでいる。キー・コンピテンシーは，特に①社会や個人にとって価値ある結果をもたらし，②いろいろな状況の重要な課題への適応を助け，③特定の専門家でなく，すべての個人にとって重要という条件を満たすものであるとされる。「キー・コンピテンシーの定義と選択：実施要領（Definition and selection of key competencies：executive summary）」に沿って，以下に具体的に述べる（OECD, 2005）。

②　キー・コンピテンシーにおける 3 つのカテゴリー

1）　相互作用的に道具を用いる

(1)　言語，シンボル，テクストを相互作用的に活用する能力

　話し言葉，書き言葉のスキルや数学的スキルなど，コミュニケーションに関する様々なスキルは，他の人々と効果的に話し合い社会に参加するための基本的なコンピテンシーである。

(2)　知識や情報を相互作用的に活用する能力

　情報そのものの性質を批判的に検討したうえで適切に扱うことができるようになることが，意見をかたち作り，決断し，責任ある行動をとるための基本的なコンピテンシーである。

（3） テクノロジーを相互作用的に活用する能力

　日常生活において，情報に関連する諸技術を使用してネットワークを利用し，人々と関わり協働できるようになることは，仕事や生活に関してより効果的で新しい機会を与えることになる。

２） 様々な文化的背景をもつ集団で交流する

（1） 他人と良い人間関係をつくる能力

　他人と適切に関わっていくことは，社会的に親密な関係を作るだけでなく，経済的な成功も増加させることになるだろう。このコンピテンシーは，他者のもつ価値観や信念，文化，歴史などに敬意を払うことができるということを仮定している。

（2） 協力する能力

　協力するということは，自分自身の優先順位とグループへの関与との間にバランスを取ることができ，リーダーシップを共有して他人をサポートすることができるということである。

（3） 争いを処理し，解決する能力

　争いを建設的に処理するためには，交渉方法を探すよりも処理すべきプロセスを検討することが重要である。そのためには，問題を分析して整理し，問題をとらえ直して，適切な手順を決定していくことが必要である。

３） 自律的に活動する

（1） 大局的に行動する能力

　適切に行動するためには，より広い文脈で物事を理解する必要がある。そのためには，社会規範や社会・経済的状況がいかに関わっているかなどについて考慮する能力が重要である。

（2） 人生計画や個人プロジェクトを企画し実行する能力

　環境の変化は，人生を断片化させてしまうことがある。自分の人生を組織づけて語る能力は，そのような変化に対して意味と目的を与えることができる。そのためには，多様なゴールを想定しつつ優先度を考慮し，過去に学び将来を見通しつつ進み具合をモニターして修正する能力が求められる。

第Ⅰ部　認知発達論

(3)　自らの権利，利害，限界，ニーズを表明する能力

　　この能力は，法律に関係する事柄から個人的な関心の表明まで，様々な範囲に関わっている。それは，自分の権利，要求，関心を確認し，それらを主張し積極的に守ることにつながっている。自分自身の関心を再認識し，関連する原則や規則を知り，要求や権利を認識してもらうための議論を構築し，取決めや代案を提案できる能力が求められる。

　なお OECD の実施する学力調査である Programme for International Student Assessment（PISA）は，「1）相互作用的に道具を用いる」のカテゴリーに属する諸能力をより具体的に評価しようとするものである。義務教育の最終段階において，実際の生活状況で彼らのもつ知識を適用できるか，また社会への完全参加に対応できるか，といったことについてその可能性をみようとしている。

③　キー・コンピテンシーの基礎

　キー・コンピテンシーは，個人の資質や認知的技能として何が望ましいかについての恣意的決定から定まるものではなく，継続的な人生と十分に機能する社会についての心理社会的な必要条件を十分に考慮することにより定まる。コンピテンスはまた，個々人が単に世界に対処するためだけにではなく，世界をかたちづくることを助けるという点でも重要な要素なのである。コンピテンシーは，現代生活の鍵となる特徴や要求に関連づけられるのと同様に，われわれ個人と社会の両方の目標がもつ性質にも影響を受ける。個々人は，変化，複雑性，相互依存性に特徴づけられた世界に適用できるようなキー・コンピテンシーを活用する必要がある。コンピテンシーが集団の目標を成就することを助けるために必要なものであるとするならば，キー・コンピテンシーの選択は共有価値を理解することと関連している必要があろう。コンピテンシーの枠組みは，このように一般的なレベルでわれわれの日常生活の背景的基盤となるべき価値に支えられているといえよう。個々人の要求は様々な場所や状況によって異なっているが，キー・コンピテンシーは誰もが必要とする共通的な価値を有するものなのである。

114

④　熟慮性──キー・コンピテンシーの核心

　この枠組みに通底することは，熟慮的に思考し行動するということである。熟慮的に思考するということは，複雑な精神的過程を必要とするということであり，思考過程の主観性がその対象となる。たとえば，ある特定の精神的技術をマスターすることを考えてみよう。熟慮性はこの技術について考え，それを自らのものとし，それらの経験を他の面に関連づけ，そしてそれを変化させたり適用させたりすることを可能にするものなのである。熟慮することは，メタ認知スキルを利用し，能力を創造し，批判的立場をとることを意味しているのである。熟慮するということは，単に個人がどうするかを考えることではなく，思考や感情や社会的関係を含めて，その経験をいかにより一般化して構成するか，ということについて考えることである。熟慮することは，社会的圧力から距離を置き，異なった視点をもち，自主的に判断をして，自分の行動に責任をもつことができるような社会的熟慮のレベルに達することを，個々人に要求するのである。

　キー・コンピテンシーとは，いわば「道具を介して対象世界と対話し，異質な他者と関わりあい，自分をより大きな時空間の中に定位しながら人生の物語を編む能力」（松下，2012）なのだといえるかもしれない。

（3）21世紀型スキル──もう1つの広義的学力観

　「キー・コンピテンシー」概念が欧州中心に形成されたものであるのに対し，「21世紀型スキル」はアメリカなどを中心に形成されてきた。「21世紀型スキルATC21S の学びと評価プロジェクト」では，「デジタルネットワークを使った学習」と「協調的問題解決」が主要なテーマとして取りあげられた。そこでは，子どもたちが「21世紀型スキル」を獲得する過程を，発達的な学習モデルで評価することに主眼が置かれている。子どもたち一人ひとりが，彼ら自身のもつ知識をベースにして新しい知識を積み上げ，高次の思考によって課題解決に取り組むようになる過程を検討しようとしている。グリフィンら（Griffin et al., 2012）に沿って，以下に具体的に述べる。

第Ⅰ部　認知発達論

①　協調的問題解決

「協調的問題解決」は，グループ内の他の人の考え方を理解できる力，メンバーの１人として建設的な方法で各メンバーの知識・経験・技能を豊かにすることに貢献する力，貢献の必要性やどのように貢献すればよいかを認識できる力，問題解決のために問題の構造や解決の手続きを見出す力，協調的なグループのメンバーとして新しい知識や理解を積み上げ創り出す力，の５つの要因で構成されている。教師は，児童・生徒が「何を知り，理解し，考え，感じているか」を単に推測するのではなく，「何をして，発言し，つくり，書いたか」というエビデンスをもとに，授業中に提供する支援の方法や，具体的教材を決めていかなければならないのである。

②　21世紀型スキルにおける分野

21世紀型スキルでは，10のスキルを４分野に分けて設定している。

１）　思考の方法

（1）　創造性とイノベーション

　　新しく価値のあるアイデアを考え出すことである。また，他者と一緒に創造的に考えたり働いたりすることも有用である。そのためには，新しく価値のあるアイデアに対して偏見をもたないことも重要であるし，新しい見方や考え方，多様な考え方に対して柔軟かつ敏感であることが望まれる。

（2）　批判的思考，問題解決，意思決定

　　批判的思考と問題解決は，特に重要な要素である。未知の問題に取り組む際に，そのしくみと方略を理解したり，意見を出す際に証拠が重要であることを理解する必要がある。また複雑なシステム全体のふるまいがみえるようにするために，各部分がどのように相互作用しているかを分析できるようにすることも必要である。自分とは異なる見解について，主要なものを検討し評価する力も必要である。

（3）　学びの学習とメタ認知

　　自分が好きな学習方法，自分のスキルや技能の強みと弱みについて知り，理解することが必要である。「学ぶ」際に，効果的な，自己管理，自主性，

訓練，忍耐，情報管理などに時間をかけることができることも重要である。学習対象や学習目的を批判的に振り返ることも重要であり，短時間でも長時間でも集中できる力も望まれる。

2）　働く方法

（1）　コミュニケーション

　母国語の基礎的な語彙，文法などに関する十分な知識が必要である。母国語は個人や文化を豊かにするものであることを認識し，多様な状況や目的で様々なメッセージを書き言葉や話し言葉でやりとりし，理解する能力が必要である。多様な読解の目的に合わせて様々なテキストを適切な方略を用いながら読み理解することができる能力が求められる。

（2）　コラボレーションとチームワーク

　チーム内での個々人の役割を認識し，自分および他人の長所と短所を理解することが，他者と効果的に相互作用するために重要である。目標を設定するとともに明快な話し方を意識し，また相手の話を注意深く忍耐強く誠実に聴くことが重要である。多様なチームで効果的に働くことができるようにすることが望まれる。

3）　働くためのツール

（1）　情報リテラシー

　効率的かつ効果的に情報を利用し，評価できることが望まれる。主観的なもの，客観的なもの，現実的なもの，仮想的なものをそれぞれ区別し整理して新しいものを創り出す能力が求められる。批判的思考や創造性などを活かすために，また学習に活かすために，知識を体系的に整理する能力も求められる。複雑な情報を創り出し提示し理解するために必要なツールを利用する能力も求められる。

（2）　ICT リテラシー

　ICT（Information and Communication Technology）とは，情報や通信に関する技術の総称であり，特にコンピューター技術の活用に関連する用語である。文書作成，表計算，データベース，情報の保存と管理などに用いるソフトウェアについて理解し，インターネットや電子メディアを利用する

第Ⅰ部　認知発達論

際に現実世界と仮想世界の差異に気づくことが重要である。ICT ツール
を批判的かつ入念に評価する力も必要である。問題を解決するために，正
確かつ創造的に ICT を利用する力が求められる。

4）　世界の中で生きる

(1)　地域と国際社会の良い市民であること

　民主主義，市民権，憲法，政府のしくみ，自国の歴史，世界史，長期間
にわたる世界の人々や文化の動きなどに関する様々な知識を有しているこ
とが求められる。また近隣のコミュニティの活動に参加するとともに，国
内外の様々なレベルで意思決定に参加することも求められる。ボランティ
アや市民活動に参加する意欲をもち，社会の多様性と団結のために行動す
ることも望まれる。人権と平等の概念を受け入れ，男女平等などの諸概念
を受け入れることも重要である。

(2)　人生とキャリア発達

　変化に適応しフレキシブルになることが求められる。目標と時間を管理
する能力も必要である。さらに自律的な学習者になることも求められる。
独立しても仕事をし得るし，他者と効果的に相互作用する能力も求められ
る。プロジェクトを運営し，多様なチームで効果的な働きをすることが求
められる。他者に対して責任をもち，他者をガイドし先導できる能力も重
要である。

(3)　個人の責任と社会的責任

　様々な社会で一般的に容認されている行動規範や礼儀に関する知識が求
められる。様々な社会的状況で建設的にコミュニケーションする能力が求
められる。また他人を信頼し，共感する能力や建設的にフラストレーショ
ンを表現する能力も求められる。仕事とプライベートをある程度分離し，
仕事の問題をプライベートに持ち込まないようにする能力も重要である。
他人に関心を寄せ，他人を尊敬する態度，固定観念や偏見を克服する意欲，
自分の意見を明確に述べる力も重要である。

第6章　メタ認知と学力

（4）現代的学力観について

①　現代的学力観の特徴

「キー・コンピテンシー」も「21世紀型スキル」も，いずれも読解力，数学的，科学的リテラシーやICT能力などを基盤としつつ，特定の状況における問題を多様な方法で創造的に解決し得る力を獲得することを目指しているといえる。しかしそれらの力は，他者と協同する中でなければ有効に機能せず，社会においてこそ発揮されることが強調されているのである。その際に，問題解決に関わる認知的諸能力が総合的に機能することが求められるのであり，そのために「学び方を学ぶ」ことの重要性が認識されているのである。

②　現代的学力観とメタ認知

「キー・コンピテンシー」や「21世紀型スキル」といった現代的学力観では，「メタ認知」の重要性が強調されている。子どもたちの獲得する知識や技能が，彼らの生涯にわたる社会生活において活かされるよう，彼ら自身の運用能力が育成されなければならないわけであるが，これは彼らの「メタ認知」能力を豊かにすることと密接に関連している。

「メタ認知」においては，「認知の知識」的要因と「認知の制御」的要因が重要である。これら2つの要因が，学校における学習のうちに十分に含まれているかどうかが課題となろう。「認知の知識」的要因については従来から指導方法が検討されているといえるが，「認知の制御」的要因については子どもの個々の資質に任されている面が現状では強いのではないだろうか。

現代的学力観においては，「メタ認知」は学力に関わる重要な要因の1つとして挙げられてはいるものの，限定的構成要素としてとらえられている。しかし，心理学的にみた場合には，メタ認知はあらゆる生活事態において機能し得るのであり，学力のある一部分を構成するものなのではない。現代的学力観は従来の学力観に比べて，人のもつ能力をトータルにとらえようとしているが，発達軸が十分に考慮されておらず静的モデルであることに1つの限界があるといえよう。「メタ認知」機能はダイナミックな状況においてこそ，重要な働き

119

第Ⅰ部　認知発達論

をするであろう。

「キー・コンピテンシー」概念では，「熟慮」能力が核となるものとして重視されているが，この能力は「メタ認知」機能が密接に関与するものであるといえる。「熟慮」するためには，反応することを一時的に抑え，大局的に状況を分析し，自身の諸能力をいかに活用するかについて検討することが求められるのである。「キー・コンピテンシー」を子どもの中で発展させるためには，その子どもの「メタ認知」機能の発達に合わせて，教育内容が組織され活用能力が展開されなければならないであろう。

（5）学力の評価と測定

①　評　価

多面的な内容をもつ「学力」を評価することは，容易ではない。「評価」もまた多義的な面をもつ。従来から教育の領域では，**相対的評価**と**絶対的評価**が取りあげられてきた。相対的評価は，学力について何らかの量的測定を行って点数化され，その結果を集団内で順位づけることによりなされる。どのような規模の集団に位置づけるかで，相対的度合いが変わってくることになる。集団を構成する人数が十分に多ければ，点数のあり方は正規分布に近づくと考えられ，平均値近辺に多数が位置することになる。通知表で従来採用されていた5段階評価は，その代表的なものといえる。

絶対的評価は，ある目標に対する到達度を何らかの方法で評価することによりなされる。どのような目標を設定するかが重要であり，その内容は教育の目的によって異なってくることになる。また到達度を評価するための基準が必要であり，どのように設定するかも重要となる。

②　測　定

到達度評価では，目的に対応した評価基準を設定し，それに応じた質問を設定することになる。これに対して相対評価では，正規分布を想定し平均値周辺に多数が分布するよう設問内容が工夫されることになる。また公平性を保つために，制限時間は厳しく保たれることが多い。他方，到達度評価ではその子ど

120

もの可能性をみるという観点から，公平性は厳しく問われないこともある。

　ブルーム（Bloom, S. B.）の完全習得（mastery learning）理論（Bloom, 1968；Bloom et al., 1971）は，診断的評価，**形成的評価**，**総括的評価**の３段階の評価を経て，学習者のすべてに一定水準以上の学力を習得させることを目指している。そこでは，学習段階に応じた測定と評価が行われる。特に学習者へのフィードバックを含む形成的評価を経て獲得された能力は，学習者一人ひとりの生涯にわたる継続的教育の中で活かされることが期待されている。

③　現代的学力観と評価

　「21世紀型スキル」や「キー・コンピテンシー」では，社会に参加し，連携し，協力して様々な問題の解決に向けて努力する中で，多様で総合的・創造的な能力を発展させていくことが期待されているといえる。したがって，学習者のもつ諸能力がある状況下で学習成果としてどのように表現されるか，様々な視点から総合的に評価することが求められるのである。現状では，種々の方法が工夫され検討されている段階にあるといえよう。「21世紀型スキル」では，学習状況に埋め込まれており，かつ学習活動と同時に行われるような評価，すなわち「**変容的評価**（transformative assessment）」が重要な方法となるとみられている。評価は単に過去のパフォーマンスを説明するものではなく，即時的に学習に利用できるものであることが望まれるのである（Griffin et al., 2012）。

　従来，評価法としては相対評価などにみられるように心理学的測定法が利用されてきた。このような評価法は，学習過程の最終的段階において，「総括的評価」として用いられてきた。これに対して，特定の文脈下で進行する高次機能の複合的な表現を質的にとらえ，評価することの重要性が認識されるようになってきた。そのような中で注目されている方法の１つは，「**パフォーマンス評価**」であろう。これは，「ある特定の文脈のもとで，様々な知識や技能などを用いながら行われる，学習者自身の作品や実演（パフォーマンス）を直接に評価する方法」（松下，2012）である。学習活動の中で子どもが何らかのかたちで学習結果を表現するわけであるが，その学習状況における表現として評価することを目指している。ルーブリック評価法（複数の基準とレベル，それを説明

第Ⅰ部　認知発達論

する記述語からなる評価基準表：松下，2012）が，代表的なものの1つとされる。このような学習過程における「形成的評価」の役割を果たす評価法としては，子どもの作文，レポートや様々な作品を学習成果としてフォルダーに入れて保存しそれらを学習者自身も総合的に評価するという，「ポートフォリオ評価」なども利用される。

3　学業不振

（1）学業不振の背景

　学業不振とは，狭義には，知的能力水準に比べて相対的に学力水準が低いことにより表面化する知的能力と学力の乖離のあり方である。

　学力についてある測定を行い，その結果について相対的評価を行うならば，集団内における低位置は必ず存在することになる。そして，子どもたちはある割合でそこに配置されることになる。しかし，その原因は様々である。知的能力水準がより低く，かつ学力水準が低い子どもは，相対評価では常に低順位に位置することになろう。生育環境が劣悪であることによる心理的不適応の結果として，二次的に学力形成が妨害されている場合もあろう。また知能検査により推定される知的能力水準からみて，学力検査により測定される学力水準が低い状態にある場合には，その子どもの学力の形成過程に問題が存在することになる。ここには，**発達障害**に関連する要因のある子どもたちがかなり含まれていると想定されるのである。そこには，学習環境や指導方法がその子どもに適したものになっていない状況があると考えられる。特に読み書きのリテラシーに関する困難がある場合には，学習内容を適切に理解し，また学習結果を適切に表現することが困難になりがちである。

（2）学習困難を抱える子どもたちの学力評価

　学習の困難を抱える子どもたちを対象とするとき，たとえば読み書きに困難がある場合には筆記テストは困難を増加させ，その子のもつ可能性を低く見積

もるリスクがある。相対的評価はすでに社会的不利を背負って生きている障害のある子どもたちにとって，まさに障害を顕在化させるものになりがちである。

　子どもたちの「学力」について考えるとき，特に学習に困難のある子どもの教育を考えるうえでも，「評価」は重要な意味をもつ。相対的評価によるならば，学習の困難を有するために，集団内でより低い位置づけにならざるを得ない。「学習困難」な子どもたちは，まさにそのような評価方法によって析出されるのである。そのような子どもたちの「学力」（狭義）を考えるためには，絶対的評価を考慮することになるであろう。しかし，どのような目標を設定しどのような評価基準を定めるかという点では，様々な課題が生じる。学習に困難のある子どもたちに「観点別評価」を行っても，やはり低い評価にとどまる可能性は高いであろう。行きつ戻りつしながら少しずつ階段を昇っていく子どもたちを，どのように評価すれば彼らの「学力」が見えてくるのであろうか。

　学習の困難を抱える子どもたちにおける**認知的資質**に関する重要な特徴は，認知特性間のギャップがしばしば大きいということである。いわばいくつもの重要な歯車の間の噛み合わせが適切でないため，学習過程において効率性と正確性が向上しにくく，またその成果がうまく表現されにくいという結果になりがちである。しかし他方で，ある状況である課題に取り組むときには，効率性は低くても独創性の高い成果が得られることもあろう。このような面があったとしても，総合力として平均化し相対的に評価した場合には，低順位にとどまることになる。

　現代的学力観からみた学力モデルにおいても，評価と測定は困難な問題である。人のもつ諸能力がトータルにとらえられて初めて「コンピテンシー」を評価することになるのであるが，相対的評価に優位性をもたせる限りそれは困難なことであろう。その子どものもつ認知的資質が環境によっていかに引き出されたかによって，本人の努力と学習支援が評価されることになるであろう。学力を総合的なものとしてみるときの評価は，子どもの能力の結果としてのみとらえられるべきではなく，教授者および他の子どもたちとの間の相互作用の結果としてとらえられるべきであろう。数量的に測定し得るのは，知識や技能に関わるリテラシーの一部であり，それをもってその子どもの広義の「学力」と

第 I 部　認知発達論

みることはできない。

　認知特性間のギャップが大きい場合，メタ認知能力も影響を受けることになるであろう。しかしそのような場合にこそ，状況特定的で多様な能力のあり方として質的評価を行い，ギャップが大きいということを能力特性として承認しつつ，特定状況下での彼らの強みを展開していくことができるようにすることが望まれるのである。このような考え方は，現代的学力観と矛盾するものではないであろう。むしろ，このようなとらえ方をすることで，狭義の学力観のもとでは学業不振とされる子どもたちをとらえ直し，彼らなりに社会の中でつながりをもちながら彼らの強みを活かして生活していく力をつけることができるようにすることが望まれる。現代学力観に基づく学力モデルをすべての子どもたちのための教育モデルとみるのであれば，それは学業不振の状態にある子どもたちにも適用され，適切な指導につながるべきであろう。むしろ，そのような子どもたちにこのようなモデルを適用することが，類似の苦手さをもつ他の子どもたちにとってもより良い指導になり展開されていくのである。

（3）資質と環境の相互作用

　このように学力をみてくると，学力は子どもの生き方と不可分に結びついているのであり，評価もそのような面を考慮することが必要になるであろう。発達障害のある子どもにおいてこそ，個々の生涯にわたる社会生活を想定した学力の評価が望まれるといえよう。

　アメリカ知的障害・発達障害学会（AAIDD）の前身であるアメリカ精神遅滞学会（AAMR）では，資質と環境の相互作用によって現在の能力が決まり，それによって支援のレベルや内容が決まるとするモデルを提案した（AAMR，1992）。このモデルによれば，子どものもつ可能性をどのように評価し，現状とのギャップをどのように評価するかが重要になる。このモデルを学力の領域に適用してみよう。子どものもつ学びの資質と教育環境との相互作用によって，現在の学力が規定されることになる。その結果に対応した学習支援のレベルや内容が導き出されることになるであろう。この考え方は，クロンバック（Cronbach，1977）の提案した**適性処遇交互作用**（Aptitude　Treatment

Interaction：ATI）の考え方と共通する面もある。教授方法（処遇）と子どもの適性との相互作用を重視する点である。しかしATIは，子どものもつ可能性（capability）と環境との相互作用の結果に対応した支援を積極的に想定しているわけではない。先述のAAIDDは，AAMRモデルに，さらに社会参加や社会的文脈などの要因を加えた新たな多次元モデルを提案している（AAIDD, 2010）。これらのモデルをもとに相互作用を考えるならば，子どものもつ可能性に対して環境がいかに対応しているのか，それらの相互作用の結果としての現実をいかに支えていけばよいのかが重要になるのである。

　障害の有無にかかわらず，子どもの個々の資質と環境の相互作用を考慮しながら，学習指導を進めることが重要となる。今後，**インクルーシブ教育**制度のもとで，ユニバーサルな学力評価方法が求められることになるであろう。

4　学業不振のある子どもたちのために

　学力を，その子どもがもつ認知的資質とその子どもに働きかける環境との相互作用によって創り出される認知的スキーマの構造体であるとしよう。低学力は，認知的資質が相対的にみて不十分であるか，環境が不十分であるか，のいずれかにより生ずることになるであろう。低学力の状態にある子どもにおいて，認知的資質の不足が相対的にはないとするならば，その子どもの認知的資質に合わない環境に置かれていると想定することになる。ヘッブ（Hebb, 1966）は，認知的資質に対応する知的構造を知能Aとし，環境との相互作用により構築される知的構造を知能Bとした。そして，知能検査が測定し得る部分は知能Bであって，知能Aは行動的方法によっては直接測定することのできない部分であると考えた。知能Aについては，将来的には脳科学的方法によって推定する道が拓ける可能性もあるが，そこには様々な問題と課題が含まれよう。

　発達障害というあり方は，学力の形成に深い影響を及ぼす。1つは生物学的基盤からであり，もう1つは社会的環境からである。発達障害の概念はきわめて曖昧であり，その生物学的基盤の解明も今後の研究の進展が待たれるところである（室橋, 2016a）。遺伝子レベルと中間表現型レベル，さらに行動レベル

125

までのきわめて複雑なつながりが解明されるにはまだほど遠い。他方で社会的環境については，差別解消法の本格的施行やインクルーシブ教育制度の充実による社会の理解の深まりが期待されるが，道は平坦ではない。

　学力形成に関与する環境が，その子どものもつ認知的資質に適合したものでないとき，学業不振は発生する。学業不振は相対的評価をきっかけとして見出されるかもしれない。しかし，その後の学力を豊かに形成するための対応は，その子のもつ認知的資質を推しはかることから始まるであろう。そのためには，観察を含む様々な方法と，潤沢な時間と，ていねいな関わりが必要である。なによりも，その子が学びたいと思うことが必要であり，援助者はその部分で「共同戦線」を張らなければならない（室橋，2016b）。もしその部分がその子の奥底に押さえ込まれていたとしたら，それを引き上げるまでに多くの時間を割かなければならないであろう。

　学業不振を示す子どもたちの学習の評価のためにこそ，「authentic（真正）な評価」（Wiggins，1989；遠藤，2003）が必要なのであり（Bagnato & Simeonsson，2007），パフォーマンス評価が望まれるのである。

　学習援助には，複数の目とその子にあった様々な援助ツールが必要である。複数者での対応は，子どものためにも援助者のためにも望まれ，適切な評価もそこから生まれる。さらに援助事態における子ども同士の関わり合いも重要である。「21世紀型スキル」や「キー・コンピテンシー」においても，子ども同士の関わり合いは学力の重要な促進要因の1つであると考えられている。まずは，彼らのもつ強みが仲間とともに発揮される状況を設定し，そこでメタ認知のもとに学びが展開されていくとき，彼らの生きる力は徐々にかたちづくられていくであろう。

　学力が生きるために必要な能力であるとするならば，彼らの認知的資質が彼らの生活世界で展開されるようになることが望まれるのであり，どのような状況で彼らが人や物にどう働きかけたかが重要になるのである。またそのような働きかけ方とその成果を評価し得るような方法が開発されなければならないであろう。

（室橋春光）

第Ⅱ部

認知発達のアセスメントと支援

第7章 認知発達のアセスメントの考え方

1 認知発達のアセスメントとは何か

（1）発達アセスメント

　何らかの支援のニーズがある子どもに出会ったとき，まず心理の専門家に求められるのは，目の前の子どもをよく知ることである。すなわち，発達アセスメントを通した子どもの理解が求められる。一般に，**アセスメント**は，査定，評価などと訳される。アセスメントと類似した用語に測定（measurement）がある。測定は，ものさし（scale）をあててその値（value）を読み取ることを指す。それに対して，アセスメントは単に値を読み取るだけでなく，測定の結果に基づいて何らかの予測や判断，評価を行うことを含む。したがって，発達アセスメント（developmental assessment）は，「人を理解し，人の行動や発達を予測し，その発達を支援する方法を決定するために行われる測定・評価」（本郷，2008a）と定義される。

　発達アセスメントの方法の1つに，知能検査がある。しかし，知能検査を実施し，その**知能指数**（IQ）や下位尺度得点を算出しただけでは，測定ではあっても発達アセスメントをしたことにはならない。また，単に課題通過の標準的年齢と本人の成績との比較を行うだけでは発達アセスメントとはいえない。聞き取りや行動観察で得られた情報と合わせて，その子どもの発達の遅れや偏り

第7章　認知発達のアセスメントの考え方

の程度，それらを生み出している原因の推定などを行うのが発達アセスメントである。すなわち，発達の法則性や多様性などを踏まえたうえで，その子どもの発達を理解することである。

（2）包括的アセスメントとしての認知発達のアセスメント

「落ち着きがなく，先生の指示がなかなか伝わりにくい」という特徴がある5歳の保育所に通う男児がいたとしよう。この子どもの行動の背景にはどのような原因があるだろうか。たとえば次のような多様な要因が考えられるであろう。

① 「社会・情動発達」：多動・衝動性。行動・**情動調整**の難しさなどの問題。
② 「認知・言語発達」：保育者の指示がうまく理解できないといった問題。
③ 「姿勢・運動発達」：一定の姿勢を長く保持できないといった問題。
④ 「家庭の人的環境」：多動の背景として，親の養育が十分ではなく，他者の注意を引きたいという注目要求がある。
⑤ 「園における人的環境」：保育者の指示の仕方の問題。あるいは，一緒に座っている他児との関わりの問題。
⑥ 「家庭及び園の物的環境」：子どもが日常的に生活している環境の刺激が多すぎて落ち着かない。
⑦ 生理・医学的側面：アトピーが原因で身体がかゆくて落ち着かない。

このように，子どもの行動の原因は1つではなく，通常は，複数の原因が関係している。したがって，発達アセスメントを実施するにあたっては，個人だけでなく，個人を取り巻く環境のアセスメントを通して，「個人の特徴」「環境の特徴」「個人と環境との相互作用の特徴」を理解することが重要となる。

また，「個人の特徴」に限っても，認知，言語，情動，運動などの複数の発達領域があるとともに，それらの発達領域が互いに影響を及ぼしている。この発達の**機能間連関**には，1つには認知発達が言語発達を促進する，あるいは言語発達が認知発達を促進するといったようにプラスの影響を与える関係がある。一方で，乳児期の特定の時期には，自分でうまく移動できないため，自分の欲しいものを大人にとってもらおうとするため，言語発達が促進されることがあ

129

第Ⅱ部　認知発達のアセスメントと支援

る。これは，言語発達と運動発達がマイナスの関係にあることを表している。
この点で，認知発達のアセスメントに焦点化したとしても，幅広い領域，領域
間の連関を考慮したうえでアセスメントを進めることが重要となる。

（3）アセスメントにおける時間軸

　包括的アセスメントには2つの側面がある。1つは，上で述べたように人の
行動の背景となる要因空間を広くとらえる（多要因性）ということである。も
う1つは，人の発達を時間の流れの中でとらえる（時間軸）ということである。
　時間軸は，さらに2つに分けてとらえられる。第1に，過去から現在に至る
時間軸である。子どもを理解し，それに基づく支援計画を立案するためには，
現在の子どもの様子だけではなく，過去からの子どもの発達経過をとらえるこ
とが重要となる。第2に，未来の時間軸である。すなわち，保護者や子ども自
身が将来へどのような希望や願いをもっているかということである。これは，
発達アセスメントそのものというよりも，支援目標の設定や支援方法の決定の
際に役立つ。
　過去から現在に至る時間軸の中で子どもを理解するということをもう少し具
体的に考えてみよう。たとえば，4歳児で二語文程度の発話しか出ていない子
どもの育ちの過程を考えた場合，次の4つのタイプが考えられる（本郷，2016）。

①　全般的な発達の遅れ：乳児期から全般的に発達が遅れているものの，標
　　準的な発達に沿ってゆっくりと発達をしているケース。この場合，認知・
　　言語領域だけではなく，他の領域の発達にも目を向ける必要がある。

②　発達の遅れ＋急速な発達：3歳半過ぎまでは発語がなかったが，その後，
　　急速に言語が出はじめ，一語文から二語文へ移行したケース。発達アセス
　　メントにあたっては，発語だけでなく，言語理解や認知発達に遅れがあっ
　　たのか否かがポイントとなる。

③　順調な発達＋退行：3歳くらいまでは順調に発達していたが，その後，
　　言語表出や対人的コミュニケーションが難しくなったケース。これは，
　　DSM-Ⅳにおける広汎性発達障害の中の小児期崩壊性障害と類似した発
　　達経過である。発達アセスメントにあたっては，医学・生理学的情報の収

第7章　認知発達のアセスメントの考え方

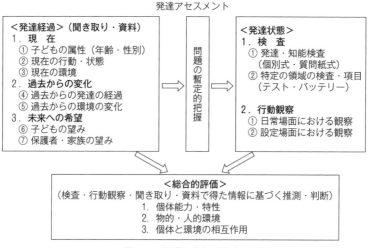

図7-1　発達アセスメント
出所：本郷, 2016を改変

集も重要となる。

④　言葉の遅れ：他の領域の発達は順調であるのに，言葉の発達だけが遅れているケース。養育環境や言語障害，コミュニケーション障害の可能性などを考慮した発達アセスメントが重要となる。

このような発達アセスメントの流れをまとめると図7-1に示すようになる。すなわち，〈聞き取り〉や〈資料〉によって得た情報に基づき，子どもの抱える「問題の暫定的把握」をする。それに基づき，どのような検査を実施すべきか，どのような方法で何を観察すべきかを判断し，実施する。そして，最終的に，各方法によって得られた情報を集約し，子どもの抱える問題を把握するのが，「総合的評価」ということになる。

2　認知発達のアセスメント方法

(1) 聞き取り

子どもの認知発達をアセスメントする方法としては，聞き取り，行動観察，

第Ⅱ部　認知発達のアセスメントと支援

資料の活用，検査などの方法がある。聞き取りにあたっては，先に述べたように包括的アセスメントの観点が重要となる。しかし，実際にはすべての事柄を短時間で聞くことはできない。その点で，心理の専門家は，通常，何らかの予想や仮説を形成しながら聞き取りを行うことになる。しかし，事前に特定の診断名の枠組みをもち過ぎるとそれに関連した質問に特化してしまうことになる。その結果，特定の障害に誤って分類してしまう危険性がある。実際には，特定の障害の典型的特徴をもっている子どもだけではなく，子どもの障害の特徴の程度は様々である。また，複数の障害に関わる特徴をもっている子どももいる。さらに，子どもの年齢とともにその状態が変化する場合がある。その点で，心理の専門家はオープンな視点をもちながら聞き取りを行う必要がある。

　ちなみに **DSM-5**（Diagnostic and Statistical Manual of Mental Disorders 5th Edition）では，DSM-Ⅳ で採用されていた「多軸診断システム」が廃止された。「多軸診断システム」とは，第Ⅰ軸～第Ⅴ軸までの5つの軸（診断する側面）を用意して，患者を総合的に診断していこうとするシステムである。しかし，実際には，軸を組み合わせることによって厳密さは増すものの診断のカテゴリーが狭くなるため，「特定不能診断」が多く出現することになってしまった。その反省を踏まえて，DSM-5 では，「**多元的診断（ディメンション診断）システム**」が導入された。これは，自閉症スペクトラム障害（ASD）に代表されるように，疾患や障害を連続体（スペクトラム）としてとらえるとともに，疾患・障害の重症度（レベル）を症状の強さ，頻度，持続時間などの状態によってとらえようとするものである（日本精神神経学会，2014）。これによって，自閉症スペクトラム障害（ASD）＋注意欠如・多動性障害（ADHD）といったように，他の併存の診断が可能になった。

　また，聞き取りにあたっては，保護者からの相談の背景を理解することが重要となる。表面的には子どもの発達や適応の問題についての相談であっても，実際の保護者のニーズは様々である。「子どもの不適応は自分のせいではない」「自分自身の話を聞いてほしい」「特に困っていないが幼稚園から言われたので相談に来た」など，子どもの発達について相談したいというニーズとは異なるニーズが隠れている場合もある。その点で，聞き取りにあたっては，「実際に

保護者が語ったこと」と「保護者の話の背後にある保護者のニーズ」とを分けて記録しておくことが重要となる（本郷，2008b）。

（2）行動観察

行動観察は，子どもを理解するうえで重要な方法である。一般に，**行動観察**の方法としては，自然観察法，実験的観察法，日誌法などがある。また，データ収集と分析の方法としては，時間見本法，場面見本法，**逸話記録法**などがある。巡回相談や発達相談などの限られた時間では，ターゲットとなる行動が生起しやすい場面を設定し，特定の行動に焦点をあてて観察することが求められる。すなわち，あらかじめいくつかの場面を設定しておくことにより，場面による子どもの行動の違いと場面を越えた行動の一貫性を確認する。また，一定の場面を設定しておくことにより，時期による子どもの行動の変化を確認することができる。

ちなみに，筆者は保育所の巡回相談では，次の4場面において行動観察を行っている（本郷，2010）。

① 自由遊び場面：登所後から「朝のお集まり」までの間の園庭もしくは室内における自由遊び場面を観察する。a．誰と遊ぶのか，b．どのような遊びをするのか，c．1つの遊びの持続時間はどのくらいか，d．保育者・他児とのコミュニケーションはどうか，などを観察する。

② 朝のお集まり場面：保育室内でのクラスごとのお集まり場面を観察する。a．どのような形態で座るか，b．集まりの内容はどうか，c．時間はどのくらいか，d．活動の内容によって注意の持続時間が異なるか，などを観察する。

③ ルール遊び場面：「個人の勝ち負けのあるルール遊び」「グループ対抗で他児との協力が必要なルール遊び」の2種類のルール遊び場面（合計20～30分）を観察する。a．どのような遊びの設定と進行がなされているか，b．逸脱の頻度と程度はどのくらいか，c．逸脱のきっかけは何か，d．逸脱したとき，保育者がどのような働きかけをするとうまく集団に戻れるのか，などを観察する。

第Ⅱ部　認知発達のアセスメントと支援

④　コーナー遊び場面：お絵かき，おままごと，ブロックなど対象児が他児と一緒に関われるような遊びのコーナーを設定し，保育者が対象児と他児との関わりを仲介する。観察ポイントとしては，a．どのようなコーナーで遊びが成立しやすいのか，b．どのような内容の遊びを展開するのか，c．遊びの持続時間はどのくらいか，d．子どもたちの関わりを促すのに保育者のどのような働きかけが有効か，などである。

　また，筆者は，行動観察を行うと同時に，「気になる」子どもの行動チェックリスト（本郷，2010）や社会性発達チェックリスト（本郷ら，2015）を用いて，行動観察時の子どもの様子と日常の様子との比較を行っている。巡回相談などでいつもと違う人がいる場面では子どもの行動が変化することもあるため，複数の情報をつき合わせて子どもを理解する必要がある。

（3）資料の活用

　子どもの現在の発達状況，とりわけ過去からの発達経過を理解するために，子どもの育ちの記録が利用できる。その1つに「母子健康手帳」（通称，「母子手帳」）がある。市町村ごとに交付されるこの手帳には，妊娠時の健診データ，胎児の大きさ，出生時の子どもの状態，成長の様子，予防接種の記録などの情報が記載されている。また，最近では，各自治体で，障害がある子ども，「気になる」子どもの成長を記録するため，「相談・支援手帳（ファイル）」が作成されている。自治体によって「すこやかファイル」「サポートファイル」など様々な名前で呼ばれている。このファイルには，健診・検査，医療，相談の記録が記載できるようになっている。保育所・幼稚園から学校卒業後までの各ライフステージにおける成長の記録もまとめることができるようになっている。これらのファイルは基本的には保護者が管理するものであり，保護者からファイルに記載されている情報を提供してもらうことによって子どもの理解を深めることができる。

　保育所・幼稚園・認定こども園では，子どもの保育記録が保存されている。これに加えて，子どもの作品がある。園によっては子どもの作品を保存し，卒園時にまとめて成長の記録として保護者に渡す場合がある。そのような場合に

第7章　認知発達のアセスメントの考え方

は，その作品から発達の状況を読み取ることができる。さらに，小学校以降では作文，テスト，ノートなども現在の子どもの特徴とともに過去からの発達の経過を理解するうえで重要な手がかりとなる。

3　知能検査・発達検査

（1）知能検査・発達検査

　子どもの認知発達をとらえるために，知能検査・**発達検査**が利用できる。知能検査はもっぱら知能を測定する目的で作成されている。一方，発達検査は，知能に加えて，運動や社会性の発達を測る目的で作成されている。また，知能検査・発達検査は，子どもに直接実施する**個別式検査**（直接式検査）と日常的に子どものことをよく知る保護者や保育者・教師などに尋ねる質問紙式検査（間接式検査）がある。一般に，子どもの反応を直接確認できるといった点で，個別式検査の方が優れている。しかし，子どもの年齢や発達状態によっては，個別式検査が実施できない場合がある。また，質問紙式検査の方が生活全般にわたる発達状態を確認することができるといったメリットもある。さらに，保育の巡回相談などの場面では，いきなり個別式検査を実施するというよりも，まず子どもの大まかな発達状態をとらえるために質問紙式検査を用いて保育者に子どもの状態を尋ねることが多い。

　表7-1には，認知発達のアセスメントに用いられる代表的な知能検査・発達検査がまとめられている。実際の検査の選択と実施をするうえで，それぞれの検査の特徴，対象年齢などについて知っておくことが重要である。

（2）検査の実施上の留意点

　知能検査・発達検査を用いるためには，以下の事項が重要となる。
　①　検査技術の習得：検査方法についてあらかじめ習熟しておく必要がある。
　　マニュアルを見ながらの検査では，子どもの注意を引きつけることが難しく，子どもの認知発達を正確に把握できない。

135

第Ⅱ部　認知発達のアセスメントと支援

表 7-1　知能・発達検査

	検査名 （作成年）	作成元	対象年齢	特　徴
個別式検査	WISC-IV 知能検査 (2010)	Wechsler, D.	5：0～16：11	15の下位検査（基本検査：10，補助検査：5）で構成。全検査IQと4つの指標（①言語理解，②知覚推理，③ワーキング・メモリ，④処理速度）得点を算出。
	KABC-II 心理・教育アセスメントバッテリー (2013)	Kaufman, A. S., & Kaufman, N. L.	2：6～18：11	8尺度で構成。認知尺度（①継次，②同時，③計画，④学習）と習得尺度（①語彙，②読み，③書き，④算数）。
	田中ビネー知能検査V (2005)	田中教育研究所	2：0～成人	全118問で構成。成人の問題は，13の下位検査で構成され，「結晶性領域」「流動性領域」「記憶領域」「論理推理領域」の4領域に分類。領域ごとの評価点や領域別の偏差知能指数 DIQ，総合DIQの5つの指標とプロフィールで示される。
	DN-CAS 認知評価システム (2007)	Das, J. P., & Naglieri, J. A.	5：0～17：11	①プランニング，②同時処理，③注意，④継次処理の4つの認知機能を測定。12種類（8簡易実施検査）の下位検査から構成。
	新版K式発達検査2001 (2002)	京都国際社会福祉センター	0：0～成人	324項目から構成。①姿勢・運動，②認知・適応，③言語・社会の3領域と全領域の発達指数DQ。
質問紙式検査	遠城寺式乳幼児分析的発達検査法 (1977)	遠城寺宗徳・合屋長英	0：0～4：8	154項目。①運動（移動運動・手の運動），②社会性（基本的習慣・対人関係），③言語（発語・言語理解）の3分野，6領域から構成。一部直接実施。
	KIDS 乳幼児発達スケール (1989)	三宅和夫	0：1～6：11	①運動，②操作，③理解言語，④表出言語，⑤概念，⑥対子ども社会性，⑦対成人社会性，⑧しつけ，⑨食事から構成。タイプA（0：1～0：11），タイプB（1：0～2：11），タイプC（3：0～6：11），タイプT（0：1～6：11：発達遅滞傾向児向き）の4種類。

②　適切な検査の選択：子どもの年齢，発達の状況，行動の背景などをもと
　に，その子どもを理解するのに適切な知能検査・発達検査を選択する必要
　がある。そのためには，あらかじめ検査の特徴について知っておく必要が

ある。

③ 実施場所の確保：検査場所としても子どもの力が発揮できる静かで整然としている環境が望ましい。子どもの緊張感を和らげるため，おもちゃなどがある部屋で遊びながら実施することは望ましくない。緊張感は下がるかもしれないが，かえって自分の力を発揮できないこともある。また，子どもとのラポールをつくることは大切であるが，検査前に遊びすぎると子どもは検査に集中できなくなってしまうことがある。

④ 検査中の態度についての観察：検査の成績だけでなく，検査中の子どもの態度についても記録する必要がある。検査結果が，子どもの認知発達の問題なのか，意欲の問題なのか，注意の問題なのかなどを検討する資料となる。

⑤ 検査結果の解釈：マニュアルに沿って検査結果をまとめる。その際，下位尺度間の得点傾向の一致・不一致などにも着目しながら，発達の遅れや偏りについて解釈する。ただし，子どものすべての特徴を1つの検査の結果で説明しようとするなど過剰な解釈にならないように注意する。

⑥ 検査結果の保護者等への伝達：保護者等に検査結果を説明する必要がある。その際，検査で示されている検査結果の公開基準を守りながら，保護者等にわかりやすい説明をする必要がある。

⑦ 支援計画の立案：検査結果，保護者・保育者からの聞き取り，行動観察，資料などに基づき支援計画を立案する。具体的な支援方法を選択する際，検査領域の得意・不得意などの情報を活用する。また，保護者や子ども自身の将来に対する希望なども参考にしながら支援計画を作成する。

（3）検査結果の共有

子どもに個別式の知能検査，発達検査などを実施する前には，事前に，保護者に対して（一定の年齢以上であれば，子ども自身にも），なぜ検査を実施するのか，どのような検査を実施するのかなどについて説明し，同意を得ることが必要である。すなわち，インフォームド・コンセントである。

また，検査の終了後には，その結果を保護者に伝えることになる。しかし，

第Ⅱ部　認知発達のアセスメントと支援

検査によっては，情報の公開に関して一定の制限を設けているものもある。た
とえば，WISC-IV では，心理検査の専門家に対しては，実施済みの記録用紙
をコピーして渡すことは許されているが，保護者や教師に対しては，記録用紙
そのものやそのコピーを渡すことは許可されていない。それには，大きく2つ
の理由がある。1つはセキュリティ上の問題である。すなわち，検査の構成や，
項目が広く知れ渡ることにより，その検査の価値を損ないかねないという観点
からの制限である。もう1つは，保護者等の子どもの理解に関する問題である。
すなわち，非専門家にとって，プロフィールページに記載された数値やプロフ
ィールから子どものニーズを正確に判断することは難しく，その一部だけに注
目し，子どもを理解してしまうという危険性があるためである。

　そのような観点から WISC-IV 刊行委員会では，5つの合成得点（全検査IQ
〔FSIQ〕，言語理解〔VCI〕，知覚推理〔PRI〕，ワーキング・メモリ〔WMI〕，処理速
度〔PSI〕）とパーセンタイル，信頼区間，記述分類（平均の下～平均），合成得
点プロフィールの簡易図のみ報告書に記載し，さらにこれらの情報からいえる
子どもの特徴を保護者にわかる表現で記載することを推奨している（日本文化
科学社，2013；日本版 WISC-IV 刊行委員会，2014）。

　しかし，これらの情報だけを示されても，保護者がその意味を理解すること
は難しいことが多い。そこで，そのような問題点を理解したうえで，保護者に
検査結果をどのように伝えるかが具体的に考えられなくてはならない。ちなみ
に，筆者が大学で行っている発達相談（「水曜教室」）では，WISC-IV を例にと
れば，次のような手順で保護者に検査結果を伝達している。

① 検査結果の概要の報告：検査直後，当日に検査結果の概要を保護者に報
　告する。その際，a．5つの合成得点で測ろうとしていること，b．5つ
　の合成得点と日常生活の活動との関係，c．子どもの検査中の態度につい
　て報告する。当日は，口頭による説明だけで，結果を紙の形で渡すことは
　しない。

② 検査結果についての質問と説明：当日，検査結果の概要の報告について
　保護者からの質問を受ける。その際，検査結果と日常の生活との対応関係
　を保護者が十分把握できないときには，その原因について情報交換をする。

第7章 認知発達のアセスメントの考え方

③ 検査結果の伝達：最終的な検査結果は後日，保護者に郵送する。その際，今後の支援の方針は検査結果の報告には記載しない。それは，支援目標や支援方法は必ずしも1つの検査結果から単純に出てくるものではないからである。重要なことは，保護者が検査結果を受け入れることではなく，検査結果を通して，子どもを理解することである。

4　検査結果の解釈

（1）知能指数の変動

　知能指数や**発達指数**は，その個人特有の特徴であり，一生にわたってあまり変化しないと考えるのは誤りである。実際，子どもに検査を実施してみると大きく変動することがある。次のような変動の原因が考えられる。

① 個人内の発達 vs 相対位置

　a．ある時期に子どもが急速に発達した場合，知能指数・発達指数は上昇する。

　b．子どもの発達が着実であっても，他の子どもの発達と比べてゆっくりしている場合，知能指数・発達指数は低下する。

② 知能・発達検査の問題構成

　a．異なる知能検査・発達検査が用いられている場合，問題の構成が違うため知能指数や発達指数が変動することがある。

　b．子どもの認知発達の領域間にアンバランスがある場合，同じ知能検査・発達検査であっても各年齢に該当する問題の特徴が異なるため知能指数・発達指数が変動することがある。たとえば，言語を使った課題に対する難しさがある子どもの場合，児童期中期に知能指数が低下することがある。

③ 子どもの特性・対人関係

　a．子どもが新しい場面に慣れにくいといった特徴をもっている場合，検査の回数を重ねるのに従って場に慣れてくるため，知能指数・発達指数

第Ⅱ部　認知発達のアセスメントと支援

が上昇する。また，検査者が同一人物である場合，一定の間隔をおいて
検査を実施したとしても知能指数・発達指数が上昇することがある。
　ｂ．テストを受けるときの子どもの態度が変化した場合，たとえば検査に
対する抵抗感が減少し，積極的に検査を受けるようになると知能指数・
発達指数が上昇する。
　ｃ．コミュニケーション能力が発達した場合，検査者の質問や質問の意図
が理解できるようになることによって，知能指数・発達指数が増加する。
④　その他
　ａ．他の機関であまり期間をおかずに同一の検査を受けた場合，知能指
数・発達指数が高くなる。保護者が以前にどの検査を受けたか十分理解
していない場合やセカンドオピニオンを求めたいといった意図から，検
査者に以前同一の検査を受けたことを告げない場合にこのようなことが
起こる。
　したがって，検査を実施し，その結果を解釈する場合，上述の要因を考慮す
る必要がある。

（2）認知のアンバランスと適応

　発達障害がある子どもにおける認知のアンバランスについては，従来から多
くの研究がなされてきた。とりわけ，明らかな認知発達の遅れがない高機能自
閉症，アスペルガー障害と診断された子どもたちに関する研究が多い。しかし，
WISC-III を用いた研究では，PIQ（動作性知能）＞VIQ（言語性知能），VIQ＞
PIQ など研究によって結果は様々である。また，**発達障害がない子どもたち**
（コントロール群）においても一定の割合でPIQ と VIQ との間に差がある子ど
もが存在することが示されている（Ozonoff et al., 2000）。さらに，IQ100以上の
広汎性発達障害の特徴をもつ子どもには，WISC-III のサブスケールのプロフ
ィールには，共通の特徴的なパターンは見られなかったとの報告もある。これ
らの点から，動作性─言語性といった区別や群指数による違いというよりも，
項目内容に依存した反応に着目すべきだとの指摘もある（黒田ら，2007）。この
点については，ADHD を対象とした研究でも同様である（Rucklidge &

第7章　認知発達のアセスメントの考え方

Tannock, 2002；塩川，2007）。

　このように研究によって結果が異なる原因としては，1つには対象となった障害児者の年齢の違い，知的水準（IQ）の違いがあると考えられる。実際，IQをマッチングさせた研究ではアスペルガー障害と高機能自閉症の違いが明確には現れなくなる研究が多い。すなわち，子どもの知的能力の発達とともに個人の中における認知のアンバランスの様相が変化してくると考えられる。また，対象としている障害児者の障害の程度，併存性の問題も結果のバラツキを生み出している原因となっていると考えられる。すなわち，高機能自閉症，アスペルガー障害におけるコミュニケーションの問題の程度，ADHDにおける注意の集中の問題などは，知能検査で測定される認知の特性に影響を与えると考えられる（本郷・吉中，2012）。

　なお，ここで注意しておかなければならないのは，ディスクレパンシーと障害との関係である。先に述べたように，特に障害がない子どもにおいてもディスクレパンシーは生じる。その点で，ディスクレパンシーがあったとしてもそれだけでは何らかの発達障害とは判定できない。また，発達のアンバランスと集団適応との関連を考えた場合，論理的には，発達のアンバランス（有，無）×集団適応（良い，悪い）の4タイプが存在する。すなわち，「認知のアンバランス」＝「日常生活での不適応」ではなく，認知のアンバランスがあっても日常生活の適応にそれほど問題がないケース，あるいは認知のアンバランスがないにもかかわらず日常生活の適応において問題を抱えているケースがあるということである。この点は，支援目標を設定する際に重要なポイントとなる。

5　アセスメントの併用と総合的解釈

（1）テスト・バッテリー

　子どもの発達を理解するために，いくつかの検査を組み合わせて実施することをテスト・バッテリーという。各検査には，その理論的背景に基づき，構成される項目に違いがある。あるいは，同じ理論的な背景に基づいていても，何

141

第Ⅱ部　認知発達のアセスメントと支援

表7-2　F児のWISC-IVの結果

IQ／指標	合成得点	月齢の目安
全検査	83	5：4
言語理解	80	5：2
知覚推理	100	6：5
ワーキング・メモリ	79	5：1
処理速度	83	5：4

表7-3　F児のK-ABCの結果

尺度	標準得点	月齢の目安
認知処理過程	90	5：9
習得度	90	5：9
継次処理	73	4：8
同時処理	115	7：2

を重視するか，どの年齢の子どもに適用するかによって，項目や検査方法が異なる。したがって，子どもによっては受ける検査によって結果が異なることがある。とりわけ，認知発達のアンバランスをもつ子どもではその傾向が強い。ただし，機械的にテストを組み合わせればよいわけではなく，子どもの状態に基づきどのテストを組み合わせて実施するのかが決定される。そして，複数の検査を実施した場合には，①1つの検査から読み取れることを整理する，②もう1つの検査から読み取れることを整理する，③2つの検査を比較して，ａ. 一致する点，ｂ. 一致しない点を整理するという手順で解釈を進める。次に，具体的手順を見てみよう。表7-2と表7-3には，F児（6歳5か月）に実施したWISC-IVとK-ABCの結果（架空のデータ）が示されている。

　① WISC-IVの結果から，次のことが読み取れる。

　　ａ. 全検査IQは83であり，全体的にやや発達の遅れがみられる。

　　ｂ. 〈知覚推理〉は100であり，遅れはみられない。〈言語理解〉は80，〈ワーキング・メモリ〉は79，〈処理速度〉は83でありいずれもやや遅れがみられる。

　　ｃ. 表には示されていないが，下位検査の結果をみると，【理解】【数唱】【語音整列】が5歳2か月未満と遅れが顕著である。一方，【積木模様】は7歳2か月であり，実年齢よりも高い水準にある。

　② K-ABCの結果から，次のことが読み取れる。

　　ａ. 認知処理過程は90であり，認知処理にはそれほど大きな遅れはない。

　　ｂ. 習得度も90であり，学習によって身についた知識にもそれほど大きな遅れはない。

第7章　認知発達のアセスメントの考え方

　　c．〈同時処理〉は115と実年齢よりも高い水準であるのに対して〈継次処理〉は73と遅れがみられ，発達のアンバランスがある。
　　d．表には示されていないが，下位検査の結果をみると，【数唱】が4歳6か月と遅れが顕著である。一方，【模様の構成】は6歳9か月であり，実年齢よりも高い水準である。
　③　両検査の結果を比較すると次のようになる。
　　a．検査間で共通する部分
　　　・ワーキング・メモリ（WISC-IV），継次処理（K-ABC）が低い。したがって，物事を順序立てて処理することが苦手で，一度に記憶できるものの数も少ない。
　　　・処理速度（WISC-IV），継次処理（K-ABC）が低い。したがって，注意を持続させて，集中して課題に取り組むことが苦手である。
　　　・知覚推理（WISC-IV）には遅れがなく，同時処理（K-ABC）はむしろ実年齢よりも高い。したがって，複数の情報を関連づけて処理することが得意である。
　　b．検査間で矛盾する部分
　　　・言語理解（WISC-IV）は低いが，【なぞなぞ】【ことばの読み】【文の理解】（K-ABC）には大きな遅れはない。その原因としては，WISC-IVの【類似】【単語】【理解】はいずれも言葉で説明することが求められる問題になっているが，K-ABCの【なぞなぞ】【ことばの読み】【文の理解】は一度習得した知識を答える問題になっているといった違いがあると考えられる。したがって，特に言葉を使って説明することが苦手である。

（2）検査の敏感性

　テスト・バッテリーの問題と関連して，子どもの特徴を理解しようとする場合，どのテストを用いるかによって，結果に違いが出る。表7-4，表7-5には，出生体重が1250g未満の極低出生体重児にDN-CAS（「プランニング」と「注意・コントロール」の課題）を実施した結果が示されている。これらの子どもた

143

第Ⅱ部　認知発達のアセスメントと支援

表7-4　極低出生体重児における出生体重別の DN-CAS の結果

認知機能領域	出生体重	M（SD）	t（d.f.）	p
プランニング	1000 g 未満 1000 g 以上	89.31（12.78） 96.21（14.04）	t（130）＝2.80	p＜.01
注意・コントロール	1000 g 未満 1000 g 以上	87.80（15.01） 97.74（18.66）	t（66.72）＝3.03	p＜.01

出所：宮城県極低出生体重児発達支援研究会（2014）より作成

表7-5　極低出生体重児における在胎週数別の DN-CAS の結果

認知機能領域	在胎週数	M（SD）	t（d.f.）	p
プランニング	25週以下 26週以上	84.60（11.83） 94.84（13.09）	t（130）＝4.34	p＜.001
注意・コントロール	25週以下 26週以上	81.30（11.89） 95.63（16.95）	t（112.94）＝5.61	p＜.001

出所：宮城県極低出生体重児発達支援研究会（2014）より作成

ちには，同時に K-ABC も実施された。その結果，どちらのテストにおいても5歳時点で極低出生体重児はコントロール群（同じ病院において満期産で生まれて標準的体重の子ども）と比べて得点が低いという結果が示された。しかし，極低出生体重児の中での出生体重（1,000 g 未満と1,000 g 以上）と在胎週数（25週以下と26週以上）で比較すると K-ABC ではほとんど違いが出ないのに対して，DN-CAS ではいずれも違いが出る（宮城県極低出生体重児発達支援研究会，2014）。すなわち，1,000 g 以上の子どもの方が1,000 g 未満の子どもよりも得点が高く，26週以上の子どもの方が25週以下の子どもよりも得点が高いという結果が示される。このように，どの検査を用いるかによって，特徴を検出できるか否かが違ってくる。しかし，これは，DN-CAS の方が K-ABC よりも優れた検査だということではなく，明らかにしようとする特徴に基づいて検査を選択することが重要だということを意味している。

（3）乳幼児健診における問診票と発達検査の関係

　各自治体では，1歳6か月児健診，3歳児健診（3歳6か月児健診）が実施されている。その際，問診票と面接によって子どもの発達状態を確認するとともに，簡易的な発達検査を行っているところもある。図7-2には，ある自治体

144

第7章 認知発達のアセスメントの考え方

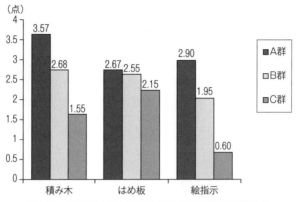

図7-2 問診票の得点群別の簡易発達検査課題の得点

表7-6 1歳6か月児健診における問診票と簡易発達課題との関係

簡易 発達検査 \ 問診票	A群［30〜27点］ （446名）	B群［26〜25点］ （44名）	C群［24点以下］ （20名）	計
H群［15〜14点］	40　（9.0）	0　（0）	0　（0）	40　（7.8）
M群［13〜 4点］	386　(86.5)	37　(84.1)	11　(55.0)	434　(85.1)
L群［ 3〜 0点］	20　（4.5）	7　(15.9)	9　(45.0)	36　(7.1)

注：（　）内は％
出所：本郷・八木，1997より作成

における1歳6か月児健診で用いられた問診票の得点群別に簡易発達検査課題の得点が示されている。ここで，問診票は，「運動」「言語」「対人関係」「視覚」「聴覚」「その他」の6領域，各領域5項目，計30項目から構成されており，その得点から，A群（30〜27点），B群（26〜25点），C群（24点以下）に分けられた。簡易発達検査は「積み木」「はめ板」「絵指示」の3課題であり，得点によってH群（15〜14点），M群（13〜4点），L群（3〜0点）の3群に分けられた。図7-2からは，問診票の得点と簡易発達課題との関係，とりわけ，「積み木」「絵指示」との関係が強いことがわかる。

次に，表7-6には，問診票と簡易発達検査の人数が示されている。ここから，簡易発達検査の結果が高い群（H群）には，問診票の得点が低い子どもは存在しないとことがわかる。一方，問診票の得点が高い群（A群）には，簡易発達

第Ⅱ部　認知発達のアセスメントと支援

検査の得点が低い子ども（L群）も存在する。すなわち，保護者の評定は，実際の発達検査の課題の成績よりも，高い方に偏る傾向があるということである。なお，簡易発達検査の得点の低い子ども36名中32名について約半年後のフォローアップをした結果，AL群では18名中2名（11.1％）が「要経過観察」，BL群では6名中3名（50.0％）が「要経過観察」ないしは発達の遅れ，CL群では，8名中8名（100％）が「要経過観察」ないしは何らかの発達の遅れが観察された（本郷・八木，1997）。

　以上の点から，保護者の回答する問診票や発達検査課題もそれぞれ一定の情報を提供するが，問診票と発達検査課題の両方から子どもをとらえることによって，子どもの理解がさらに進むと考えられる。なお，問診票の項目の中でも対人関係領域の項目，具体的には「身近な人のしぐさのまねができますか」「話しかけると目をあわせますか」「相手になって遊んでやると喜びますか」の3項目は全体的に通過率が非常に高い。すなわち，ほとんどの母親が「はい」と回答する項目であり，発達障害などに対する弁別性が低い（八木ら，1998）。

　これまで述べてきたように，認知発達のアセスメントにおいても多要因性と時間軸を考慮した包括的アセスメントの視点が重要となる。それと関連して，いわゆる知能検査・発達検査といった検査だけでなく，聞き取り，行動観察，資料の活用を通した情報収集とそれらの方法で得られた情報に基づく総合的評価が求められる。また，発達アセスメントの結果は，心理の専門家の間に閉じて活用されるものではなく，保護者・保育者・教師等と共有されてこそ子どもの発達支援につながる。その点で，心理の専門家は，発達アセスメントの技術だけを高めればよいわけではなく，アセスメント結果の共有，それに基づく連携体制の構築と協働を通した発達支援に積極的に関わっていくことが重要となる。

（本郷一夫）

第8章 認知発達のアセスメントと支援の基本的考え方

　認知発達に課題のある子どもの発達支援において，認知発達のアセスメントは，支援の目標，方針，方法の提案，発達状態の確認，および支援の効果検証を，客観的根拠に基づいて考えるうえで必要不可欠である。本章では，認知発達のアセスメントが，子どもの日常生活の困難さの軽減と養育者の子育て支援につながるものになるための，評価者としての基本的な姿勢と視点を考えていきたい。

1　発達支援における認知発達のアセスメント

（1）発達支援提供プロセスの中での発達アセスメントの位置付け

　児童発達支援において，発達支援は，家族支援，地域支援を視野に入れながら，Plan-Do-Check-Action（PDCA）の流れに沿って行われる（厚生労働省，2014）。発達アセスメントは，この PDCA サイクルの中で，「開始時のアセスメント」「中間評価と修正」「終了時評価」で行われ（図8-1），①発達の状態を確認し，支援の必要性を把握する，②支援目標，支援方針，支援内容を提案する，③支援の有効性を確認する，といった３つの役割を担っている（第７章参照）。

147

第Ⅱ部 認知発達のアセスメントと支援

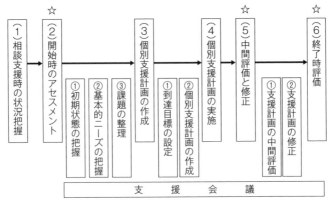

図8-1 児童発達支援における支援提供のプロセス（PDCA）と
　　　アセスメントの位置付け
　　注：☆印は発達アセスメントを実施するとき。
　　出所：国立障害者リハビリテーション学院（研修会資料）。

（2）発達アセスメントと認知発達のアセスメント

　ひとは，「世界」の中に「個」として存在し，「世界」との関係を「個」の内面に構築し続けながら発達していく。発達を，情動系，認知系，コミュニケーション系，行動系などの側面からとらえることはできるが，実際に「いま」「ここ」に生きている「個」の内面では，それらは相互に影響し合っており，切り分けて考えることは難しい。

　発達アセスメントは，こうした「世界」の中に存在する「個」の現時点での発達状態の総体を，時間軸と空間軸をもつ発達的視点から，環境との相互関係の中で理解し，予測し，支援につなげていくものである。認知発達のアセスメントは，発達アセスメントの一部であり，発達の中の認知系に焦点を当てて行われるアセスメントといえる。発達の初期段階にある，乳幼児期の子どもや障害の重い子どもの場合には，それぞれの系は未分化で，かつ身体と直結していて分離しがたいため，発達アセスメントと認知発達のアセスメントを明確に分けることは難しい。認知システムが確立していく幼児期後半以降になると，認知傾向をみることができる心理検査を使用して，神経心理学的視点も加味しながら，その子固有の認知プロセスを推定していくことが可能となっていく（第

第8章　認知発達のアセスメントと支援の基本的考え方

7章参照）。

（3）認知発達の成り立ち

　「世界」を「個」と外界とに分け，外界を構成する要素を極限まで簡素化するならば，その三大要素は「もの」「ひと」，そして見ることも触れることもできない「とき」といえる。そして，この「もの」「ひと」「とき」と「個」を出会わせるのが，日常生活の中での様々な「場」である。多様な「場」での多様な「もの」「ひと」「とき」との出会いとその相互作用を通して，「個」は外的の認知システムを内に取り込みながら，固有の認知システムを発達させていく。その固有の認知システムの中で，「もの」の概念体系や数的体系は秩序化されていき，また，「ひと」との間で交わされるコミュニケーションの様相は，拡大し複雑化していく。そして，それにともない「個」の認知システムも高次化していく。

　認知は，「個」が固有の認知システムによって外界を感覚情報として取り込み，意味情報に変換させ，意識的にあるいは無意識的に，行為・行動として発現していく情報処理過程を通して形成される。日本版 WISC-IV 知能検査の理論モデルとなる CHC 理論，日本版 KABC-II 心理・教育アセスメントバッテリーや DN-CAS 認知評価システムの理論モデルである PASS 理論は，この情報処理過程における認知要素の構成と構造，そして処理過程についての理論モデルである。

　認知発達のアセスメントにおいて大切な視点の1つは，対象となる子どもの，情報処理過程の特性を理解していくことにある。そのためには，情報処理過程がどのように成り立っているのか，また障害特性によって情報処理過程にどのような多様性が生じうるのか，それらが子どもの発達全体とどのように関係しうるのかを，最新の知見に基づいて知っておくことが必要である。

　たとえば，小林ら（2000）は，日本版 KABC-II 心理・教育アセスメントバッテリーの理論モデルである PASS（プランニング・注意・同時処理・継次処理）モデルに基づき，定型発達児，知的障害児，自閉症児，学習障害が疑われる子どもに，覚醒・注意システムの検査，同時処理・継次処理システムの検査，プ

149

第Ⅱ部　認知発達のアセスメントと支援

ランニングシステムの検査を実施し，その結果をまとめている。また，乾
(2013) は，視機能の発達，模倣の発達，自己と他者理解の発達，言葉とコミュニケーションの発達など，乳幼児期に重要な発達の成り立ちと認知発達の関係を，神経生理学的知見に基づいて説明したうえで，発達障害に起こりうる認知発達の歪みにも言及している。落合・石王（2016）は，これまでの認知発達論を踏まえて，認知発達の構成要素を，乳児期，幼児期，児童期の発達段階ごとに，「制約」「処理」「認知単位」「認知的基礎」「社会」「特徴」の6項目に分けて仮説的に整理している。

　このような研究の知見を，発達支援の視点からとらえ直して支援に活かし，適切なアセスメントに基づく最善の支援を子どもに提供していくことは，発達支援に携わる心理士の重要な責務である。

（4）「謎解き」と「宝探し」としての認知発達のアセスメント

　発達支援における認知発達のアセスメントの役割は，子どもの日常生活の中での行為，行動の「謎解き」と，子ども自身の中に眠っている「宝探し」である。

　養育者が育児や子どもと過ごす中で覚える違和感，保育者や教師が子どもとの関わりの中で抱く疑問，子ども自身が生活や遊び，学習の中で直面する困惑，こうした「なぜ？」を認知発達の視点から解き明かしていくことが，認知発達のアセスメントの大切な目的の1つである。同時に，養育者，保育者や教師，子ども自身が気づいていなかった，あるいは気づいていても活かしきれていなかった，子どもの認知的な「長所・強み」と「芽生え」を見つけ出し，子ども自身の生活や遊び，学習，そして育児，保育，教育に活かしていけるように，**発達の最近接領域**にある課題についての具体的なアイデアを提案していくことが，もう1つの重要な目的である。

　そのためには，認知発達の特性を推定しうる個別的なフォーマル・アセスメントと，日常生活のアセスメントを中心とした生態学的アセスメントを統合していくことが必要となる。

第8章　認知発達のアセスメントと支援の基本的考え方

2　認知発達のアセスメントの流れ

（1）アセスメントの流れの概要

　アセスメントは主訴にはじまり，主訴の解明に向けて実施され，解決策を携えて主訴に戻されていく作業である。

　発達支援機関の場合，初回の相談時に，相談担当者が主訴の聞き取りをし，その後に心理検査につながることが多い。そのため，アセスメント実施にあたって初めに行うことは，表8-1に示したように，主訴を確認することとなる。また，すでに支援を開始している場合には，アセスメントがサービス提供プロセスのどの時点の評価であるか，支援担当者からの相談事項があるかを確認する。

　アセスメントの実施に先立ち，養育者にアセスメントのねらいと概要を説明し，実施の承諾を得ることは必須である。どのような検査を使うか，所要時間はどのくらいか，子どもにかかる負担はどの程度か，検査からどのようなことがわかり，どのように活かしていくことができるか，アセスメントを通して得た情報の管理をどのように行うかなどを説明して，理解と納得のうえで承諾してもらい，アセスメントを行うことが可能となる。

　包括的アセスメントを行うためには，多面的な情報の収集が欠かせない。基本情報，すでに発達支援が始まっている場合は支援担当者からの情報，各専門職種によるアセスメントの情報，他機関に所属している場合は所属機関での様子などの情報が必要である。これらの情報と，養育者との面接から得られる情報は，日常生活のアセスメント，生態学的アセスメントの手がかりとなる。

　以上のプロセスを経て，心理検査を実施する運びとなる。フォーマルな心理検査は，妥当性，信頼性，客観性が保障されてこそ，実施する意義がある。したがって，適切な検査を選択し，専門的技術と専門的知見をもった検査者が，検査マニュアルに定められた通りに実施し，分析・考察することが求められる。ぜひ心がけたいのは，経験に甘んずることなく，定期的にマニュアルを見直し

151

第Ⅱ部　認知発達のアセスメントと支援

表 8-1　認知発達のアセスメントの基本的な流れ

① 主訴の確認
② 養育者への実施内容の説明と承諾
③ 情報の収集
・基本情報（医療情報，生育歴，保育・教育歴，家庭環境，日常の様子等）
・発達支援担当者からの情報
・専門職種のアセスメント情報
・子どもの所属機関での様子
④ 養育者（本人）との面接
　（主訴の掘り下げ，日常生活場面の情報の収集など）
⑤ 日常生活のアセスメント
⑥ 心理検査によるアセスメントの実施
・行動観察によるアセスメント
・心理検査によるアセスメント
・検査結果のまとめ
⑦ 総合的評価
　（総合的な分析と考察，支援の方向性の整理）
⑧ 報告書の作成，およびフィードバック

て，実施方法を確認することである。

　主訴にはじまり，情報収集，養育者との面接，日常生活のアセスメント，心理検査を実施し，これらの中で得られた結果を合わせて総合的評価を行う。そして，最終段階となる報告書の作成とフィードバックを行ううえで大切なことは，養育者と本人，支援者にとって「わかる報告」「活かせる報告」「希望がもてる報告」になることである。そのためには，専門用語を多用せず簡潔でわかりやすい文章，「～ができない」などの否定的ニュアンスを必要最小限に抑え，「～ができる」「～の芽生えが見られる」といった，子育てと発達支援の具体的なイメージが膨らむ文章作りを心がけたい。

（2）基本情報の収集

　包括的アセスメントを行っていくには，様々な視点，角度からの情報の収集が必要となる。

　基本情報とは，氏名，年齢，診断名，出産時の状況，併存疾患，服薬，医療的禁忌事項などの医療情報，聴覚や視覚に関わる情報，成育歴・発達経過，日常生活情報，行動特性，専門機関や子育て機関の利用状況，家族状況などであ

152

る。アセスメントの実施前に，これらの基本情報を必ず確認しておく。

この確認作業によって，養育者との面接の際に，質問事項に優先順位をつけて聞き取ることができる。また，心理検査を実施する際の環境設定を，その子どもの特性に合わせて整備しておくことも可能となる。

（3）他の専門領域のアセスメントの情報

他の専門領域のアセスメント情報を得ることは，検査結果の分析と考察に大いに役立つ。それぞれの領域の発達と認知発達の関係の可能性を次に示す。これらは，心理検査を実施する際の行動観察や結果を分析するときの視点にもなる。

1）　理学療法領域のアセスメントの情報

麻痺，失調，低筋緊張などによる姿勢調整機能や運動機能の問題は，ものへの関わり方，身体を基盤とする身体像の発達，視機能，**空間認知**などの発達に影響することがある。

2）　作業療法領域のアセスメントの情報

手指操作の発達は，ものとの関わり方と視覚–運動協応に直接的に関係する。感覚調整機能，実行機能の発達は，環境との関わりに影響し，認知発達全般，社会適応行動の発達，自己認知の発達に影響することがある。この領域では，SP 感覚プロファイルや日本版感覚統合検査 JPAN 感覚処理・行為機能検査がアセスメントツールとして近年使われるようになっており，その結果は，心理アセスメントの考察の際に大いに参考になる。

3）　言語聴覚療法領域のアセスメントの情報

聴こえの障害は，言葉の発達に直接的に影響し，時には空間認知の発達に影響することがある。言葉とコミュニケーションの発達は，ひととの関係性，概念形成に直接的に影響する。

4）　視機能領域のアセスメント

視力や視機能の問題は，視覚認知，空間認知に直接的に影響し，集中の持続や書字・読字の育ちを妨げ，学習に影響することがある。

（4）所属機関の情報

　家での様子と，所属機関での子どもの様子が異なることは，少なくない。また，担任は情報を選択して養育者に伝え，養育者はその情報を自身のフィルターを通して理解していることが通常である。したがって，子どもの日常生活の様子を広く知るには，養育者の承諾を得たうえで，所属機関での様子を担任から得ることが望ましい。発達支援機関で支援が開始されていれば，何らかの連携が取られていることが多いので，その情報を確認するとよい。

3　評価者による養育者との面接

（1）養育者との面接

　養育者との面接のねらいは，主訴を掘り下げること，日常生活のアセスメントにつながる情報を聴取すること，そして，養育者と子ども本人の思いを受け止めることである。

　心理アセスメントを受けることを決意するまでの，養育者の不安や葛藤は計り知れない。だからこそ，養育者との面接において，評価者は，単に主訴を聞き，アセスメントのための情報収集を行うのではなく，冷静で客観的な面接者としての姿勢を軸としながらも，養育者の思いを受け入れ寄り添う相談者としての姿勢を基盤にもつことが求められる。話してよかった，アセスメントを受けてよかったと養育者が思えることが，子ども理解と子育て支援につながる第一歩だからである。養育者との面接の内容は，大きく次の4つである。

　1）　主訴を掘り下げる

　子育てや子どもと過ごす中で，困難に感じること，違和感を覚えること，そして，なぜそのような状態になると思うのか，以前と比べて変化があるかを尋ねる。さらに，最近の子どもの成長で嬉しいと思えること，これからどのように育ってほしいと願っているか，アセスメントやこれからの支援に期待することを尋ねる。

第8章　認知発達のアセスメントと支援の基本的考え方

2）　日常のエピソード

主訴の聞き取りの中で語られたエピソードを話のきっかけとして，日常生活のアセスメントにつながる具体的なエピソードを尋ねる。この時の質問では，次節で述べる「日常生活のアセスメント」の「A群」「B群」「C群」の内容を読み取れるように進めていく。

3）　養育者の様子を知る

主訴やエピソードについてのやりとりの中で，養育者の心理状態，思考の傾向，家族関係（家族機能），子ども理解と受容の状態，今日ここに至るまでの心理的な経緯を読み取っていく。

4）　子どもの育ちの見方を伝える

面接における質問の内容そのものが，発達的視点から子どもの育ちをどのように見ていくかを伝えることにつながる。このことが，養育者が見落としていた子どもの姿や，気になる行動の要因となっている事柄に，養育者自身が気づくきっかけになることがある。したがって，質問の意図がどこにあるのかを言い添えることも，必要に応じて大切である。

（2）養育者の主訴と子どもの主訴

養育者が語る主訴は養育者自身の思いや考えであり，それは子ども本人の主訴と同じではないかもしれない。同様に，養育者が語るエピソードの中の「事情」は，子ども本人が理解している「事情」とは異なるかもしれない。

発達支援で最も注意しなくてはならないことは，本来中心であるべき子どもの，言葉にできない思いや考えが置き去りにされ，養育者の代弁に置き換えられてしまうことである。たとえば，養育者から見ると「集中力がなく，姿勢が悪くて，やる気のない子」でも，本人にとっては「いつもすごく頑張ってるから，ほんと疲れちゃう」のが真実かもしれない。会話ができる子どもであれば，「好きなこと」「嬉しいこと」「頑張っていること」「心配なこと」「困っていること」などを，直接聞いてみることを心がけたい。小さな子どもでも，大人が想像する以上に，子どもなりの表現で伝えてくれるものである。

養育者の主訴と子どもの主訴（実際には語ることができなかったとしても）と

155

第Ⅱ部　認知発達のアセスメントと支援

のズレの原因を発達的見地から解き明かして養育者に示すことも，認知発達の
アセスメントの役割の1つである。

4　日常生活のアセスメント

（1）認知発達のアセスメントと日常生活のアセスメントの統合

　子どもは日常生活の「場」の中で，「もの」や「ひと」と関わり，自分がと
らえられる範囲の「とき」の中で行動を組み立てていく。養育者や，保育者，
教師，また子ども自身によって語られるエピソードは，こうした日常生活の中
での出来事である。

　認知発達のアセスメントが，子どもの日常生活の支援に結びつく包括的アセ
スメントになるためには，具体的なエピソードに基づく日常生活のアセスメン
トをていねいに行い，行動観察や心理検査によるアセスメントと統合していく
ことが重要である。

（2）日常生活のアセスメントの視点と方法

　日常生活の中で子どもが見せる膨大な行為・行動を，認知発達の視点からア
セスメントするには，日常生活の中での具体的なエピソードを，認知発達の枠
組みの中で整理していくことが必要となる。そのためには，エピソードに含ま
れる「場」「ひと」の特性と活動内容（A群），子どもの反応や行動（B群），そ
の行動や反応に影響を与えているかもしれない促進または妨害要素（C群）を
抽出し，整理し，検討していくとよい（表8-2）。このA群，B群，C群の視点
をもって面接や行動観察に臨めば，子ども理解に必要な具体的なエピソードを，
養育者から効率よく引き出していくことができる。

　エピソードによって把握した子どもの行為・行動を，「A群×B群×C群」
によって整理し直して重ね合わせていくと，そこに，「なぜ？」と思われてい
た子どもの行為・行動の傾向が見えてくる。この傾向の中に，子どもの固有の
認知特性や傾向が隠されているはずである。

第8章　認知発達のアセスメントと支援の基本的考え方

表 8-2　日常生活のアセスメントにおける分析の項目

〈A群〉「場」「ひと」の特性と活動内容
①「場」の特性
　・安心，安全で基点となる場所（自宅）
　・日常的に利用し，枠組みが明確な場所（園や学校などの所属機関）
　・日常的に利用し，枠組みが緩やかな場所（公園やスーパーなど）
　・特定の枠組みがある場所（病院，電車やバスの中など）
　・枠組みが曖昧な場所や初めての場所
②「ひと」の特性
　・養育者，家族（発達の原点となる関係性をもつひと）
　・日常的に関わりがある大人（保育者や教師など）
　・日常的に関わりがある子ども（友達，クラスなどの集団）
　・知っているが，日常的に関わりが少ないひと（大人，子ども）
　・知らないひと（大人，子ども）
　・これらの関わる対象の人数（一対一，数名，集団）
③活動の内容
　・生活に必要な活動（日常生活行動，身辺自立動作など）
　・目的，道具，方法，時間を選択でき，自由度が高い活動（遊びなど）
　・目的，方法，時間の設定がされている活動（学習など）
　・社会的な役割行動（お手伝い，お当番など）
　・目的，方法，時間等の設定がない自由な活動
　・これらの活動の複雑さや時間の長さ

〈B群〉子どもの反応や行動
①情緒的な反応（楽しんでいるか，嫌がっているかなど）
②自発性と反復性（自発的に取り組むか，繰り返し行うか）
③理解度（状況や課題の理解の程度）
④達成度（どの程度１人で達成できるか）
⑤集中度（集中の深さと持続，注意の転導の有無）
⑥適応行動，行動の調整（適切な行動がとれるか，混乱やパニックの有無など）
⑦コミュニケーション行動（言葉とコミュニケーションの様子）

〈C群〉促進または妨害要素
①生理的な状態（覚醒，体調，睡眠量の状態など）
②感覚情報の種類（前庭感覚，固有感覚，触覚，聴覚，視覚など）
③感覚情報の量と質（情報の多さ，複雑さ，意味情報か無意味情報か）
④情報の種類（言葉・文字・絵や写真，サイン）
⑤情報入力の能動性（能動的か受動的か）
⑥心理的構え（新奇性，興味など）

　もちろん，日常生活は検査場面のように構造化されコントロールされてはい
ないので，実際には一貫した傾向ではなく，矛盾が見えてくることも多い。し
かし，その矛盾や一致しない点を決して捨ててしまうことなく，発見された傾

157

第Ⅱ部　認知発達のアセスメントと支援

向と合わせて総合評価の中で分析し考察していくことこそが，日常生活のアセスメントと心理検査によるアセスメントの統合において，大切となる。

5　心理検査の実施と総合的評価

（1）検査実施までの準備

　認知発達のアセスメントでは，領域別の指数がわかる検査を使用する必要がある。学齢前であれば**新版K式発達検査2020**，学齢期以降では日本版 WISC-IV 知能検査，幼児期から使用でき知能と認知傾向の両方を見ることができる日本版 KABC-II 心理・教育アセスメントバッテリーが，よく使用されている。理想的には複数の検査を組み合わせることが望まれるが，発達支援機関では，同時期に複数回の検査を組むことが難しいことが多い。そのため，最も適切な検査を考えて選ぶことが必要となる。

　検査を実施する際には，入室と検査開始までをスムーズに誘導するための配慮，集中や操作を妨げない子どもに適した机と椅子（必要なら補助ツール），集中を妨げない物的環境や，音，採光への配慮などを行う。

（2）心理検査時の行動観察

　待合室で待っているときから終了して別れるまでのすべてが，行動観察の対象となる。特に，検査前と検査中および検査後で，表情，動作，行動，発話，評価者への態度に違いがあるか，また，養育者との関わり方，分離と再会時の様子などを観察する。

　検査中の行動観察は，それぞれの検査実施マニュアルにも記載されているが，それらに加えて，「他領域のアセスメントの情報」で記した内容も見ていく。また，検査への取り組み方を次の点から観察することは，認知発達のアセスメントにおいて有効である。

　1）　言語性課題と動作性課題による違いの有無

　言語のみの提示と器具がある場合の提示，言語の回答を求める課題と作業に

よる回答を求める課題で，姿勢，発話，集中，視線の動きなどに違いはないかに気をつける。違いがある場合は，聴覚-言語系と視覚-動作系の情報処理に，偏りがあるかもしれない。

　2）　同時処理的方略と継次処理的方略の傾向

　積み木課題などの作業課題では，積み木を構成する際の方法に，**同時処理**的方略と**継次処理**的方略の傾向が読み取れることがある。

　3）　試行錯誤の有無とその方法

　難しい課題のときに，試行錯誤して課題を達成しようとしているか，試行錯誤の仕方は無計画でなく合理的かを観察する。推理力や思考力，形のメンタルローテーション（心的回転）の状態などを推測できることがある。試行錯誤の仕方は，視線の動きと物の操作の仕方から，読み取れる。また，学齢児でも，課題を解きながら，頭の中で考えていることをすべてつぶやきながら実施している子どもがいる。試行錯誤のプロセスが読み取れると同時に，思考が内言語化されていない状態であることが推測される。

（3）検査結果のまとめ

　各検査の処理の手順に沿って，正確に検査結果を算出していく。次に，検査マニュアル・解釈マニュアルに示されている，結果の整理と分析の手順に沿って，分析と考察を続ける。認知発達の心理検査では，知的発達，および認知発達の遅れの有無（個人間差），認知発達の各領域のばらつきの有無（個人内差）を確認し，強みと弱みを特定し，領域間の関係性を考察することが重要である。

（4）行動観察による認知発達アセスメント

　発達段階の初期にある乳幼児や障害の重い子どもの場合は，0か月から使用でき，姿勢-運動，認知-適応，言語-社会の3領域に分けて発達の様子を見ることができる新版K式発達検査2020を使用することが多い。しかし，重度重複障害児の場合には，発達指数や発達年齢の算出だけでは支援につながらない。そのような場合には，感覚-運動協応の発達状態を，既存の遊具などを使い，構造化された手続きに沿って，ていねいにアセスメントすることが必要となる。

第Ⅱ部　認知発達のアセスメントと支援

　観察方法と内容の詳細は省くが，前庭感覚，固有感覚，触覚，視覚，聴覚の刺激（情報）を，まず単独で，次に複数の刺激を同時に，または継次的に，計画的に提示し，それらの外界からの感覚情報をどのように受け入れ，どのように身体（姿勢と運動）を使い，どのように操作して外界に関わろうとしているか，またどのように情動が変化し，感情表現しているのかなどを見ていく。また，養育者と評価者ではどのように反応が異なるのかなど，「ひと」との関わり方についても観察する。アセスメントの視点としては，宇佐川（2007a）の「感覚と運動の高次化発達診断」が参考となる。

（5）総合的評価

　アセスメントの最終段階である総合的評価では，日常生活のアセスメントと心理検査によるアセスメントの両方を総合して，分析し考察する。その際に気をつけなくてはいけないのは，心理検査によって得られた結果に合致するものだけを，日常生活のアセスメント結果から取り出して考察してしまうことである。合致しない状態像は，次の段階での考察対象となる。あるいは，一時保留して，さらなる別の角度からのアセスメントや心理検査を行うことで，より深い子ども理解が可能となる。

　総合的評価の手順の第1ステップでは，医学的診断による発達特性，心理検査による知的機能と認知特性，そして，日常生活の状態像を照らし合わせて，合致する点と合致しない点を整理する。第2ステップは，個体要因からの分析と考察である。併存疾患などの医療情報，姿勢と運動の調整機能，感覚調整機能，感覚と運動の協応など，医学的，生理学的，神経心理学的な情報から，状態像の背景，因果関係，相関関係を分析し考察する。第3ステップは，環境要因からの分析と考察である。成育歴，保育・教育歴，家庭環境等との影響，誤学習，未学習がないかを考え合わせていく。第4ステップは，分析と考察に基づく支援の方向性の整理である（図8-2）。

　養育者をはじめ，たくさんの人の協力によって得られた様々な情報には，情報提供するときの提供者の子どもへの思いが込められている。時間をかけて得たこれらの情報を活かし，心理検査の結果と統合することで，分析と考察に理

第8章　認知発達のアセスメントと支援の基本的考え方

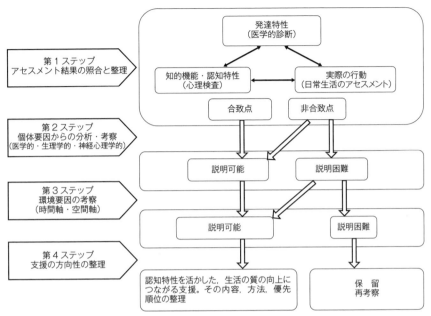

図8-2　総合的評価のための分析と考察の手順

論的客観性を与え，子どもの全体像の理解と支援につなげていく。これがアセスメントの最終段階となる総合的評価のねらいである。

6　認知発達の支援の基本的考え方

(1) 支援の工夫

　活動の選択や方法の自由度が高く，子ども自身が楽しさを感じることを優先しているものを「遊び」，活動の方法や到達目標があらかじめ設定されていて，課題意識の高さがより必要とされるものを「学習」とすると，認知発達の支援は，乳幼児期においては主として計画された遊びを通して，児童期以降は主として課題学習を通して行われる。

　いずれの場合においても認知発達の支援で大切なことは，①子どもが主体的に遊びや学習に取り組めるための工夫をすること，②発達特性に合わせた環境

第Ⅱ部　認知発達のアセスメントと支援

を用意すること，③認知の発達段階を高められる方法を綿密に計画することの
3点である。

　主体的な取り組みを可能とするためには，子どもの興味・関心に合っている
素材や題材を使うことが望まれる。また，安心して自信をもって取り組めるこ
とはもちろん大切であるが，同時に，試行錯誤を通して達成の方法を自ら獲得
していくことで自信を深め，興味・関心の対象を拡大していけるように，遊び
や課題の難易度を調整することが重要である。

　発達特性に合わせた環境を整備するには，遊びや学習に集中できるための
「物理的な環境の構造化」と，大人の手助けなしに，あるいは最小限の手助け
で，遊びや学習の目的と方法を理解できるための，「手順の構造化」が必要で
ある。これらの構造化においては，子どもの知的発達の状態と，感覚情報処理
の特性（「強み」と「弱み」），そして姿勢調整，運動機能，操作性の状態を考え
て行う必要がある。また，構造化においてもう1つ重要なことは，学齢期以降
の子どもであれば，効率のよい最小限の構造化に移行していくための「構造化
外し」を視野に入れて行うこと，さらに，子ども自身が自分に適した構造化を
組み立てていけるように，構造化そのものの段階づけを心がけることである。

　認知発達の段階を高めていく支援を計画的に行っていくためには，次の3点
を心がけていくことが必要となる。

　1つは，**敏感期**，芽生え，あるいは発達の最近接領域といわれる発達領域に
アプローチすることである。この領域は，子ども自身の最小限の努力と試行錯
誤で次の段階へと発達が推し進められる領域である。

　2つめは，認知発達のアセスメントによって見出された子どもの「強み」を
活かすことである。認知発達の支援の目的は，「弱み」を克服してなくしてい
くことではなく，「強み」を活かして遊びや学習，生活の困難さを軽減してい
くことにある。可塑性が高く「弱み」の改善や発達が期待できる乳幼児期にお
いては，「弱み」へのアプローチも必要とされることがあるが，その際にも
「強み」を活用しながら行っていくことが大切である。

　3つめは，スモールステップを組むことである。スモールステップには，質
（課題要素の発達上の難易度）と量（課題要素の量）の2つの要素がある。認知発

162

第8章　認知発達のアセスメントと支援の基本的考え方

達の偏りが見られる子どもにとっては，一般的な難易度と子ども自身にとっての難易度は必ずしも一致しない。たとえば，記憶課題において，通常は記憶すべき課題要素の数量や妨害刺激の有無が難易度を決定するが，ある子どもにとっては，課題要素が視覚情報か聴覚情報か，あるいは意味情報か無意味情報か，課題解決に同時処理を必要とするか継次処理を必要とするかによって，難易度が大きく異なることがある。このような場合には，子どもの感覚情報処理の特性，記憶や表象機能の能力，認知様式における「強み」と「弱み」を考慮した課題内容と課題の提示・教示の工夫が重要となる。

　認知発達の支援が子ども自身のエンパワメントにつながるために，以上に述べた支援における3つの配慮点と，課題内容が子どもの日常の遊びや学習，生活に結びつくものであることを心がけたい。

（2）アセスメントと支援をつなぐ

　これからの児童発達支援のキーワードは，「気づきの段階からの支援」「後方支援」「縦横連携による支援」の3つである（厚生労働省，2014）。児童発達支援の変化とともに，発達支援における心理アセスメントの重要性が高まり，また，新たな役割を担っていくことが求められている。

　気づきの段階からの支援において特に必要なアセスメントは，発達障害が疑われる子どもの，早期の的確な包括的アセスメントである（黒田，2016）。認知発達に困難さがある発達障害児の支援においては，認知発達のアセスメントに基づく子ども理解と支援の重要性が，一層高まっていくであろう。また，これからの発達支援では，幼稚園，保育所，認定こども園，小学校などに在籍する合理的配慮を必要とする子どもたちの育ちを，それらの機関と縦横に連携しながら，後方から支援していく役割が求められており，そのための制度とシステムが整えられつつある。心理アセスメントは，この縦横連携と後方支援において，客観的根拠に基づく子ども理解を共有し，それらの機関の中での遊びや学習を支援する役割を担っていけるものでなくてはならない。心理アセスメントは，連携における有効な「共通言語」になりうるであろう。

　しかし，この「共通言語」を真にアセスメントと支援をつなぐコミュニケー

第Ⅱ部　認知発達のアセスメントと支援

ション言語にしていくのは，アセスメントをする者と支援をする者の協働である。常に子どもを中心に置き，子どもの困難さに寄り添い，その困難さを客観的に理解し，子どもの日常の過ごしと未来を見据えて，それぞれの専門性を融合させて支援を展開していく，この姿勢こそが子ども支援に携わる専門家に共通して求められる資質であるといえる。

（竹谷志保子）

第9章　対人認知の支援技法

1　対人認知の発達とアセスメント

　対人認知とは，他者や自己の**視点の取得**，意図や感情の理解の問題としてとらえることができる。自閉症スペクトラム障害（ASD）の人たちにとって，対人認知のアセスメントと支援はコミュニケーションと社会性の発達において重要な課題となる。セルマン（Selman, 1981）によると社会的な視点の取得には次のような発達段階がある（藤村，2011）。

- ・　水準0：自己の視点と他者の視点を区別できない（3歳〜）
- ・　水準1：自己の視点と他者の視点の区別ができる（4歳〜）
- ・　水準2：他者の視点に立って自己の考えを振り返ることができる（6歳〜）
- ・　水準3：複数の人の視点を同時に関連づけることができる（9歳〜）
- ・　水準4：複数の人々の視点が社会的視点として一般化される（12歳〜）

　このように，他者と自己の視点の理解は，幼児期から学童期にかけて発達していく。他者との良好な関係は，相手の考えと自分の考えの違いを認識し，両者をすりあわせることによって築かれる。視点取得の問題が対人関係に及ぼす影響を示す例を1つ挙げよう。小学2年生のAくんは自分が給食当番のときに仲の良い友人のBくんに多めにおかずを配った。Bくんは他児からうらやましがられ非難の言葉も浴び，とても気まずい思いをした。AくんはBくんを喜ばせたいと思ってしたことなのだが，それを見た第三者がどう思うかまで考慮に

165

第Ⅱ部　認知発達のアセスメントと支援

入れることができず，結果としてBくんの立場を悪くしてしまった。Aくんの行為に対する他児の反応と，それを受けたBくんの感情を予測できなかった点で，Aくんは水準3の視点取得レベルに達していなかったと考えられる。

　他者や自己の視点を理解したり関係づけたりする力は，今日「**心の理論**」の問題として研究がなされており，発達障害，特に自閉症スペクトラム障害（ASD）の人たちの対人認知の問題は心の理論の観点から検討されている。心の理論のアセスメントは「**誤信念課題**」やその他のテスト課題によって評価できる。心の理論課題では，パペットや紙芝居などでストーリーが提示され，主人公の行動や考えについて問われる（第1章，第4章参照）。アニメーションによる心の理論課題（藤野，2005）の例を以下に示す。

① 　場所置き換え型：一次の誤信念課題（ボールの問題）

　　ナツキちゃんは自分のボールを箱にしまい遊びに行った。部屋に入ってきたユウタくんは箱の中のボールをバッグに入れ替えた。部屋に戻ってきて，またボールで遊ぼうと思ったナツキちゃんはボールをどこに探すか，と質問する。

　　この形式は一般的に「サリーとアン課題」として知られ，他者の信念の理解を評価する（図9-1）。

② 　中身すり替え型：一次の誤信念課題（トランプの問題）

　　トランプの箱を見せ「ここに何が入っていますか？」と質問し，回答を求める。箱の中にはビー玉が入っていた。そこに箱の中身を知らないユウタくんが来た。この箱を見せ「中に何が入っている？」とユウタくんに聞くと，何と答えるか。また，最初にこの箱を見せたとき，あなたは何が入っていると答えたか，と質問する。

　　この形式は一般的に「スマーティー課題」として知られ，他者の信念および自己の信念の変化の理解を評価する（図9-2）。

③ 　優しい嘘課題（ハムスターの問題）

　　ナツキちゃんは誕生日のプレゼントにハムスターがもらえると思っていた。しかし，プレゼントの箱を開けると，欲しくないクマのぬいぐるみが入って

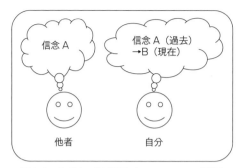

図 9-1　ボールの問題
　　　（サリーとアン課題）

図 9-2　トランプの問題（スマーティー課題）

いた。母に気にいったか聞かれたナツキちゃんは，笑顔で「ありがとう。欲しかったの，クマのぬいぐるみ」と答えた。ナツキちゃんは本当のことを言っていたか。またそう言ったのはどうしてか，と質問する。

　社会的文脈と関連づけて発言の意図を理解できるかどうかを評価する。

④　欺き課題（おもちゃ箱の問題）

　箱の中におもちゃが入っている。箱には鍵はかかっていない。サンタさんはおもちゃを見つけると別のおもちゃをくれる。泥棒はおもちゃを見つけると持っていってしまう。サンタさんが来て「箱には鍵がかかっている？」と尋ねたら，あなたは何と答えるか。泥棒が来て「箱には鍵がかかっている？」と尋ねたら，あなたは何と答えるか，と質問する。

　他者の心に対する状況に応じた働きかけができるかどうかを評価する。

⑤　二次の誤信念課題（やきいもの問題）

　公園にやきいも屋がいた。ユウタくんは，やきいもを買おうと思ったがお金を持っていなかった。やきいも屋はずっとこの公園にいると言ったので，ユウタくんはお金を取りに帰った。やきいも屋は急に駅前に行こうと思いつき，ユウタくんがいなくなった後も公園に残っていたナツキちゃんにそれを話した。やきいも屋が駅前に向かう途中，ユウタくんの家の前を通りかかった。それを見かけたユウタくんはどこへ行くのか聞き，やきいも屋が駅前に向かっていることを知った。一方，ナツキちゃんは，やきいも屋の行く先を教えてあげようとユウタくんの家を訪れたが，ユウタはやきいもを買いに出

第Ⅱ部　認知発達のアセスメントと支援

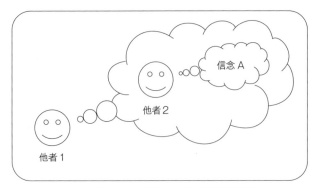

図 9-3　やきいもの問題（二次の誤信念課題）

かけたとお母さんは言った。ナツキちゃんは，ユウタくんがどこに行ったと思っているか，と質問する。

　人物Aの信念についての人物Bの信念を理解できるかどうかを評価する（図9-3）。

　定型発達の小学生では「ボールの問題」と「ハムスターの問題」は1年生，「トランプの問題」「おもちゃ箱の問題」「やきいもの問題」は2年生でほぼ正答できる。一方，ASD児では，その年齢では正答できないことが多い。しかし，ASDであっても心の理論課題が永続的に達成できないわけではない。知的障害のないASD児は「ボールの問題」と「ハムスターの問題」は3年生頃，「トランプの問題」「おもちゃ箱の問題」「やきいもの問題」は4年生頃には正答できるようになることが多い。2年生すなわち8歳頃までは，これらの課題の成績は定型発達児とASD児の間で有意差があるが，4年生すなわち10歳頃になると有意差がなくなり，定型発達とASDを心の理論課題で識別することは難しくなる（藤野ら，2013）。

　しかしながら，テスト場面では課題に正答できるようになっても，日常生活場面では依然として，自発的には他者の心に気づきにくいこともよく指摘されるところである。テスト場面は構造化されており，心を読み取るべき時と場面が指示されるが，日常場面ではそれがない。また，テスト場面では問題を解くという明確な目標があるが，日常場面ではそれがなく，心の読み取りをするか

どうかは個人の自発的な意思に委ねられている。心の理論課題を用いた ASD 児の対人認知アセスメントでは，この点を考慮する必要がある。テストでできることが日常生活でもできるとは限らない。他方，テスト場面だけであってもできるということは，構造化すれば理解が促進されることを意味するため，支援の可能性を示唆する手がかりになる。

2 対人認知の遅れに対する支援

(1) 心の読み取り指導

ASD 児は心の理論を欠いているのでなく，その獲得が遅れると考えられている（Baron-Cohen, 1989）。では，心の理論の獲得を促進する支援法はあるのだろうか。オゾノフとミラーは ASD 児に心の理論の獲得指導を行い，その効果を報告した。彼らは「知覚は知識に影響する」つまり見たり聞いたりしたときにのみ知ることができる，という誤信念理解を支える一般原理を教え，その原理を含むロールプレイや，目隠しした人を誘導する活動などからなる指導を行い，その効果を示した（Ozonoff & Miller, 1995）。

オゾノフとミラーの指導法を参考にして考案した「道案内ゲーム」を以下に紹介する。まず場面設定として，幅60センチほどの道とスタートおよびゴール地点をビニールテープなどで作る。左折のみ，右折のみ，左折と右折がある道の3パターンを作成し，曲がり角の延長線上にペットボトルを置く（図9-4参照）。子どもは決められた場所に立ち，目隠しをしたパートナーをスタートからゴールまで「右に曲がってください」「止まってください」「進んでください」などの口頭の指示のみで案内する。最も簡単なレベル1のコースでは，子どもが見ている方向とパートナーの進行方向が同じである。次のレベル2では，子どもが見ている方向とパートナーの進行方向とが異なるため視点の向きを変える必要があり難しくなる。最も難しいレベル3では，コーナーが3か所あり視点を変換する回数が増える。

目隠ししたパートナーが道をはみ出したり，角を曲がれずにペットボトルを

第Ⅱ部　認知発達のアセスメントと支援

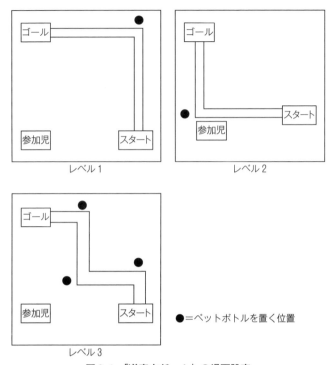

図9-4　「道案内ゲーム」の場面設定

倒したりした場合は，パートナーが曲がる直前の場所へ連れて行き「目隠ししている人は，どちらに曲がったら道からはみ出ないかな？」などと指導者が声かけを行い，パートナーの視点の確認をする。子どもが正しい答えを言うことができたら，道を間違えたコーナーの1つ前のコーナーからやり直す。

　ハウリンらは，ASD児は心的状態の理解を自然に発達させることは難しく，系統的に教える必要があると主張し，そのための指導プログラムを考案した（Howlin et al., 1999）。これは「感情理解」「信念理解」「ふり遊び」の3領域，5つのレベルから構成されている（表9-1）。このうち信念理解と**感情理解**の指導法について，筆者らがハウリンらのプログラムに基づいて作成した課題を紹介する。

第9章　対人認知の支援技法

表 9-1　心の読み取り指導の領域とレベル

	感　情	信　念	ふ　り
レベル1	写真の表情理解	単純な視点取得	感覚運動的遊び
レベル2	線画の表情理解	複雑な視点取得	機能的遊びの芽生え
レベル3	状況に基づく感情理解	見ることと知ることの関係	機能的遊びの確立
レベル4	欲求に基づく感情理解	正しい信念／行動の予測	ふり遊びの芽生え
レベル5	信念に基づく感情理解	誤った信念	ふり遊びの確立

出所：Howlin et al., 1999；藤野，2016

①　信念理解の指導法

・レベル1：視点の取得①

　両面に異なる絵が貼られた絵カードを用意する。カードの両面を見せ，2つの絵を確認させる。それを子どもと指導者の間に立て，それぞれ別の絵が見える状況を作り「あなたには何が見えていますか？」「私には何が見えていますか？」と質問する。

　誤答の場合，「あなたには○○（参加児側に描いてある絵）が見えていますか？　あなたの方には○○がありますね」と参加児の側の絵を確認させたあと，カードの反対側を見せながら「私の側には何がありますか？　私には何が見えていると思いますか？」と，指導者の側の絵を確認させ，「あなたとは反対側にいるから，私には○○は見えません。△△（指導者の側に描いてある絵）しか見えません」と教示する。

・レベル2：視点の取得②

　両面に同じ絵を，片面はふつうの向きに，もう片面は上下逆向きに貼った絵カードを提示する。カードの両面を見せ，2つの絵を確認させる。それを子どもと指導者の間に立て「あなたには正しい向きの絵が見えていますか？　逆さ向きの絵が見えていますか？」「私には正しい向きの絵が見えていますか？　逆さ向きの絵が見えていますか？」と質問する。

　誤答の場合，「あなたには○○（参加児側に描いてある絵）はどんな向きに見えますか？　あなたの方には正しい向きの○○がありますね」と参加児の側の絵を確認させたあと，カードの反対側を見せながら「私の側にはどんな

171

第Ⅱ部　認知発達のアセスメントと支援

向きの絵がありますか？　私にはどんな向きに見えていると思いますか？」
と，指導者の側の絵を確認させ，「あなたとは反対側にいるから正しい向き
には見えません」と教示する。

・レベル3：「見ることは知ること」の理解

　2つの下位レベルを設定する。レベル3-1では，絵カードと箱を用意す
る。子どもの目の前で2つの絵カードのうちの片方を箱の中に入れる。子ど
もが目隠しした状態としていない状態で「どちらが箱の中に入っているかわ
かりますか？」と質問する。またその答えに応じて「なぜ，それが箱に入っ
ているかわかるのですか？／わからないのですか？」と答えの理由を問う。

　レベル3-2では，3-1で使用した教材に加え，クマの紙人形を用意する。
クマの紙人形に目隠しした状態としていない状態で，2つの絵カードのうち
の一方を箱の中に入れる。その後「クマはどちらが箱に入っているかわかり
ますか？」と質問する。また，「なぜ，それが箱に入っているかわかるので
すか？／わからないのですか？」と理由と答えの理由を問う。

　レベル3-1で誤答した場合，「あなたは，私がどちらのカードを箱に入れ
たか見ていませんよね。だから，どっちが箱に入っているかわかりません」
「あなたは，見ていないことは知りませんよね」と確認をし，人は見ていな
いことに関しては知らない，ということと，参加児がもし見ることができな
かったら，そのことについては知らないことを教示する。

　レベル3-2で誤答した場合，「たとえば，あなたは，私がカードをどちら
の箱に入れたか見ていなかったら，どっちに入っているか，わかります
か？」と質問をし，「わかりませんよね。あなたは，見ていないことは知り
ません」と確認をする。「クマはどうですか？　クマには，見ていないとき
のことがわかりますか？」「クマも，あなたと同じように，見ていないこと
はわかりません」と確認をし，クマが見ていなかったことは，クマは知らな
いこと，見ていなかったことや，居合わせなかったことについては知らない
ことを教示する。

・レベル4：知識に基づく行動の予測

　部屋が2つある家を画用紙で作る。一方の部屋にはベッドの絵カード，も

第9章　対人認知の支援技法

う一方の部屋にはテーブルの絵カードを置き，ベッドとテーブルの絵の上に
それぞれ車の絵カードを置く。人形（事前に名前をつけておく）がどちらか一
方の部屋に入り，車を見つけ，その部屋から立ち去るのを見せる。その後で
「Aさん（人形の名前）が車で遊ぼうとしたら，ベッドの部屋とテーブルの部
屋のどちらに行くでしょう？」と質問する。また「それはどうしてです
か？」と答えの理由を問う。

　誤答の場合，「Aさんは最初，どこの部屋で車を見つけたのでしたか？」
「○○の部屋（見ていない方）で車を見つけていませんよね。だから，こっち
には来ないのではないでしょうか」「Aさんは，△△の部屋（見た方）で車
を見つけました。だからAさんは，△△の部屋（見た方）に車を探しに来る
はずですよね」と振り返りを行い，見ていない部屋にあることはわからない
ことを教示する。

・レベル5：誤信念の理解

　レベル4と同様に，2つの部屋のある家を画用紙で作る。各部屋にベッド
とテーブルの絵カードを置き，その一方の絵の上に車の絵カードを置く。初
めに人形Aが車の絵が置いてある部屋に入って車を見つけ，部屋から立ち去
る。その後人形Bがその部屋に入り，車を見つけ，もう一方の部屋に車を移
動させて立ち去るのを見せる。その後で「Aさんが車で遊ぼうとしたら，ベ
ッドの部屋とテーブルの部屋のどちらに入るでしょうか？」と質問する。ま
た「それはどうしてですか？」と答えの理由を問う。

　誤答の場合，「思い出してください。Aさんは，Bさんが車を△△の部屋
（置いた方）から○○の部屋（置かなかった方）に移したのを見ませんでした
よね。だから，Aさんは○○の部屋（置かなかった方）に車があることを知
りません」「Aさんは，車が，△△（置いた方）の部屋にあると思っていま
すから，△△（置いた方）の部屋を探しに来るのではないでしょうか」など
の声かけを行い，Bさんが車を移したときに，Aさんがいなかったこと，A
さんはBさんが移したことを知らないこと，Aさんは元の場所にあると思っ
ているはずだということを教示する。

173

第Ⅱ部　認知発達のアセスメントと支援

②　感情理解の指導法

「うれしい」「悲しい」「怒る」「驚く」の４パターンの表情について指導を行う。ハウリンらの元のプログラムでは「うれしい」「悲しい」「怒る」「怖い」の４パターンであったが，「怖い」表情は「悲しい」「怒る」と写真の表情でも線画での表情でも区別がわかりにくい。そのため，よりはっきりと他と区別しやすい表情として「怖い」の代わりに「驚く」を含めたパターンで行う。

・　レベル１

　　写真による顔の表情についての課題である。４パターンの写真による顔の表情を提示し，「うれしい顔はどれですか？」という形で質問して，４つの表情の中から１枚を選択するよう求める。誤答の場合は正答をフィードバックする。

・　レベル２

　　線画による顔の表情についての課題で，手順はレベル１と同様である。

・　レベル３

　　「ある状況下での感情」を推測する課題である。たとえばおやつを食べている状況の絵で，人物の顔の表情は描き込まれていないものを用意する。そして「Ａくん（絵の人物の名前）はお母さんから，おやつにアイスクリームをもらいました」というように状況を簡単に説明し，「Ａくんはどんな顔をしていますか？」と質問する。その質問に対し，当てはまる感情に対応する線画の表情パターンの中から選択するよう求める。また選択した理由について「それはどうしてですか？」と質問する。

・　レベル４

　　「欲求に基づく感情」を把握する課題である。たとえば「Ａさんはバナナをほしがっています」という欲求を示した後，「Ａさんはおやつにりんごをもらいました」という結果を示し，「おやつにりんごをもらったとき，Ａさんはどんな顔をしましたか？」と質問する。その質問に対し，「うれしい」と「悲しい」の線画の表情パターンの中から選択するよう求める。また選択した理由について「それはどうしてですか？」という質問をする。

174

第9章 対人認知の支援技法

・ レベル5

「信念に基づく感情」を把握する課題を実施する。たとえば「Aさんはりんごをほしがっています」という欲求，「Aさんはりんごのことを知りません。おやつにはバナナが出ると思っています」という信念を示し，「お母さんはおやつにAさんにりんごをあげました」という結果を示し，「おやつにりんごをもらったとき，Aさんはどんな顔をしましたか？」と質問する。その質問に対し，「うれしい」と「悲しい」の線画の表情パターンの中から選択するよう求める。また選択した理由について「それはどうしてですか？」という質問をする。

（2）表情認知の指導法

ASDの人たちは微妙な表情の認知に困難を抱える。人の表情はすばやく変化し一瞬も静止していない。ASDの人たちの**表情認知**の困難はそのような種類の情報処理の制約によるとバロン＝コーエンは指摘し「**マインド・リーディング**（Mind Reading : The interactive guide to emotions）」という商品名の教育ソフトウェアを開発した。これはDVD形式の動画による表情ライブラリーであり，表情データベースやクイズなどからなっている。何度でも繰り返し再生し確認できるメリットがある。

このようなデジタル化された表情データベースの活用とともに，支援対象の子ども自身に密着したより個別化されたアプローチも有効である。そのような発想のもとに考案された**ソーシャル・スキル・トレーニング**（SST）の要素を盛り込んだ表情認知の指導法を紹介する（相澤・森脇，2010）。

① 表情認知トレーニング課題

〈準　備〉

1．自分の顔を見ることができるように鏡を用意する。
2．人の表情の写真と，図式化された表情を見比べることができる教材を準備する。

第Ⅱ部　認知発達のアセスメントと支援

〈手続き〉

1．導　入：鏡の中の自分の顔に注目する。

2．インストラクション：表情を決める顔の3つのポイント（眉・目・口）を示し，それぞれの形の組み合わせと感情の関係について説明する。

3．ロールプレイ：鏡を見ながら自分の顔の中の3つの部位，すなわち眉・目・口を触ってみたり，意識して動かしてみたりする。

4．モデリング：支援者とお互いの表情を見合って確認する。

5．フィードバック：まず自己評価し，さらに支援者が評価する。

6．発　展：基本的な表情（怒り顔，泣き顔，笑い顔，困り顔）が達成できたら，少し複雑な表情（恥ずかしい顔，迷っている顔，不安な顔，苦笑い等）も行う。

② 表情辞典

　子ども一人ひとりにあった，オリジナルの表情辞典を作る。それぞれの表情になると考えられるときや状況について，またそのときの気持ちについて文で解説する。その表情をすると周囲の人がどのように感じ，どのようなことをしてくれるのかを整理して考える。以下の手順で行う。

1．「○○顔」になるときの状況を想起し，その時に起こりそうな周囲の人の行動を予想する。

2．1．で考えた状況を再現して，自分の表情によって周囲の行動を変化させることを体験する。

3．日常場面で確かめる。

4．表情辞典を日常的に活用する。

　この発展形として，自分の表情辞典のレパートリーを増やし，家族や先生，友達など様々な身近な人たちの表情辞典を作成する。また，表情の読み取りについて判断が難しいときは，表情辞典を振り返り，日常的に気がついたことを書き込んだり，修正したりする。

（3）ソーシャル・シンキング

ウィナーによって開発された「ソーシャル・シンキング」が最近注目されている。ソーシャル・シンキングとは，自分と周囲の人の行動・思考・感情の関連を理解し，文脈に応じた適切な行動を自分で考え出す行為のことである（Winner, 2007；稲田，2016）。心の読み取り支援法の一種であるが，対人的行動の意味や力動性を ASD 者自身が考え，解き明かしていくところに新しさがある。たとえば「ソーシャル探偵になって考えてみよう！」と名づけられたワークでは次のようなことを行う（稲田，2016）。

1．これからソーシャル探偵になってもらうこと，その仕事は周りの人が何をしようとしているかを推理することであると伝える。
2．「私の計画がわかる？」というゲームをして遊ぶ。支援者がペンに手を伸ばして，寸前で動きを止め，何をしようとしているかを子どもたちに推理させる。
3．子どもの1人と役割交替して，何かしらの動作（ドアノブに手を伸ばすなど）をしてもらい，寸前で止めて，何をしようとしているのか，周りの子どもたちに推理させる。

人の動きをよく観察し，意図を推測し，行動を予測することがポイントとなる。課題となる動作は簡単なものから複雑なものに進めていく。子どもにとって魅力的な名称のクイズのような活動である点も特色といえる。

（4）ASD 児における心の理論の獲得と言語の役割

ハッペは，ASD 児は言語力（語彙年齢）が9歳レベルに達すると一次の誤信念課題に通過できるようになることを指摘した（Happé, 1995）。その他の研究からも，ASD 児は言語力が6歳レベルでは誤信念課題に通過せず，9歳頃に通過できるようになり，10歳になると多数が通過できるようになることが明らかとなっている（藤野，2016）。誤信念理解と言語力の関係について，別府・野村（2005）は誤信念課題を解ける ASD 児はすべて適切な理由づけができるという事実から言語的手がかりの効果を示唆した。

第Ⅱ部　認知発達のアセスメントと支援

誤信念課題には2つの解き方がある。1つは，この状況なら自分はこう考えこうするだろう，という自動的なシミュレーションを行う，すなわち「相手の身になる」やり方である。もう1つは「見ていないことを知ることはできない。Aさんは置き換えられたところを見ていない。よってAさんは自分が置いた〇〇を探すだろう」という言語命題による推論を行う論理的な方法である。ASD児には自然に相手の身になるやり方は難しいが，一定の言語発達レベルに達すると，後者のように心の読み取りを論理的な方略で行うことができる。この知見は支援の可能性への含みをもつ。ASD児者に対する対人認知の支援は言葉の力を活用することが効果的と考えられる。

3　対人認知の歪みに対する支援

（1）コミュニケーションのずれの修復

ASD児の他者との間に生じるコミュニケーションの問題は，定型発達児とは異なる社会的認知のスタイルが原因となることが多い。コミュニケーションのずれによる問題を解決し，修復する方法に「コミック会話」と呼ばれる支援法がある（図9-5）。絵と吹き出しを使ってコミュニケーション場面を振り返り，自分の発言が相手の心に与えた影響を理解することを助ける。不可視な心的状態を可視化することにポイントがある。

（2）社会的場面と暗黙のルールの説明

学校には公式に明示されたカリキュラムとともに「潜在的カリキュラム」があるという考え方がある（Jackson, 1968）。たとえば，決まった席に座る，チャイムが鳴ったら教室に戻る，先生が話している間おしゃべりはしない，授業中は挙手して指名されたときだけ発言できる，などで，暗黙のルールと言い換えることもできるだろう。定型発達児者は生活の中で特に教えられることなく，様々な社会的慣習を身につけていく。しかし，ASDの人たちにとってそれは容易でなく支援が必要となる。

第9章　対人認知の支援技法

図 9-5　コミック会話の例
出所：藤野，2009より転載

　ASD の子どもたちに，暗黙の社会的な慣習やルールを教える手法として「ソーシャル・ストーリー」がある。ソーシャル・ストーリーは「その場にふさわしいやり方や物事のとらえ方，一般的な対応のしかたはどういうものかということを踏まえて，状況や対応のしかたや場に応じた考え方を，特別に定義されたスタイルと文例によって説明する教育技術」と定義されている（Gray, 2006）。ストーリーのタイトルと，社会的場面について状況を具体的に説明した文，その場にいる人の心の状態を推測した文，その場で行うこと・一般的に望ましいと考えられている行動を提案する文などからなる。なるべく指示的にならず，客観的な解説を中心にするべきことが推奨されている。ストーリーは基本的に一人称の視点から書かれ，子ども自身が出来事について述べているかのように書かれる。基本的な言語力を有し，知的障害がないか，あっても軽度の子どもに適しているとされる（Gray & Garand, 1993）。次のエピソードは ASD 者の**社会的認知の困難**を示すものである（ニキ，2005）。

　「小学校はふしぎなところだった。お勉強をしにいくところだと聞いていたのに，お勉強以外のことがどっさりあったから。「あさのかい」があったり「きゅうけい」があったり「きゅうしょく」があったり「はみがきしどう」があったり「かえりのかい」があったり「おとうばん」があったりする。……体じゅうが「なんなんだよー」というキモチになったが，頭は「なんな

第Ⅱ部　認知発達のアセスメントと支援

んだよー」とは考えなかった。かわりにどう考えたかというと，「あさのか
い」も「きゅうけい」も「きゅうしょく」も「はみがきしどう」も「かえり
のかい」も「おとうばん」もお勉強だと思っていた。「そういう科目にちが
いない」と考えた」。

このような社会的状況の理解のずれに対し，たとえば次のようなソーシャ
ル・ストーリーがずれの補正を助けるかもしれない。ソーシャル・ストーリー
の文例集から引用する（Gray & White, 2005）。

　「「がっこうって，どんなところ？」
　がっこうは，たくさんのおともだちといっしょに おべんきょうをすると
ころです。
　がっこうでは，おべんきょうをしたり，みんなといっしょにあそんだり，
かかりのしごとをしたりして，たくさんのあたらしいことを おぼえます。
　がっこうのせんせいは，こどもたちが いろんなことを おぼえるための
おてつだいをしてくれます。
　わたしのいくがっこうには，たくさんのきょうしつがあります。
　きょうしつには，つくえといすが たくさんならんでいます。
　マジックやがようしも，たくさんおいてあります。
　わたしのいくがっこうには，ほかにも，たくさんのものがおいてあります。
　おべんきょうのじかんわりひょうもあります」。

「学校ってどんなところ？」と子どもから質問をされた大人は，たとえば
「先生がいて，お友達がたくさんいて，勉強を習うところだよ」などと答える
だろう。定型発達児の場合，小学校に入学し，その通りだと納得するだろうが，
ASD 児の場合，ニキのエピソードのようにそのような説明では大雑把すぎて
納得できないかもしれない。しかし，このストーリーのように細部までていね
いに説明してもらえれば学校生活への見通しをもつことができる可能性がある。
　ASD 当事者の綾屋紗月は，ソーシャル・ストーリーの意義について次のよ

うに述べている（藤野，2009）。

「行動できずに困っている状態のうち，行動の方法ではなく，その前の段階の意味づけさえ解ればいい時がある」。

「行動を促すよりも意味を伝える。その時も「その意味が正しいかどうかはおいといて，あなたの身近な社会の中ではそういうルールに，これが標準的なことになっています」という客観的なアナウンスとして，「世の中，こんな理由でこんなふうになっています」と示されることで，とりあえず納得できる感じっていうのはあると思う。ソーシャル・ストーリーなどは意味づけのところまでは手伝える」。

効果の維持と般化という視点からみた場合，子ども自身のニーズに基づいてストーリーを作成することが有効なようである。問題解決への動機づけがあるからである。子どもの状況のとらえ方や気持ちを子ども自身からきめ細かく聴取し，それに基づきストーリーを作成することが重要だろう。綾屋も「子どもからの質問を待って」作成するのがよいのではないかと述べている。

しかしながら，社会的状況は多様で流動的であり，1つの見本が常にそのままどの場面にも適合するわけではない。定型発達者はストーリーとして記述された内容と現実との細かい違いを捨象できるが，ASD者は提示された情報を細部に至るまで字義通りにとらえずにはいられないかもしれない。「「これが正しい」って入れられることによって，それにしがみつくこともあるので，今度はそこからなかなか抜けられなくなる」ことがあることを綾屋は指摘している。

そのような認知特性への配慮はソーシャル・ストーリーを社会生活のガイドとしてASDの人に使ってもらう際に留意すべきことであろう。

（3）認知行動療法に基づく支援

発達障害，特にASDの人たちにとって，怒りと不安は支援が必要な情動の問題である。制御できない怒りや不安は認知の歪みによって生じるという考え方がある。そして，誤った認知を修正し，行動を適切なものに変容させること

第Ⅱ部　認知発達のアセスメントと支援

を目的とする心理セラピーの技法として**認知行動療法**がある。これは自動思考に基づく不安，抑うつ，怒りなどのネガティブな感情が不適切かつ過度に引き起こされ，生活するうえでの支障になっている際に適用される。

　ASD児者における怒りや不安などの情動調整の問題への介入においては認知行動療法が推奨されている。ASD児者は先述したように言語と論理による問題解決を得意とするため，この方法はその特性に適合しているといえる。ASD児への認知行動療法の例として，アトゥッドらが開発したプログラムがある（Attwood, 2008）。このプログラムは「情動教育」「認知的再体制化」「感情の道具箱」などからなっている。心の理論の障害などASD特有の問題への配慮がなされている点に特徴がある。情動教育では感情の存在やその様相などについて教える。その際に，ASD児にとって理解が難しい心の状態を温度計やメーターに見立てて視覚的にわかりやすくするなどの工夫がなされている。また，認知的再体制化においては認知の歪みを論理的な方法で修正することが試みられる。

4　関係・集団に対するアプローチ

（1）クラスで取り組む対人認知の障害理解

　心の読み取りに困難を抱える子どもにとって役立つサポートが日常的に提供されるクラス環境づくりを目的とする"第六感（The Sixth Sense）"という名前の障害理解プログラムがある（Gray, 2002）。このプログラムでは，クラスルームベースで次のような活動を行う。目が見えなかったら，あるいは耳が聞こえなかったらどんなふうに困るかな，そんなときにはどんなふうに助けてあげられるかな，などのことを考え，次いで他の人の考えや気持ちを理解することができなかったら，どんな場面でどんなふうに困るか，どんな援助ができるかを考えることを促す。それから，見ることや聞くことが難しい人がいるように，考えや気持ちを理解することが難しい人もいることを説明する。そのうえで，そのような困難を抱えるクラスメイトに援助できそうなことをみんなで考える。

182

第9章　対人認知の支援技法

（2）クラスの中での対人認知支援の事例

　発達障害の児童の対人認知の問題に対し，クラスの中で支援を行った一事例を紹介する。プライバシーに配慮し，細部は変え，名前も仮名である。

　ユウトくんは小学5年生の男児でASDの診断を受けている。クラス内に気軽に話せる友達はおらず，ひとりぼっちだという思いが強い。友達に無視されていると感じているようだ。学校生活でいちばん嫌な時間は給食だという。彼のクラスではグループごとに輪になって給食を食べるのだが，他児の会話に入りたくても入れない。自分から話題を切り出せず，誰かに話しかけてもらいたいが，誰も話しかけてくれない。「ぼくが話してもみんなぼくのことを無視する」「給食の時間が一番つらい。みんな楽しそうに話しているのに，ぼくだけ話せない。自分が話してもみんなはぼくに答えてくれない」と語った。以前，他児に話しかけたが無視され，それ以来話しかける勇気がなくなったという。

　給食の時間のユウトくんの行動を観察すると，話すことはあるものの声が小さく，相手の方を向かずにぽそっと話すため，話しかけられた児童は気づかなかった。また周囲の児童の行動をみると，給食時に他児と会話しているが，誰もが同じように会話に参加しているわけではなく，会話を主導する児童もいればほとんど聞いているだけの児童もいる。また振られた話題がいつもフォローされるわけでなく発展しないこともある。しかし，だからといってその話題を切り出した児童は自分が無視されたと思い悩んでいる様子はみられない。ユウトくんは自分の発言が周囲の子どもたちに大いに受け，その話題で会話が盛り上がる状態を想い描いており，それが実現されていない現状に不満を抱いているようであった。

　そのようにユウトくんは，自分に対する周囲の反応を実際よりも否定的にとらえる傾向がある。また，何か面白いことを話さないと会話に加わったことにならないと思い込んでおり，周囲の児童がユウトくんのコミュニケーションの特徴や伝達意図があることに気づいていないようであった。そこで，周囲の児童はユウトくんを無視しているわけではないことを理解すること，ユウトくんがみんなと話したいと思っていて，時々自分から話そうとしていることを周囲

183

第Ⅱ部　認知発達のアセスメントと支援

の児童に理解してもらうことを支援の目標とした。

　周囲の児童はユウトくんを無視していないことの理解については，給食時間をVTR録画し，給食のときに話していない児童もいること，話題を振ってもそれが取り上げられないこともあること，しかし，その児童が周りから無視されているわけではないことなどをビデオで見せ支援者とともに振り返り，気づきを促した。また，給食のときにユウトくんが話をしようとしても周囲に気づかれない場面では，支援者がユウトくんの発言を取りあげ「ユウトくん〜なんだって」などと周囲に伝わるよう言い直すなどの支援をした。また，話しかけ方の練習を行い，話題が共有できそうなクラスメイトを同定し話しかける計画を立てた。話しかける予定の児童に対しては，ユウトくんから話しかけられたら応じてくれるよう秘密裏に頼んでおいた。

　ビデオを視聴しながらユウトくんは「ぼくってこんなにつまらなそうな顔をしてるんだ。自分ではもっと楽しそうにしているつもりなのに」と言っていた。また「ここ，ユウトくんに何か言ってほしそうだよ」と言うと「あぁ，ほんとだ」というような表情をしていた。また，話しかけやすそうなクラスメイトに，あらかじめ準備し練習をしておいた好きな虫の話を切り出し，それに応じてもらったことでとても自信がついたようであった。その支援後に，ユウトくんの母親は最近「みんなに無視される」と言わなくなったことと，「自分のいいところ・悪いところを見つけよう」というテーマの作文で「ぼくの悪いところは悩むところです」と書いたことを担任から聞き，クラスメイトから無視されているわけではないことがわかってきたのかな，と思ったことなどを話してくれた。

　本支援においては，ビデオによる他児の行動の客観的な観察が効果的であった。それを通し，本児は自分の対人認知の偏りに気づくことができ，自発的な自己の認知も可能となった。みんなに無視されているのでなく気づいてもらえていなかったということと，給食時間にみんなに受ける面白い話をしなければならないわけではないことへの気づきである。クラスメイトに理解と協力を求め，対人コミュニケーションの成功経験が得られたことも本支援の重要なポイントといえる。

第9章　対人認知の支援技法

（3）多様性の包摂と共生に向けた支援へ

　社会は基本的に多数派の人向けにデザインされている。これまで障害のある少数派の人たちが多数派である定型発達者に合わせることが自明視されてきた。SST でも定型発達者の認知や行動のスタイルに合わせることが目標とされている。しかし近年，多様性の意義を認め，少数派のスタイルを尊重する考えが広がりつつある。ASD 者は心の理論をもたないのでなく，定型発達者とは異なる心の理論をもつという当事者の主張もある。第3節の見出しは「対人認知の歪みに対する支援」であるが，この表現は定型発達者の認知を「正常」とみなし，それを基準として ASD 者の認知を「逸脱」と考える観点に基づいている。しかし，そのような価値判断が適切なのかどうかという問題提起もできる。今日の「神経多様性（neurodiversity）」の概念（浦野，2016）によれば，それは一方の側の歪みではなく対人認知スタイルの相違の問題としてとらえられるからである。支援にあたって，そのような視座に立つことも重要ではないだろうか。

（藤野　博）

第10章 運動発達の支援技法

1 運動発達をどのように考えるか

　発達期の子どもにとって，運動とはその生活そのものといえるほど，重要なものである。このことは彼らの日常生活の観察からも疑問の余地のないこととして理解できることである。ヤードレイ（Yardley, 1974）は「人生の早い時期の動きの経験の質が，その人の全学習の質を決定してしまう」とまで述べている。新生児は，誕生した瞬間から自分を取り巻く多くの未知の刺激に直面する。自分自身や大人の身体に触れ，「遊び的」な動きを示すことから，特定の身体部位を操作することを通して次第に自分の意思を伝達することを学習していくのである。オテーゲンとヤコブソン（Oteghen & Jocobson, 1981）は，このような発達初期の動きの経験が，「自己」と「他者」を区別する出発点になり，さらに認知発達のために必要な抽象的思考の基盤になるとも述べている。メスニー（Metheny, 1965）は，ここに自発的な運動経験が，十分に知的内容をもち，したがって教育的経験として存在する理由があるとする。

　教育における「活動的諸仕事」の重要性を強調したデューイは，子どもを「活動的，自己表現的な存在（an acting, self-expressing being）」としてとらえ，教育活動の出発点は子どもの「自己表現に対する衝動」であるとしている（杉浦，1980）。そのため活動は「純粋に心理的でもなければ，純粋に身体的でもなくして，運動を通しての心象を含んでいる」と述べる。よって身体的活動と

ともに知性の働きとしての探究を内に含む諸仕事によって子どもの「経験の知性的側面と身体的側面との調和」を図ることができる。

近年の研究は，子ども自身の動きに注目し，彼らが動くプロセスに焦点をあて（Keogh & Segdun, 1985；Gentile et al., 1975；Curtis, 1982, 1987；von Hofsten, 1989），子どもを子ども自身とその取り巻く環境とのダイナミックな相互関係中でとらえようとしている。このような研究パラダイムの変化は，自己の環境との相互作用において変化する動作の主体（agent），を学習するダイナミックなプロセスとしてとらえようとする最近の幼児教育の実践とも矛盾を生じないものであろう。

動きを「外から」測定することから，近年では人間工学の進歩にともなった新しい分析法，洗練された技法の開発によって動きを「内から」みる運動発達の研究が行われるようになってきていることがわかる。さらに近年この分野の研究は，幼児の行動の実際的な文脈とか，知覚，認知，社会的な行動の理論的文脈など他分野からの関心が集まり，それらの知見を活用することで運動制御の機構と運動発達への深い理解をもたらしはじめている。加えて，神経生理学とコンピューター科学の統合的発展は，人間行動に関する情報処理理論によるアプローチを可能にし，知覚—運動パフォーマンスに資する有効な情報処理モデルを提供している。

2　運動発達の法則とは

発達は，身体の発育とともに，心臓や肺などの機能や精神，情緒，社会性等様々な能力の発達が互いに刺激し合い，関連しており，一般的な原理・原則がある。運動機能の発達についても，同様な法則がみられる。

乳児期には，新生児にみられる数多くの反射運動が次第に消滅していき，入れ替わるように**随意運動**（自らの意思をともなう運動）が出現し，発達する。この随意運動には，「感覚器の働き」「脳を含む神経の働き」「筋肉と骨の働き」の３要素があり，それぞれの発達が揃い，協力して目的にかなった運動を可能にする。子どもの運動発達は，ある段階から一足飛びに進むようなことはなく，

第Ⅱ部　認知発達のアセスメントと支援

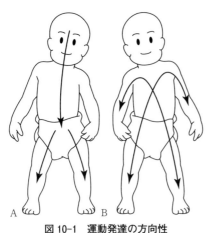

図10-1　運動発達の方向性

必ず段階を踏んでいく。これは，先に述べたように，ある目的に沿った運動を行うために，脳が運動を計画し，様々な感覚器からの情報を整理し，原則として一定の順序に従って進んでいくためである。加えて運動能力・運動技能の獲得には，性差，年齢差，個人差が見られる。また，運動経験の差による違いが関係する。指導の際に重要なことは，一人ひとりの個人差を考えながら望ましい方法や援助を模索していくことである。

（1）運動発達の方向性

　運動の発達には，一般的な方向性があることが知られている（Winnick, 1991；図10-1）。
　第1の傾向である「頭部から下部への傾向」（図10-1-A）とは，頭部から体幹下部にかけて眼球運動，上肢の運動，下肢の運動へと運動機能が順序をおって発現することを指す。これは，筋コントロールと協応性が足部へ順序的に流れるということを意味し，身体上部の筋コントロールは身体下部の筋コントロールより先行して発達することに基づく。第2の傾向としての「中枢から末梢への傾向」（図10-1-B）とは，身体の中心部が末梢部より先に成熟し，その機能を発揮することをいう。上肢の運動が，指先の運動より先に発現する。これは，英語に，それぞれcephalocauda（頭部から足へ），proximodistal（中心から周辺部へ）という単語があるように，発達研究者には通常に理解されているといえよう。身近にこの法則を確認することもできる。たとえば，乳幼児期の子どもの自画像の発達段階を見てみよう。0〜2歳段階では，顔中心の自画像であるものが，加齢とともに頭部に手足がついた，いわば「頭足人間」になり，そして法則に則るように，「身体の頭部から体幹下部」へ，そして「身体の中

第10章　運動発達の支援技法

心部から末梢部」に変容していくことがわかる。

　この2つの発達の方向が定まると，次の発達が用意される。それは，第3の方向として，全体から部分へ，第4の方向として両側から片側へ，そして第5の方向として，粗大から微細へ，である。第3の方向としての「全体から部分への傾向」は，指や手でおもちゃを扱う場合にも，肩，肘など，全体あるいは全体に近い身体の操作が必要となることからもわかる。第4の方向としての「両側から片側への傾向」は，両方の手を使い，物を食べたり，紙をちぎったりする両側活動を行うことで，優先される側や利き手・利き足（ラテラリティ）の確立へと発達していくことを意味する。利き側の確立のためには，正中線（身体の中央を頭から縦に通る線）を越えるような動きの経験が必要になる。第5の傾向としては「粗大から微細への傾向」である。これは，乳児の手・足のような身体の大きな部分に見られる粗大で不器用な運動が，次第に細かい，分化した目的に合った正確な運動に発達していくことを表す。物を上手に握れなかった乳児が，次第に指の動きも細かく働くようになっていくことがその代表的な例である。

　運動には，動かす筋肉によって区別される「**粗大運動**」と「**微細運動**」という2つのかたちがある。「粗大運動」は胴体や手足の筋肉の協調を必要とし，つかまり立ち，歩く，階段の昇り降りなど，姿勢や移動などに関する全身を用いた動きとして現れる。頭を動かすことから始まる粗大運動の発達は，次に寝返りをうち，座り，這い，立ち，生後1年目の終わり頃には歩きはじめるようになる。身体全体を使った運動の発達が達成されると次は，微細な運動の発達が促される。微細運動は手指の運動することに関係している。これは単なる運動発達ではなく，認知の発達や好奇心などとも関係している。その代表的なものが**リーチング**（手伸ばし行動）である。これは，自分の手を伸ばして身体のそばにあるものをつかむ行動で，生後5か月頃からみられ，自分の意思で周囲のものと関わることができるようになったことを意味する。

（2）運動発達の遺伝的特性

　近年あまり言及されることはなくなったが，バウアー（Bower, 1982）は，乳

189

第Ⅱ部　認知発達のアセスメントと支援

図 10-2　ホピ族の子育て

児の運動発達と環境についてきわめて興味深い研究を紹介してきた。彼はピアジェやその同調者が，運動発達において後天的な環境要因の影響を重視してきたことや，また乳幼児期の運動経験がのちの発達を基礎づけているという議論について疑問を呈した。著書の中でデニス（Denis, 1940）の，ネイティブアメリカンのホピ族の子育てについての研究を紹介している。この部族では，子どもが生まれると，数か月，いづめ板（cradle board；図 10-2）にくくりつけて乳児を育てるという習慣をもっている。地域によって作り方や素材などに違いはあるものの，乳児はこの中に入れられて背負われたり，野生動物や強い陽射しから守るために安全な木立の枝から下げられたりしていた。おそらく，声をあげて泣くと，その声で獲物が逃げてしまったりする可能性もあるかもしれない。また過去においては敵に不用意にその声を聞かれでもしたら，致命的な攻撃を受けないとも限らなかっただろう。とはいえ，このゆりかご板のおかげで，乳児はいつも親と一緒に移動することができるのである。1日にわずか数回，排泄のためや身体を洗ってもらうために，紐を解かれて解放される以外は，乳児は板にくくりつけられ，非常に限られた範囲でしか動くことはできない。寝返りをしたり，座ったりすることもできず，わずかに手や足を動かすだけである。抱いたり，授乳するときさえ，板にくくりつけたままで行われる。

　実験ではこのような伝統的な子育てで育ったホピ族の子どもたちと，西欧的な子育てでまったく拘束されずに育てられたホピ族の子どもたちが比較された。驚くべきことに，両群の子どもの運動発達にはまったく差がなかったという結果が報告されている（Denis, 1940）。いずれの養育形態で育った子どもも，まったく補助なしでほぼ15か月ほどで独歩が可能になったのである。この事実は，歩行獲得には，生得的な成熟過程の影響が大きく，後天的な環境から受ける影

響は少ないということを示しているといえよう。また従来信じられてきた心理学が言うような運動経験が発達を基礎づけているというような定説を揺るがせるものである。

（3）クラッティの予想と発達論

ホピ族の子育て様式が，定型化した発達観に，「NO」を提示したように，クラッティ（Cratty, 1986, 1994）もそれに疑問を投げかけた者の一人である。彼は，障害児の運動指導の研究を通じて，古典的なデータの積み上げで想定された運動発達の理論や，そのベースとなっているピアジェの発達モデルが，いわゆる非典型の子どもの発達を説明していないと断じた。つまり知能の形成に運動の基盤が不可避であることを強調したピアジェに反して，知覚，知能，言語，運動能力がそれぞれ領域特殊的に，早期にそして同時に出現するということをモデル化してみせたのである。このモデルでは子どもの能力が成熟していくと考えられる道筋は，青年期までに成熟を経過することで，広がり，一つに集まり，それらが相互作用していくものとして示されている。

このモデルでは，運動（motor），知覚（perceptual），知能（intellectual），そして言語（verbal）という能力特性がまるで樹の幹のように表されている（図10-3）。それぞれの幹は別の枝に枝を伸ばす。これをクラッティは"結合（ボンド）"と名づけ，行動的属性の様々な相の間で個々の経験に影響を受け，様々な変化が生じるものとした。結合は，すでに独立して機能している属性間のつながりと考える。より大きな能力特性の発揮のために大脳のシナプスのように結合を繰り返し，その達成を可能にしていく。

では，この理論は障害児の運動の獲得についてどのような説明をしているのであろうか。クラッティは，結合状況が様々な属性や能力属性の分類を鈍らせるような状態，さらに結合能率の低下，つまり結合が"鈍化"してしまうということで，達成の範囲の縮小，すなわち障害が生じることを説明する。このモデルでは，原則として新しい型の課題を遂行する際には，異なった能力特性の結合がなされ，そこを基点としてまた新たな属性の出現が促されると考える。大切なことは，運動の達成においても，独自にそれ自体が機能しているのでは

第Ⅱ部　認知発達のアセスメントと支援

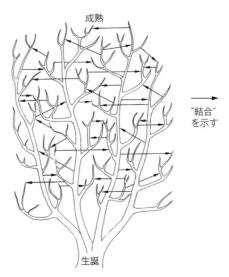

図 10-3　クラッティによる発達の「樹」
注：矢印が"結合（ボンド）"を示す
出所：クラッティ，1986より作成

なく，ある特定の環境下で，個人の言語能力，運動の潜在能力，さらに感覚情報を組織だてたり，解読したりする能力，思考能力などが緻密に関係し合っているということを説き明かした点である。クラッティの構想した運動発達論は，発達の本質を，リアルタイムにおける身体とそれを取り囲む環境との変容として描き出している。しかしサベルスバーグら（Savelsbergh et al., 2003）のように，「単に状態を描写して見せただけで，なんら具体的な支援モデルに結びついていない」との辛辣な見解もある。

3　保育所・幼稚園等での運動指導の効果について

従来，教育学では，身体の発達や身体運動の拡大を目的にする領域は，体育（physical education）と呼ばれ，「知・情・意」の形成に寄与するとしながらも，実際は「身体的なもの」と「精神的なもの」とを切り離して取りあげてきた歴史を有する。特に，日常の遊び，身体活動環境の貧困さから子どもの体力低下を危ぶむ声もあり，それを保障する意味から積極的な身体活動が行われる必要

性を説く研究者も少なくない（小林，1990；青木，1989；正木，1980；Cureton, 1985; Savage et al., 1986）。

（1）発達期の子どもの運動指導の特徴

小林（1990）は，幼児期の運動能力が，それ以降の発達に大きな影響を与えるため，必要な運動刺激は十分に与えなければならないと述べる。さらに幼児期に基礎体力のための十分な運動活動の習慣化の確立に失敗すると，"運動ギライな子ども"になると警告する研究者もいる（Cureton, 1985）。小林（1973）は，わが国の体育史の検討から，これまでの体育が全人格的な運動文化の伝承という本来の使命を忘れ，「人的資源＝体力」指導に陥りがちな危険性が，常にあることを批判している。近年では，これに乳幼児に関する発達研究の急激な進歩と成果が加わり，さらにこの傾向を助長しているといっても言い過ぎではない。また早期知的教育の流行に追随した幼児のスポーツ教室，水泳教室などの一斉指導型の「社会体育」の隆盛（七木田，1991）は，従来の保育所・幼稚園のカリキュラム・設備，あるいは子どもを取り巻く生活環境では，体力の向上を期待できないという親の意識を反映しているともとらえることができる。このような社会的状況を受けて幼児教育の実践の場での運動指導でも，「単に大人の運動技術ないしスキルを幼児の段階まで引き下ろし，運動技術を一斉に訓練している」（赤塚，1984）実態が少なくないことが指摘されてきている。特に近年でも，「体力づくり」の概念が拡大解釈され，はだか保育やはだし保育，あるいは乾布摩擦など，幼児の生活とかけ離れた指導を一斉に行う傾向も見られる。

（2）運動発達を支えるものは何か

森ら（2011）は，これまで40年間以上行われてきた幼児の運動能力検査を継続して実施することで，現代の幼児の運動発達傾向を明らかにし，幼児の運動能力向上を促進するための貴重なデータを収集することを目的に，日本全国から幼稚園65園，保育所44園，認定こども園1園の110園，男児5,887名，女児5,615名，合計11,502名を対象に調査を実施した。その中で，保育所・幼稚園

第Ⅱ部　認知発達のアセスメントと支援

等での運動指導について興味深い結果を報告している。この研究の背景には，保育時間内に運動指導をしている保育所・幼稚園等は全体の70〜80％であり，そのうち7割強では専門の指導者が体操，水泳，縄跳び，サッカー，マラソン，マット・跳び箱・鉄棒などを指導しているという状況があった。

　調査では，そのような指導の実態や効果について分析している。アンケートによると，保育所・幼稚園等で運動指導をしているとき一番重要な目的として「運動を楽しむこと」を重視する園で最も子どもたちの運動能力が高く，次いで「体力・運動能力の向上」を重視している園，「態度やルール遵守」を重視している園の順であった。また，保育活動の中で「運動指導を行っていない」園の方が，「行っている」園よりも対象幼児の運動能力が有意に高かった。このことは，幼稚園側で積極的に運動指導を行わない方が運動発達にとっては良い影響がある可能性を示唆している。さらに，保育時間外の運動教室の実施においても，「していない」園の方が，「している」園よりも運動能力が有意に高く，保育時間外の運動指導を行っていない方が幼児の運動能力の発達に良い影響を及ぼしていることが示された。一方，指導した運動を自由時間に行う頻度に関しては，「非常に多い」園と「わりと多い」園が，「少しだけ」の園よりも運動能力が有意に高く，自由な遊びの中に指導された運動が導入されていくことで運動遊びの幅が広がっていく可能性が考えられた。

　ただ水泳指導については逆の結果が報告されている。水泳指導を行っている園は，行っていない園に比べて運動能力が有意に高かった。さらに，水泳指導の内容に関しては，「泳げるための指導を中心に」行っている園の方が，「水遊び中心に」行っている園よりも運動能力が有意に高かった。この点に関して，水泳指導の有無の差は非常に小さいものであったことやサンプル数の偏りなどから水泳指導の有無で運動能力にはっきりとした差があるという結論は下せないとしている。次に，運動会のための練習時間については，「わりと時間をかけている」園，「あまり時間をかけていない」園，「多くの時間をかけている」園の順に運動能力が有意に高かったことを明らかにしている。

　上記の結果について，杉原・河邊（2014）は次のようなことを指摘する。専門家による運動指導では，説明を聞いたり順番を待ったりしている時間が長く

実際に身体を動かして運動している時間が短い。また同じような運動ばかりが繰り返し行われることで，多様な基礎的な動きのパターンとそのバリエーションを経験できていないという課題がある。さらに一斉指導形態の運動指導では，子どもたちはやりたくない運動もやらされるため，運動に対する意欲が育たない，と結論づけている。

4　様々な「動き」の経験の重要性

2012年，文部科学省は，都市化や少子化が進展し，社会環境や人々の生活様式の変化のために，子どもにとって遊ぶ場所，遊ぶ仲間，遊ぶ時間が減少していることを受け，身体を動かして遊ぶ機会の減少を危惧し幼児期運動指針を示した。以下，その指針に基づいて，様々な「動き」の経験の重要性について述べよう。

幼児期は，生涯にわたって必要な多くの運動のもととなる多様な動きを幅広く獲得する非常に大切な時期である。動きの獲得として，同指針は，「動きの多様化」と「動きの洗練化」の2つの方向性を提示している。

「動きの多様化」とは，年齢とともに獲得する動きが増大することとされる。幼児期において獲得しておきたい基本的な動きとは，立つ，座る，寝ころぶ，起きる，回る，転がる，渡る，ぶら下がるなどの「身体のバランスをとる動き」，歩く，走る，はねる，跳ぶ，登る，下りる，這う，よける，滑るなどの「身体を移動する動き」，持つ，運ぶ，投げる，捕る，転がす，蹴る，積む，こぐ，掘る，押す，引くなどの「用具などを操作する動き」が挙げられる。通常，これらは，身体を動かす遊びや生活経験などを通して，やさしい動きから難しい動きへ，1つの動きから類似した動きへと，多様な動きを獲得していくことになる。

「動きの洗練化」とは，年齢とともに基本的な動きの運動の仕方（動作様式）が巧みになっていくこととされる。幼児期の初期（3〜4歳頃）では，動きに「力み」や「ぎこちなさ」が見られるが，適切な運動経験を積むことによって，年齢とともに無駄な動きや過剰な動きが減少して動きが滑らかになり，目的に

第Ⅱ部　認知発達のアセスメントと支援

合った動きができるようになる。

（1）　3〜4歳頃

　基本的な動きが未熟な初期の段階から，日常生活や身体を使った遊びの経験をもとに，次第に動き方が上手にできるようになっていく時期である。特に幼稚園，保育所等の生活や家庭での環境に適応しながら，未熟ながらも基本的な動きが一通りできるようになる。自分の意思によって，次第に自分の身体の動きをコントロールしながら，身体感覚を高め，より巧みな動きを獲得することができるようになる時期である。この時期の幼児には，遊びの中で多様な動きが経験でき，自分から進んで何度も繰り返すことにおもしろさを感じることができるような環境の構成が重要になる。たとえば，屋外での滑り台，ブランコ，鉄棒などの固定遊具や，室内での巧技台やマットなどの遊具の活用を通して，全身を使って遊ぶことなどにより，「身体のバランスをとる動き」や，「身体を移動する動き」を経験しておきたい。

（2）　4〜5歳頃

　それまでに経験した基本的な動きが定着しはじめる時期である。友達と一緒に運動することに楽しさを見出し，また環境との関わり方や遊び方を工夫しながら，多くの動きを経験するようになる。特に全身のバランスをとる能力が発達し，身近にある用具を使って操作するような動きも上手になっていく。

　また遊びを発展させ，自分たちでルールや決まりを作ることにおもしろさを見出したり，大人が行う動きのまねをしたりすることに興味を示すようになる。たとえば，なわ跳びやボール遊びなど，身体全体でリズムをとったり，用具を巧みに操作したりコントロールしたりする遊びの中では，「用具などを操作する動き」の経験が求められる。

（3）　5〜6歳頃

　無駄な動きや力みなどの過剰な動きが少なくなり，動き方が上手になっていく時期である。友達と共通のイメージをもって遊んだり，目的に向かって集団

で行動したり，友達と力を合わせたり役割を分担したりして遊ぶようになり，満足するまで取り組むようになる。それまでの知識や経験を生かし，工夫をして，遊びを発展させる姿も見られるようになる。

　この時期は，全身運動が滑らかで巧みになり，全力で走ったり，跳んだりすることに心地よさを感じるようになる。ボールをつきながら走るなど基本的な動きを組み合わせた動きにも取り組みながら，「身体のバランスをとる動き」「身体を移動する動き」「用具などを操作する動き」をより滑らかに遂行できるようになることが期待される。そのため，これまでより複雑な動きの遊びや様々なルールでの遊びなどを経験することが推奨されている。

5　身体的不器用さ──発達性協調運動障害について

　ある幼稚園での一場面である。2つの跳び箱の間に渡したハシゴを子どもたちが一人ひとり渡っている。ハシゴの高さはだいたい40センチくらい。5歳の子どもにとっては，「挑戦」ともいうべき高さである。ほとんどの子どもは，最後まで渡りきれるが，中に1人，悪戦苦闘している子どもがいる。その子を見ながら，「橋の下は川になっているよ。川に落ちないでね」と担任教師は運動のイメージを喚起する言葉がけをする。しかしどうもそれが逆効果になっているようで，ますます子どもの身体は硬直したように動かない。指導方針の変更を余儀なくされた教師は，ちょっといらいらした声で「ほら，まっすぐ前を見て。足下を見ない方が恐くないよ……。そうそう，手は広げてバランスを取るように。一歩一歩ゆっくりと。足の裏でそっと歩きます……」と子どもに指示。さて歩きはじめた子どもであるが，即座にハシゴからバランスを崩して落下した。担任教師の顔も明らかな落胆の色。さっきの子どもといえば，今にも泣きそうな顔をしている。

　聞けば，ハシゴの運動に限らず，この子どもはバランスをとることが上手でなく，運動全般，苦手ということである。園長曰く「身体が全体的に不器用で……外遊びになると自信がなさそうで，子どもたちの中に入ろうとしません」とのことである。

第Ⅱ部　認知発達のアセスメントと支援

　近年，運動が苦手であったり身体的不器用さのある子どもが話題になっている。不器用さについては，これまでも医学・神経学の立場では，発達性失行や統合運動障害，さらには，運動協応性の問題または困難（(motor) coordination problems, or difficulties)，はたまた知覚―運動機能不全（perceptuo-motor dysfunction)，動作の問題または困難（movement problems, or difficulties)，動作スキルの問題（movement skill problems）などと様々な言及がなされてきた。DSM-5 には，発達期に認められる障害として，**発達性協調運動障害**（Developmental Coordination Disorder，以下 **DCD**）と記されるようになった（DSM については後述）。

　DCD に認められる不器用な動作とは，たとえば，保育所・幼稚園等などでは平均台歩行が上手にできない，滑らかさを感じさせない歩き方や走り方をする，あるいは学齢期では図形の模写や身体表現の模倣が下手，ひも結びや箸・はさみの使用が上手ではないなど，力の加減が不適切であることなどで認められる。投げられたボールを受け取る際にもタイミングが合わずに失敗したりする。このような問題が単に運動場面以外の日常生活など多岐にわたるために，障害像は単一で固定的なものではなくむしろ多面的である（望月，1993）と考えられている。多くの研究から主要な要因は，運動協応性（motor coordination skills）の困難さを含んでいることが想定されている。一般的に動作の不器用さは，どの子どもも，場合によっては大人も，程度の差はあれしばしば観察されるものではあるが，その困難さが著しく，特に観察者が動作者に対して「期待している動作」と「現実の動作」とが不一致のときに強調される（宮原，2003）。

　アメリカ精神医学会（American Psychiatric Association：以下 APA）は「精神障害の分類と診断マニュアル（Diagnostic and Statistical Manual of Mental Disorders, 5th ed.：DSM-5）」の中で，明白な身体障害の存在や体験不足，意図的な無気力，行儀の悪さなどの諸要因を除いてもなお，動作の不器用さを呈する子どもが存在することを指摘し，その症状を DCD として，運動能力障害（Motor Skills Disorder）のカテゴリーの 1 つとして分類している（American Psychiatric Association, 1994, 2000, 2013；表 10-1）。

　なお DSM-5（2013）では，DCD の有病率は 5 〜11歳の子どもの 6 ％に達す

198

第10章　運動発達の支援技法

表 10-1　発達性協調運動障害（Developmental Coordination Disorder）

A　協調運動を必要とするような日常の活動の動作が，患者の暦年齢および知的能力から期待される水準より著しく低い。このことは，運動の発達指標（歩く，這う，座る）を達成することでの著しい遅れ，物を落とす，「不器用さ」，スポーツが下手，または書字が下手，などとして現れる。
B　Aにおける障害は，学業成績または日常生活の活動を明らかに障害している。
C　脳性麻痺，片麻痺，または筋ジストロフィーのような，既知の身体的な障害に起因せず，広汎性障害の基準に合致しない。
D　精神遅滞を呈する場合，困難度は精神遅滞に通常ともなう運動のそれ以上である。

出所：APA，2012

ると見積もられ，性比は4：1で男児に多いことが説明されている。また，低出生体重児に有意に高率にみられること，特に注意欠如・多動性障害（Attention Deficit Hyperactivity Disorders：ADHD）との併存は約半数にみられ，広汎性発達障害（PDD）との併存も高率と報告されている。

「身体的不器用さ」に関する研究は，古くはイギリスのグーベイの研究（Gubbay, 1975）やオーストラリアの神経学者ウォルトンらの研究（Walton et al., 1962），あるいはフランスのアシュリアグエラら（Ajuriaguerra et al., 1963）などの報告に認められる。疾病や事故などが原因で脳損傷を受けたため，身体機能が正常であるにもかかわらず，意図した動作や状況に応じた動作が行えない症状を失行症というが，この失行症の概念を援用した発達性失行（developmental apraxia）という概念で不器用研究がなされてきた歴史がある。その後，対象の年齢が学齢児，幼児にまで下がり，「大きな障害であり教育上深刻な妨げとなる症状」（Walton et al., 1962）という認識も付与されていく。DCD を示す子どもの出現率は，オランダの2.7％，ナイジェリアの5.9％，オーストラリアの6.7％，イギリスの10％，シンガポールの15.6％と各国それぞれ報告されていたが，DSM-5 ではほぼ6％前後であるとされている。DCD への介入や支援にあたって，評価は重要なものとなる。DCD の評価法としては，ヘンダーソンとサグデンによって開発された Movement Assessment Battery for Children（Henderson & Sugden, 1992：以下 MABC）が世界共通のアセスメントとして定着し，多くの DCD 研究において用いられている。

199

第Ⅱ部　認知発達のアセスメントと支援

（1）DCD による付随的な課題

　DCD を示す子どもの特性について，児童期における報告は多数みられ，典型発達の子どもとの比較研究から DCD を示す子どもの特性を明らかにしようとする試みがなされている。たとえば，ラーキンとホーアレ（Larkin & Hoare, 1992）は，DCD を示す子どもの走課題や跳躍課題における低成績を報告している。またオブラインら（O'Beirne et al., 1994）も，低有酸素運動課題を実施した結果，DCD を示す子どもの走運動の成績が有意に低く，彼らが低体力のために一生懸命やっていても結果が伴ってなかったことを指摘した。他にもラーキンとホーアレ（Larkin & Hoare, 1992）は，運動の課題遂行においてより正確さが強く要求されるときには結果が大きく変動し，不適切な動きが目立つとともに，課題に要する時間が長くなったことを報告している。また DCD を示す子どもにおける運動や知覚に関わる課題でも，成績が低いことが明らかにされている（Sugden & Wright, 1998）。

　DCD は，運動や知覚課題での低成績に加えて，低い自尊感情（Shaw et al., 1982），過度に低い目標設定や責任回避傾向の自己概念（Henderson et al., 1989），問題行動（Losse et al., 1991），周囲からの孤立やいじめ（Kalverboer et al., 1990），低い社会的コンピテンス（Sugden & Wright, 1998；ヨンマンズ，1999）なども二次的に引き起こしていることが報告されており，広範囲な人格形成に影響するものと考えられている。DCD を示した 5 歳児の予後を15歳までの10年間追跡したキャンテルらの研究（Cantell et al., 1994；Cantell, 2001）によれば，5 歳のときに DCD と評定された約半数は15歳になっても，なお運動や知覚に関する各種課題に著しい困難が認められたという。また趣味や娯楽をほとんどもたず，低学力にともなう将来への不安を抱えていた。

　これらの結果から，DCD は必ずしも自然消失することはなく，発達初期は運動困難が特に注目されがちだが，青年期への移行とともに単に運動の問題だけでなく，自尊心の低下や周囲からの孤立など二次的に派生する心理・社会的問題も深刻になっていくことが示唆されている。

　DCD は，明白な運動障害がともなわないにもかかわらず，また一生懸命に

課題に取り組むのにもかかわらず，成果が見られず運動困難を示す症状であるが，これは知能が正常域で真面目に学習しているにもかかわらず，学業がふるわない症状である学習障害（Learning Disorders, or Learning Disabilities：LD）と似ている点もある（宮原，1999）。DCD の示す症状について運動学習障害（motor learning disability）という呼称が提案されたこともある（DeOreo & Keogh, 1980）。実際のところ，学習障害との合併も多くみられ（大村，2000），自閉症やアスペルガー症候群などの広汎性発達障害，ADHD との併存が多いことも指摘されている（Cratty, 1994；宮原，1999；Henderson & Henderson, 2002；Geuze, 2005）。

（2）DCD の子どもの運動の課題と支援

さて DCD はなぜ生起するのだろうか。これについて先行研究では情報処理理論を援用することが多い。たとえばケース（Case, 1978, 1985）は，情報処理のリソース（processing resource）という概念を用いて，DCD に見られる運動パフォーマンスの低さは，非効率な運動プログラムによって生じているとする。これは最初にもとめられた運動課題が情報処理のリソースを専有してしまい，新奇に正確さや予測などが要求される運動課題を実施するときに，それに見合うだけの情報処理のリソースが不足し，その非効率さがより大きくなると考えるものである。

前述のハシゴの子どもの例には，この説明は有効であろう。担任教師の個別指導後もハシゴ歩きに苦戦していた子どもであったが，担任が離れたスキに，別の教師がこのような言葉かけをした。「落ちないように渡ってごらんよ」。気を取り直した子どもは，わずかこれだけの指示で，まるで別人のようにスイスイ渡りきったのである。子どもが平均台渡りを終わった後で，「今のは，身体が真っ直ぐだったからかっこよかったよ」「さっきはびびったから，落ちちゃったね」など，声をかけている。

一連の活動は，運動学のテキストのあるフレーズを想起させる。「運動行為実行中の言語的教示は，むしろ行為を干渉するノイズになる。より効果的な教示とは KR（knowledge of results：結果の知識）で与えられるべきである」。要

第Ⅱ部　認知発達のアセスメントと支援

するに，子どもが運動しているときに，指導者が「ああだ，こうだ」と言っても（過剰な情報によるリソースの占有化），むしろ判断のじゃま（非効率な運動プログラムの駆動）になるだけなので，それよりも的確な指示を短く伝え（情報の整理とリソースの利用促進），終わってから行為を振り返るように話す（結果の知識）のが効果的なのである。

　ベルンシュタイン（Bernstein, 1967）は「運動の協調性とは，運動そのものの結果にあるのではなく，制御も予測も不可能な環境からの影響や変わりゆく外界の条件との相互作用によって現れる」と述べている。そうであるならば，その支援のためには複合運動を細分化した要素を含んだ運動の要素を取り出し，繰り返し練習するといった支援は彼らの運動嫌いを助長することはあっても，問題の本質を解決することにはつながらない。

6　新たな「身体」観への転換のために

　運動発達支援の実践場面では，運動課題の「できた」「できない」が子ども本人，さらにはそれを見ている他児にもわかりやすいため，指導者の配慮を欠いた安易な他児との比較は，必要以上に本人の苦手意識を助長しやすいことがある。したがって，たとえ運動課題で失敗しても，失敗の気持ちのまま終わらせず，再度挑戦したくなるようなアドバイスやチャンスを設けることが必要であろう。このことは，とりたてて運動が苦手な子どもに限ったことではなく，幼児期—学齢期のいわゆる発達期にある子どもの指導として必須な事項である。そのため基本となることは「多様な動きづくり」経験の保障である。

　たとえば日常生活動作のような2つ以上の動作を組み合わせる（「走りながら跳ぶ」「手をたたきながらジャンプする」）など，「刺激入力—認知的な判断をともなった身体調整—運動出力」といった様々な動きの経験である。「運動発達支援」の場面では，「制約場面での最大筋力の発揮」という従来「体力＝運動能力」として想定されてきたものでは説明できない新たな「身体」観への転換が望まれているのである。

（七木田　敦）

第11章　学業不振に対する支援

1　学業不振の評価

(1) 学業不振と学習障害

学業不振には次の2つの考え方がある（村主, 2003）。

① 　その社会や文化が要求している教育目標を一定期間内に達成できなかっ
たこと，つまり学年や年齢の水準に比して遅れている状態。

② 　知能などから期待される水準よりも実際の学力が低い状態（**アンダーア
チーバー**と呼ばれる）。

学業不振の主な原因としては，生物学的要因（知的障害，身体障害，疾病，情
緒の状態など），環境的要因（教室の状況，教師の教え方，家庭の状態など）があ
る。

ところがこの①②の両方の考え方が含まれる学業不振もあり，しかも知的障
害や身体障害，環境的な要因が直接の原因とならない場合がある。それがLD
（learning disabilities：学習障害）と呼ばれるものである。

文部省（1999）によれば，「学習障害とは，基本的には全般的な知的発達に
遅れはないが，聞く，話す，読む，書く，計算する又は推論する能力のうち特
定のものの習得と使用に著しい困難を示す様々な状態を指すものである。学習
障害は，その原因として，中枢神経系に何らかの機能障害があると推定される

第Ⅱ部　認知発達のアセスメントと支援

が，視覚障害，聴覚障害，知的障害，情緒障害などの障害や，環境的な要因が直接の原因となるものではない」とされている。この定義で重要なのは，全般的な知的発達の水準には問題がみられないにもかかわらず，それに応じた学力水準に達していないという状態（ディスクレパンシーモデルと呼ばれる）だということである。

　ところで，この learning disabilities という用語は教育用語である。医学的な診断には，アメリカ精神医学会の診断マニュアル（最新版は2013年5月に刊行された第5版である，DSM-5）が用いられる。この DSM-5 では，specific learning disorder（SLD）（日本語訳は，「限局性学習症」または「限局性学習障害」）とされる（日本精神神経学会精神科病名検討連絡会，2014）。

（2）学業不振の評価の方法

　学力の遅れについては，何をもって判断すればよいであろうか。参考になるものの1つに，文部省の報告（1999）の別紙「学習障害の判断・実態把握基準（試案）」がある。そこでは，「現在及び過去の学習の記録等から，国語又は算数の評価の観点の中に，著しい遅れを示すものが1以上あることを確認する」と述べられている。この著しい遅れとは，小学校2，3年では，1学年以上の遅れ，小学校4年以上または中学校においては，2学年以上の遅れを指す。その他に，標準的な学力検査の結果や，日頃の授業態度，提出作品，ノート等から確認される。

　また，LD かどうかにかかわらず，学業不振の評価は，個別的な知能検査等（認知発達アセスメント）と，標準化された学力検査等（学力アセスメント），児童生徒が課題を解いていく過程の詳細な分析などを総合することが重要である。認知発達アセスメントでは，WISC-IV 知能検査，KABC-II 心理・教育アセスメントバッテリー，DN-CAS 認知評価システムなどが用いられるが，学力アセスメントでは，学年相当の学力に達していない児童生徒の学力の状況がわかるような検査があまりなかった。

　2013年に刊行された日本版 KABC-II では，適用年齢が以前は2歳6か月から12歳11か月までであったのが18歳11か月まで延長されたため，小学生・中学

第11章　学業不振に対する支援

生・高校生・高校卒業生まで含め学業不振（習得尺度では，精選された問題群で，どの学年で計算学習がつまずいたか等が短い時間で明確になる）の状況がアセスメントできる。さらに，認知総合尺度（全般的な知的発達の水準）と，語彙尺度（聞く・話す能力の源となる語彙の量），読み尺度（読む能力），書き尺度（書く能力），算数尺度の標準得点の比較ができる。さらに，算数尺度の下位検査の「計算」と「数的推論」はそれぞれ標準得点が出せるようになっており，認知総合尺度と，「計算」（計算能力）と「数的推論」（推論能力）の標準得点も比較できる。したがって，全般的な知的発達に遅れはないものの，読み書き計算や推論に著しく困難な子どもについても判断しやすくなっている。

2　算数障害のとらえ方

（1）算数障害とは

「**算数障害**」という用語の歴史については，熊谷（1997）や熊谷（1999）で詳しく整理されている。そこでは，子どもの算数障害の概念が成人の計算障害（失算）の症状から援用されていると述べられている。失算は，脳の局所的病変にともなっていったん獲得された計算能力が障害された状態であり，具体的には次の点に関する障害である（島田，1991）。

① 　数字，演算記号の読み書き
② 　暗算：簡単な四則演算
③ 　筆算：桁数の多いものを含む四則演算
④ 　大小の比較：数字，具体物
⑤ 　物品の計数：目算，計数

熊谷（1997）は，算数障害の分類が成人の症状に基づいた下位分類のため，数の概念形成の問題が含まれない場合があることを示し，算数障害の分類には，子どもの発達的要素を考慮することが必要であると述べた。ところで，2013年に刊行された DSM-5 に示された記述は，熊谷（1997）が重要と考えた「数の概念形成」の部分が位置づけられている。

第Ⅱ部　認知発達のアセスメントと支援

　DSM-5では，これまで読字障害，書字表出障害，算数障害と３つに分類されていたものが，限局性学習障害（以下「SLD」）として１つにまとめられた。ただし，困難がある領域を読字，書字，算数に分けて，その状態像として記載される。宮本（2015）は，学習障害の子どもが，複数の学習のスキルの問題をもつことも少なくないことがこの統合の理由の１つであると述べている。このDSM-5のSLDの状態像の中に，「算数の障害を伴う（with impairment in mathematics)」が設けられ，さらに，その診断項目として，次の４項目が設定されている。これを見ると，日本の小学校算数の指導分野でいえば，「数と計算」の分野が中心であることがわかる。

　　①　**ナンバー・センス**（number sense）
　　②　（基礎四則演算の）暗算（memorization of arithmetic fact）
　　③　計算の正確性や流暢さ（accurate or fluent calculation）
　　④　**数学的推論**の正確さ（accurate math reasoning）

　そしてその診断基準として，「その困難を対象とした介入が提供されているにもかかわらず，以下の症状の少なくとも１つが存在し，少なくとも６か月持続していることで明らかになる」としている中に，上記の①〜④に関係のある例が述べられている。

（２）算数障害の診断項目に関係する算数スキルの発達

　ここでは，前述のDSM-5で示された算数の障害の診断項目に関する算数スキルの発達について簡単に述べる。

①　ナンバー・センス

　number senseという言葉を「数の感覚」「数感覚」と訳してよいかどうかは定かではない。「数感覚」というと，わが国では，杉山（1990）の「数への感覚」というものが近いであろう。杉山（1990）は「数の大きさ」「数の構成」「計算の性質」「数の意味」「数の美しさ」に対する感覚といった，様々な視点から考えることができるとしている。たとえば，「数の大きさに対する感覚」とは，数字や数詞（「イチ」「ニ」といった，数を示す音）の表している大きさに

206

ついての感覚である。「数の大きさに対する感覚」のすぐれた児童は，計算する前から答のだいたいの大きさを見積もることができ，減算の答が被減数より大きくなるはずがないなどの視点から，自分の出した答の誤りに気づくことができるであろう。

　DSM-5 では，算数の障害をともなう SLD の診断基準の一例として「数字，その大小，および関係の理解に乏しい」を挙げている。これを考えると，ここでの number sense は「数概念」という分野に近いものであると考えられる。

　生後数か月の乳児でも，2 と 3 の違いを，数えるのではなく，量の感覚として区別できる可能性があることが示されている。このように，3 個までの個数は瞬時把握（サビタイジング）により把握でき，この能力は先天的なものであり，この能力が数概念の獲得の基礎となると考えられている。

　次にものを数える計数について述べる。ゲルマンとガリステル（Gelman & Gallistel, 1978）は，正しく計数ができるためには，5 つの「計数原理」が背景にあると指摘した。それは，①1 対 1 対応，②安定順序，③基数性，④抽象性，⑤順序無関連の各原理である。1 つのものに 1 つの数詞が対応し，数えていった最後の数詞がその集合の数である基数性，そしてどこから数えても数は変わらないという順序無関連原理に基づいて数えることで，言葉で数えるスキルを身につけていく。瞬時把握能力と，これらの原理を徐々に関連づける数を数える経験を通して，子どもは数概念を獲得していく。およそ 7 歳以降で子どもたちは集合の配列の形や密度に影響されずに数えた結果が集合の大きさであることを確信できるようになり，このことを数の保存概念の獲得という。しかし 7 歳以前の幼児でも，指を使い数を数え，簡単な計算が可能であり，数に関する経験を多く蓄積していくとされる。

② 暗　算

　よく「数学的事実」と和訳される arithmetic fact という用語は，「3＋5＝8」といった，式と答のセットのことである。これらが暗算でできることが重要で，DSM-5 では，算数のともなう SLD の診断基準の一例として「1 位数の加法を行うのに同級生がやるように暗算ではなく指を折って数える」を挙げている。

第Ⅱ部　認知発達のアセスメントと支援

　ところで，子どもが1位数の加法（繰り上がりなし）をどのように解くか（たとえば「3+5」）は，次のような段階にまとめることができる。

① 全数え（イチ，ニ，サン，……ハチ　と，1からすべてを数える）

② 数え足し（サン（小休止），シ，ゴ，……ハチ　と，被加数の次の数から加数分だけ数え上げる）

③ 交換則（大きい方の数が被加数となるように3+5を5+3として扱う）

④ 推論または合成・分解による数操作（様々な工夫をする。たとえば，左手で5，右手で3を指で作る，いわゆる指型の合成を想起する）

⑤ 記憶検索（即時に記憶から引き出して解答する）

　以上のような手続きを繰り返し学習するうちに，加算の式と答の組み合わせは長期記憶に格納され，⑤の即時に記憶から引き出して解答する段階にまで習熟していく。これが「**演算の自動化**」と呼ばれる段階である。

　もちろん，いずれかの段階を飛ばしたり，他の方略を用いたりすることもある。しかし，計算学習のスムーズでない児童やいつまでも指に頼っている児童は，概して，「数え足し」の段階に困難があり，より効率のよい方略へと進まずにいることが多いと思われる。フュソン（Fuson, K. C.）らは，定型発達児が「1，2，3……」と唱えていく数唱のスキルにも段階があり，①数系列が分割できない段階（1からある数bまで数えることができる）から，②分割できる段階または数量化段階（ある数aから別の数bまで，あるいはある数aからn個数えるというように数系列を切り出すことができる）へと発達することを明らかにした。この数系列の任意の切り出し操作が自由自在にできないと，「数え足し」の段階に進めないわけである。

③　計算の正確さや流暢性

　暗算でできる範囲を超える計算は，筆算で一連の手続きを追うことになる。DSM-5では，算数の障害をともなうSLDの診断基準の一例として「計算手続きの遂行の最中で迷ってしまい，手続きを誤ってしまう」を挙げている。このように計算の正確さや流暢性に欠ける場合は，手続きの遂行に弱いことが考えられる。

第11章　学業不振に対する支援

　K-ABC 心理・教育アセスメントバッテリーやその改定版の KABC-II 心理・教育アセスメントバッテリーを開発したカウフマン（Kaufman, A. L.）らは，検査の解釈マニュアルにおいて，**継次処理**（順序を重視して情報を1つずつ系列的に処理すること）または**同時処理**（関係性を重視して複数の情報をまとめあげること）における弱さと教科に関する技能の学習困難の関係を述べている。たとえば，同時処理が弱い児童は，算数において，「演算の基礎となる概念や時間および空間関係を正しく理解できず，機械的記憶の学習に頼ってしまう」とされている。逆に継次処理が弱い児童は，「加法における数え足しの方略や，繰り上がりのある加法でよく指導されるような，計算の手続きを1ステップずつ追っていく方略が困難であるために，計算技能の獲得につまずくと予想される」とされる。

　したがって，同時処理が弱いタイプの児童は，計算手続きに長けている児童であっても，どのような場合に乗法を利用するのかなどの「意味」の学習が難しい場合もある。一方，継次処理が弱いタイプの児童は，筆算の手続きがなかなか定着せず，低学年から計算の正確性や流暢さの問題が常にみられるであろう。

④　数学的推論の正確さ

　計算ができてもそれを応用する算数文章題などでつまずく子どももいる。数学的推論の困難に関し，DSM-5 では，算数の障害をともなう限局性学習障害の診断基準の一例として「数値が答となる問題において，数学的概念，暗算や計算手続きを応用することが著しく困難である」を挙げている。

　「数学的推論」といっても幅広いため，ここでは加算か減算を一度だけ用いるシンプルな算数文章題を扱うこととする。これらの問題文を，その構造から，増減，合併，比較といったタイプに分類したライリー（Riley, M. S.）ら（Riley et al., 1983）の加減算文章題の分類（表11-1）は，多くの研究者たちに利用される有名なものである。

　算数文章題の解決過程には，問題から心的表象を形成する過程と，その表象に基づいて実際に問題を解いていく過程がある。さらに，前者は，1文ごとの

第Ⅱ部　認知発達のアセスメントと支援

表 11-1　基礎加減算の文章題の分類

①　増減（change）
〈結果が未知〉
・増減 1　AはXこ持っていた。BがAにYこあげた。Aは何こになったか。
・増減 2　AはXこ持っていた。AがBにYこあげた。Aは何こになったか。
〈変化分が未知〉
・増減 3　AはXこ持っていた。BがAに何こかあげた。今AはZこ。Bは何こあげたか。
・増減 4　AはXこ持っていた。AがBに何こかあげた。今AはZこ。Aは何こあげたか。
〈初期量が未知〉
・増減 5　Aは何こか持っていた。BがAにYこあげた。今AはZこ。Aは最初に何こ持っていたか。
・増減 6　Aは何こか持っていた。AがBにYこあげた。今AはZこ。Aは最初に何こ持っていたか。
②　合併（combine）
〈全体量が未知〉
・合併 1　AはXこ持っている。BはYこ持っている。2人で何こ持っているか。
〈部分量が未知〉
・合併 2　AとBは2人でZこ持っている。AはXこ持っている。Bは何こ持っているか。
③　比較（compare）
〈差分が未知〉
・比較 1　AはXこ持っている。BはYこ持っている。AはBより何こ多いか。
・比較 2　AはXこ持っている。BはYこ持っている。BはAより何こ少ないか。
〈比軒対象量が未知〉
・比較 3　AはXこ持っている。BはAよりZこ多い。Bは何こか。
・比較 4　AはXこ持っている。BはAよりZこ少ない。Bは何こか。
〈基準量が未知〉
・比較 5　AはXこ持っている。AはBよりZこ多い。Bは何こか。
・比較 6　AはXこ持っている。AはBよりZこ少ない。Bは何こか。

出所：Riley et al., 1983 より

　意味を解釈する変換過程とスキーマ的な知識をもとに文と文を関係づける統合過程に分けられる。難しい構造をした文章題（たとえば表 11-1 における増減 5，6 や比較 3 ～ 6）の場合は，部分─全体関係を押さえることが重要である。このようなスキーマの中に問題文の構成要素を当てはめていく過程が，前述の文章題解決の統合過程にあたると考えられる。そのため，同じタイプの問題でも未知数の位置によって難易度が異なると言われている。

3　算数障害の指導法

　ここでは，算数に困難のある児童のために筆者が自作した PC（パソコン）教材をいくつか紹介する。筆者は指導手続きを安定して繰り返せるように PC

210

化したが，それらは PC でなくても，紙と鉛筆でできる指導であることに留意されたい。

（1）ネットワーク構造に基づく基礎算数スキルのアセスメント

基礎からの積み上げによる系統性の強い算数学習においては，つまずきを示す児童に対して，発達経路を遡って数概念や数操作の基礎からアセスメントする必要がある。デンバー（Denvir, B.）ら（Denvir & Brown, 1986）は7歳5か月から9歳6か月の児童41名を対象とした個別テストから，基礎算数スキル発達に関する階層構造を明らかにした。表11-2にデンバーらが調査した算数スキルの項目（通過率の低い順）を示す。加減法の文章題（No. 18, 19, 47）は，ライリーらによるものであると，著者による注が添えてあった。なお，表中において，課題のキーワードとなると思われるものを「基礎概念」「具体物」「数唱・計数」「加法」「減法」「乗法」「除法」「文章題」に分けて筆者がチェック（網かけ部分）した。

①　加法の課題

表11-2において，No. 42は「20まで正しく数唱ができ，加法と「求算」の減法が具体物を直接操作して解ける」ということであるから，前述の「全数え」段階である。No. 37は，No. 29のように独力で数え足しができなくても，教師の誘導により数え足しができることである。No. 28においては，たとえば「6＋1」を暗算させた後に，「1＋6」が即答できれば交換則が理解できているが数え足しなどを利用して時間がかかれば理解できていないとしている。

②　減法の課題

基礎の減法をどのように解くかという方略について，先行研究から次のようにまとめることができる。①具体物や半具体物によるカウンティング，②数え上げ：被減数になるまで数詞を数え上げていく，追加した数詞の数が答となる。たとえば，8－3の場合，「サン（小休止）・シ・ゴ・ロク・ナナ・ハチ」と数え上げる。③逆唱，④記憶検索となる。さらに，⑤推論または合成・分解による

表11-2 数概念の理解に関する階層的構造に含まれるスキル

項目No.	目標	基礎概念	具体物	数唱・計数	加法	減法	乗法	除法	文章題
3	2位数における繰り下がりのある「求算」の減法を暗算で行う					■			■
6	乗法を「等分除」の文章題に用いる						■	■	■
47	「差」の未知な「比較」の文章題が減法であることに気づく					■			■
4	2位数における繰り上がりのある「求算」の減法を模型で表現する					■			
45	クラス包含の概念を十分理解している	■							
7	2位数における繰り上がりのない「求算」の減法を暗算で行う					■			■
5	積を求める文章題において乗法を使う						■		■
2	2位数における繰り上がりのある加法を暗算で行う				■				
20	「求算」の課題のためにカウンティングを用いる（逆唱や、ある数になるまで数えあげる）			■	■	■			
33	物の集合を、束を作りながら数える		■	■					
15	加法や減法の反復を「等分除」の文章題に用いる				■	■		■	■
46	クラス包含の概念を部分的に理解している	■							
12	加法において合成・分解による数操作を用いる				■				
8	繰り上がりのない2位数の加法を暗算で行う				■				
24	10の倍数でない2位数から10飛びで数唱する（例：23、33、43、……）			■					
25	10の倍数でない2位数から10飛びで逆唱する（例：53、43、33、……）			■					
34	異なるグルーピングの集合の量を比較する（例：10個ずつ束にされている集合と2個ずつ束にされている集合）		■						
9	2位数の数から10を取り去ったときの答を知っている					■			
10	2位数の数に10を加えた答を知っている				■				
1	2位数における繰り上がりのある加法を模型で表現する				■				
17	ゾロ目（「6は3と3」など）の場合以外も数の合成・分解について知っている	■							
26	数直線上で10ごとの目盛りの間の数を補完する			■					
13	2位数における繰り下がりのない「求算」の減法を模型で表現する					■			
16	積を求める文章題において加法の反復を用いる				■		■		■

第11章　学業不振に対する支援

化したが，それらは PC でなくても，紙と鉛筆でできる指導であることに留意
されたい。

（1）ネットワーク構造に基づく基礎算数スキルのアセスメント

　基礎からの積み上げによる系統性の強い算数学習においては，つまずきを示
す児童に対して，発達経路を遡って数概念や数操作の基礎からアセスメントす
る必要がある。デンバー（Denvir, B.）ら（Denvir & Brown, 1986）は 7 歳 5 か月
から 9 歳 6 か月の児童41名を対象とした個別テストから，基礎算数スキル発達
に関する階層構造を明らかにした。表 11-2 にデンバーらが調査した算数スキ
ルの項目（通過率の低い順）を示す。加減法の文章題（No. 18，19，47）は，ラ
イリーらによるものであると，著者による注が添えてあった。なお，表中にお
いて，課題のキーワードとなると思われるものを「基礎概念」「具体物」「数
唱・計数」「加法」「減法」「乗法」「除法」「文章題」に分けて筆者がチェック
（網かけ部分）した。

①　加法の課題

　表 11-2 において，No. 42は「20まで正しく数唱ができ，加法と「求算」の
減法が具体物を直接操作して解ける」ということであるから，前述の「全数
え」段階である。No. 37は，No. 29のように独力で数え足しができなくても，
教師の誘導により数え足しができることである。No. 28においては，たとえば
「6＋1」を暗算させた後に，「1＋6」が即答できれば交換則が理解できているが
数え足しなどを利用して時間がかかれば理解できていないとしている。

②　減法の課題

　基礎の減法をどのように解くかという方略について，先行研究から次のよう
にまとめることができる。①具体物や半具体物によるカウンティング，②数え
上げ：被減数になるまで数詞を数え上げていく，追加した数詞の数が答となる。
たとえば，8－3の場合，「サン（小休止）・シ・ゴ・ロク・ナナ・ハチ」と数え
上げる。③逆唱，④記憶検索となる。さらに，⑤推論または合成・分解による

211

第Ⅱ部　認知発達のアセスメントと支援

表11-2　数概念の理解に関する階層的構造に含まれるスキル

項目No.	目標	基礎概念	具対物	数唱・計数	加法	減法	乗法	除法	文章題
3	2位数における繰り下がりのある「求差」の減法を暗算で行う					■			
6	乗法を「等分除」の文章題に用いる							■	■
47	「差」の末知な「比較」の文章題が減法であることに気づく					■			■
4	2位数における繰り下がりのある「求差」の減法を模型で表現する					■			
45	クラス包含の概念を十分理解している	■							
7	2位数における繰り下がりのない「求差」の減法を暗算で行う					■			
5	積を求める文章題において乗法を使う						■		■
2	2位数における繰り上がりのある加法を暗算で行う				■				
20	「求差」の課題のためにカウンティングを用いる（逆唱や、ある数になるまで数えあげる）			■		■			
33	物の集合を、束を作りながら数える			■					
15	加法や減法の反復を「等分除」の文章題に用いる							■	■
46	クラス包含の概念を部分的に理解している	■							
12	加法において合成・分解による数操作を用いる				■				
8	繰り上がりのない2位数の加法を暗算で行う				■				
24	10の倍数でない2位数から10飛びで数唱する（例：23，33，43，……）			■					
25	10の倍数でない2位数から10飛びで逆唱する（例：53，43，33，……）			■					
34	異なるグルーピングの集合の量を比較する（例：10個ずつ束にされている集合と2個ずつ束にされている集合）		■						
9	2位数の数から10を取り去ったときの答を知っている				■				
10	2位数の数に10を加えた答を知っている				■				
1	2位数における繰り上がりのある加法を模型で表現する				■				
17	その目（「6は3と3」など）の場合以外を数の合成・分解について知っている	■							
26	数直線上で10ごとの目盛と目盛の間の数を補完する			■					
13	2位数における繰り下がりのない「求差」の減法を模型で表現する					■			
16	積を求める文章題において加法の反復を用いる						■		■

第11章　学業不振に対する支援

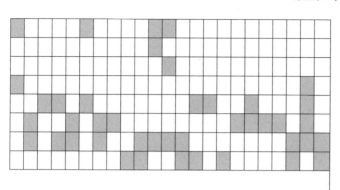

19　差が未知な場合の「比較」の文章題(「より多い」)を解く
21　2個ずつ束にされている具体物の集合を2、4、……と数え端数は1つずつ数える
11　10の倍数に10を加えた答を知っている
14　2位数における繰り上がりのない加法を模型で表現する
22　5個ずつ束にされている具体物の集合を5、10、……と数え端数は1つずつ数える
18　比較対象量が未知な場合の「比較」の文章題(「より多い」)を解く
23　10個ずつ束にされている具体物の集合を10、20、……と数え端数は1つずつ数える
40　20から逆に下がっていく数系列を知っている
27　いくつかの2位数を大きさの順に並べる
35　いくつかずつの束にされている具体物の集合の構造を理解している
38　分配の問題を具体物を直接操作して解く
39　積を求める問題を具体物を直接操作して解く
44　数の保存について理解している
28　[1+n]の答を出すのに交換則が使えることを理解している
29　加法に「数え足し」の方略を用いる
30　任意に取り出された2位数を読む
32　2ごと(あるいは5ごとや10ごと)の数え方で数を唱える(「2、4、6、8、……」)
37　教師が誘導すれば「数え足し」の方略を用いる
31　99まで正しく数唱する
41　20から逆に下がっていく数系列を唱えて、数が同じかどうか答える
36　具体物の集合と集合を比較して、加法に数唱ができ、加法と「求算」の減法の減法を直接操作して解ける
42　20まで正しく数唱ができ、加法と「求算」の減法を直接操作して解ける
43　1対1対応を作る

注：加減法の文章題の分類については、Riley et al., 1983による
出所：Denvir & Brown, 1986

第Ⅱ部　認知発達のアセスメントと支援

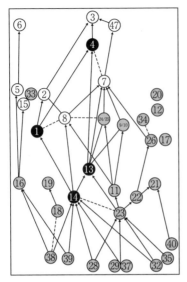 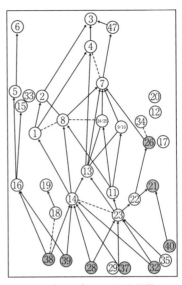

図11-1　基礎算数スキル構造図（デンバーら，1986）にプロットした結果（左A児右B児）

注：最下位項目（No. 36，42，43は2名とも通過したため省略）
出所：東原，2004

数操作も発達の途上で使われる。これは，すでに知っている式と答の組み合わせから答を導き出すことで，たとえば，「5＋3＝8」から，「8－5＝3」という答を導き出すなどという方略である。また，10を基礎とした合成・分解による10台の数から1位数を引く減法（減減法や減加法）もこれに含まれる。

　No. 42は，20までの減法が，①「取り去った残りを数える」という具体物操作でできることである。次の②数え上げや③逆唱の段階であるNo. 20はかなり難度の高い方に位置している。○と△で□，□は○と△，といった合成・分解の数の関係として加法や減法の答を出す場合が，中間に位置するNo. 17である。

③　文章題の課題

　ライリーらの加減法文章題の分類のうち，「比較」タイプにあたるものが，No. 18, 19, 47である。No. 18は基準量がわかっており，それに対して求める量が「○個多い」という条件であるから，加法となる。立式で求めなくても具

214

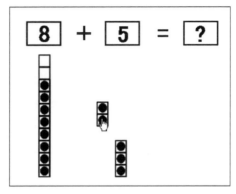

図11-2　繰り上がり学習用 PC 教材（同時処理型）
出所：東原，2001

体物操作でできても通過する。No. 19，47は，いわゆる「求差」問題である。
　一方，No. 39，38，16，15，5，6は，乗除法を利用するタイプの「分配」（ものを同じ数ずつ配る，分ける）に関する文章題である。しかし，実際には除法を用いるところまでは求めておらず，低学年でもできる。
　同じ数ずつものを配る，分けるという課題は，まず，No. 35のグルーピングされた集合（たとえば5つずつ束ねられた物の集合）の構造理解ができなければ学習できない。また，数唱が「1，2，……」ではなく2とび，5とび，10とびで唱えることが滞りなくでき（No. 32），計数も2ごと，5ごと，10ごとで効率よく数えられること（No. 23，22，21，34）も乗除法の基礎となっている。

④　アセスメント事例
　このように，デンバーらのアセスメント項目は，DSM-5での「ナンバーセンス」と「暗算」にあたる。筆者は，デンバーらの項目を用いて面接テストを作成した（東原，2004）。いくつかの項目を1つの問題でまとめてチェックするため，1時間以内でできる。この面接テストを算数学習に著しい遅れのある2名の小学生（通常学級在籍）に行った結果を，デンバーらの階層構造図にプロットした（図11-1）。いずれも知的レベルは境界域であるが，知能検査結果に偏りがみられる児童である。A児はアセスメントの後，画面上のタイルを操作する筆者自作のPC教材（図11-2）での学習を3回のセッションで行い，1か

第Ⅱ部　認知発達のアセスメントと支援

月後に再び面接テストを行った。図11-1の網かけ部分は，初回アセスメント時にできた項目である。A児については，3回のPC学習の後にできるようになった項目を黒で示した。これらの図を見ると，より上位の項目に進むためには，その基礎となる項目が習得されているべきこと，発達は単線ではなく，複数のルートが関連したネットワークであることがわかる。A児は基本的な数操作や数概念の育ちがよかったため画面上のタイルを操作しながら学習するPC教材で集中訓練をすることにより，模型による2位数の加減算の理解が進んだと考えられる。

　一方，B児は，2位数の集合数における構造的理解ができていない（No. 23）ために，それより上位の項目に進めなかったと考えられる。このような階層構造の中でアセスメントをして次の学習課題を決めることが重要である。

（2）基礎的な演算の自動化を促す指導

　基礎的な演算の暗算は，より複雑な計算や文章題などの課題を学習するために必要不可欠であるという意見は多い。問題を解くために使うことができる注意や記憶には制限があるため，基礎的な演算が自動化されていることによって，より高次な課題（たとえば，多桁の計算や分数など）に注意を向ける余裕が出てくるというわけである。

　前述したように，一位数の加法の方略は，最初は「全数え」方略であったのが，習熟していくと式と答のセットが長期記憶に定着していき，「記憶検索」方略に移行していく。子どもがどの方略をとったかは，解答所要時間を詳しく調べることにより，推察することができる。

①　方略指導と自動化訓練

　演算の自動化を促す指導にPCを利用した研究が数多くあるのは，教材を提示することと子どもの解答所要時間の分析が一度にできるからである。その中でも，長年システマティックな教材開発をしてきたことで著名なのは，ハッセルブリング（Hasselbring, T. S.）らである。彼らは，PCを用いたアセスメント用プログラムを開発し利用した（Hasselbring et al., 1987）。問題を見て1〜2秒

間で答えられなかった場合，あるいは明らかに計数方略を用いている場合は，自動化されていないとみなした。そして，アセスメントの結果すでに「自動化」されている計算問題から練習を始めて徐々に難しい問題へ進む（一般的には，被加数または加数のうち小さい方の数が1の演算が自動化されたら，小さい方の数が2の計算へと進む）というように積み上げていくPC教材を開発し指導実験が行われた。

この教材の特徴として，少ない問題数に的をしぼって練習するということが挙げられる。1回に2〜3個の問題（とその被加数と加数を入れ替えた問題）という非常に少ない数の問題について学習し，その問題群において完全に計数方略を用いずに即時に答えられるようになるまで練習する。また，「チャレンジタイム」（制限時間つきのドリル）という工夫がある。安定して3〜5秒ぐらいで答えられるようになったら，制限時間以内に解答するようにし，制限時間を3秒から1秒くらいまでに減らしていく。これは対象児に迅速な解答を強制するものである。このステップをクリアしないと，時間制限のないドリル学習において，また計数方略に戻ってしまうとハッセルブリングは述べている。さらに演算の自動化を促すドリル学習ソフトでは，計数方略を用いている対象児が計数方略から脱却することは期待できず，少し遅くても記憶検索方略を用いている対象児のスピードアップには役に立つと述べている。つまり，計算の指導には，「計算の方略や概念の理解を促す方略指導」と「すでに長期記憶に定着している知識をより速く想起させる自動化訓練」の2段階が必要と考えられる。

②　1位数どうしの繰り上がりの加法における指導事例

小学校6年C児は1位数どうしの繰り上がりの加法に時間がかかっていた。たとえば8＋3は「ハチ，キュウ，ジュウ，ジュウイチ」というように，数え足しによって答を出していた。この手続きでは加数が大きくなるほど時間がかかるため，加数分解による計算手続きを導入することにした。C児は乗法九九を完全に唱えることができたことから，短い音声刺激のリハーサルによって記憶することが可能であると考えられた。そこで，「○はあといくつで10になる？」「□から△をとったらいくつ？」という音声による質問に数字ボタンで

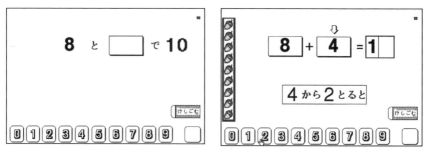

図11-3　繰り上がり学習用PC教材（継次処理型）の画面例

答える方法で学習する筆者自作PC教材（聴覚刺激の継次処理形式）（図11-3）でドリル学習を行うこととした。この繰り上がりの方略学習用教材では，答が11から18の範囲の1位数どうしの加算問題のうち，加数が被加数より大きくない場合の20題を用い，1回の学習で20題がすべて1度ずつ出題されるようにして，全8回試行した。その他に指導前，指導2回目の後，最終指導後の3回において，単純な式呈示と答入力だけ（正答するまで次の問題に進まず，正答までの解答所要時間が測られる）のPCソフトでテストをした。図11-4aに示したように，PCでのテストにおいて，指導前は，加数が大きいほど解答時間が長くなる傾向にあった。ところが，指導期に入ると，図11-4bのように，9+7，9+8，9+9といった，被加数が9の問題において解答所要時間が短くなった。これは，10の補数（1）の想起が容易であるからと考えられる。また，加数の等しい7+5，8+5，9+5は指導前は解答時間にあまり差がなく8〜10秒であったのが，指導期にはいった直後では8〜19秒と解答時間に幅ができ，指導前よりかえって時間がかかったものもある。しかし，指導期の最後のテストでは，ほとんどの問題で解答時間が3〜8秒の範囲内となり，加数に関係なくどの問題もすばやく答えられるようになった（図11-4c）。数え足しから加数分解へとC児の利用する手続きが移行し，移行途中では解答時間が長くなった問題もあったが最終的には全般的な解答時間の短縮につながったことがうかがえる（東原・前川，1997）。

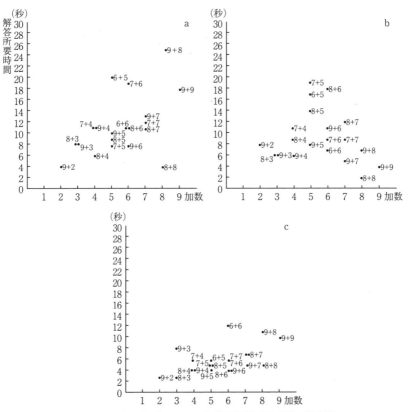

図 11-4　C児の加法における加数と解答所要時間の散布図

出所：東原・前川, 1997

(3) 筆算の指導

　筆算のつまずきは手続きの忘却や誤り，構成要素となる個々の基礎演算の誤りからくる。前述したように，手続きの遂行の困難な，K-ABC心理・教育アセスメントバッテリーでいえば継次処理の弱い児童は筆算で苦戦することは想像に難くない。

　しかしながら，中学年以上になると，継次処理の弱い児童，同時処理の弱い児童のいずれも，除法筆算でつまずいている場面を見る。たとえば，ある継次処理の弱い児童は，「たてる―かける―ひく―おろす」という手続きを追うこ

第Ⅱ部　認知発達のアセスメントと支援

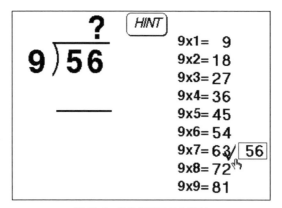

図 11-5　除法筆算の PC 教材
出所：東原，2001

と自体が困難なのにもかかわらず，その間にもう1つの系列操作（九九の列をたどりながら被除数に近い積を探していく）が入るため困難を極めていた。一方，継次処理は強いが同時処理の弱い別の児童は，計算手続きや九九は定着しているのであるが，商を立てる際の見積もりに苦戦していた。こちらは「ナンバー・センス」の弱さに関係あるのではないだろうか。

　図11-5の教材では，ヒントボタンを押せば1つの段の九九表が呈示され，マウスを動かすと，被除数と積の大小比較が視覚的にできる。もちろんPCでなくても，同じような九九表カードを用いて，紙の上でもできる。このとき，自ら，「9の段の表ください」「3の段はもういりません」と，自分の能力を自覚して，自ら補助具を選ぶということが，徐々に自立につながっていく。

（4）算数文章題の指導

　前述したように，計算ができても算数文章題解決の難しい場合は，問題文を読んで立式するまでにおける，問題文1文ごとの意味を解釈する変換過程とスキーマ的な知識をもとに文と文を関係づける統合過程のいずれかに困難があると考えられる。

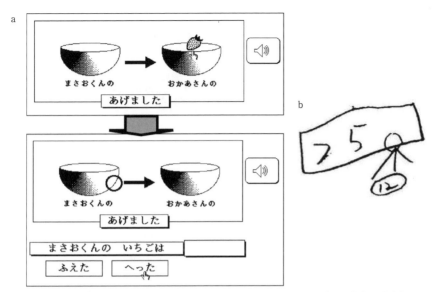

図 11-6 文章題学習用 PC 教材 1 と学習後 D 児が紙に描いた図（量の変化の表象）
出所：東原ら，1996

① 変換過程のつまずきへの対応

たとえば，「あきらさんはあめを 5 こもっています。あきらさんがゆきえさんにあめを 3 こあげました。のこりはいくつでしょう。」という問題であれば「のこりは」という言葉を手がかりに減法を使うが，「あきらさんはいまいくつもっているでしょう。」と変えたとたんに加法を使ってしまうという D 児は，量の変化が表象できていないようである。このような児童に有効な手立ては，イメージ形成への補助としての実物操作や映像であろう。様々な問題に取り組むためには，実物や模型は現実的ではなく，コンピューターで呈示できる映像やアニメーションが有効である。さらに，アニメーションではすべてを見せるのではなく，「いくつかの物が移動した」ということだけを見せてあとは隠しておくようにすると，児童が量の変化を表象する学習へと進み，ノートに書く際も簡単な記号で状況を表現することが可能になり，立式が導かれる。初期の数操作では，「具体物―半具体物（おはじきやブロック）―抽象化（数字や数式）」という段階を追うが，その「半具体物」のところが，この場合，簡単な

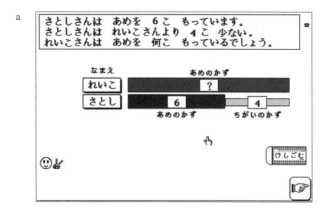

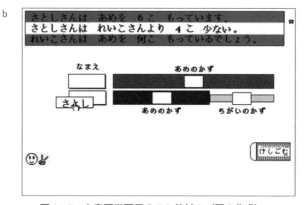

図 11-7　文章題学習用の PC 教材 2　(図の作成)
出所：東原・前川，1996

記号による図ということになる．図 11-6a は D 児が用いた筆者自作の PC 教材で，容器の中が見えないようにしており，3 個のいちごが移動する様子だけ呈示される．最終的に○（視点）と→（移動の方向）による図が示され，そこから，○にあたる場所のいちごが増えたか減ったかを答える．この学習の結果，ペーパーテストで，図 11-6b のように図を描き，正しく立式することができた（東原ら，1996）．

② 統合過程のつまずきへの対応

一文ずつの理解はできるが，それらの関係性の把握が困難な場合が「統合過程」のつまずきである。図11-7aのPC教材では，問題文から文字列や数字（たとえば「さとし」）をクリックすると，コピーされ（「何こ」だけは「？」に変換される），テープ図の中の5つの空欄のいずれか正しい場所をクリックすると挿入できるようになっている。ここでは，多い方の人物の名前を上の空欄に入れることが要求されるが誤りを繰り返すE児がいた。そこで，量の関係性を示す文「さとしさんはれいこさんより4こ少ない」をまず強調（他を暗くする）したところ（図11-7b），E児は2人の名前を正しい空欄に入れることができ，その後残りの2文を強調することにより，正しい図を作れるようになった。そしてペーパーテストでも同様の図が描けるようになった（東原・前川，1996）。

以上，基礎演算の自動化，筆算の手続き，算数文章題解決の指導法について具体例を挙げて述べてきたが，まず重要なのは詳細な課題分析である。どの部分でつまずいているのかを明らかにし，念頭操作だけでできない部分は視覚化することによって，「できる」経験を増やすことで，算数に対するネガティブな感情を少しでも軽減することが重要である。

（東原文子）

第12章　高次脳機能障害のアセスメントと支援

1　高次脳機能障害とは何か

（1）高次脳機能とは

　人の脳の働きには，①目（視覚），耳（聴覚），皮膚（触覚），口（味覚），鼻（嗅覚）から，映像，音，手触り，味，においを感じる「知覚機能」，②手，足，顔，首などを動かす「運動機能」，③注意，記憶，認知，感情，言語，判断，思考，学習などをコントロールする「高次脳機能」，の３つの機能がある。

　人は①の知覚機能から情報を入力し脳に情報を送る。そうして，③の高次脳機能に送られた情報に，注意を働かせながら，大事なことや印象に残ることを記憶したり，喜怒哀楽などの感情を表現したり，表情に表したり，言葉に置き換えたり，映像にしたり，どうしてだろうかと思考したり，適宜に判断したり，新しい情報を獲得したり，目標を立て計画し実行したり，②の運動機能により身体で表現したりして学習する。学習の成立とは，知覚機能により情報入力した情報を高次脳機能がまとめ，感情や行動というかたちで出力すると同時に出力した情報を再度知覚機能が入力する（再入力）過程を意味する。

　恐怖体験やいじめを例に挙げて考えてみる。道を歩いていたときにヘビを見て恐怖を感じる（視覚・感情）と，恐怖体験の映像や恐怖感を記憶し，表情や言葉で表現し，身体で表現する。表現すると同時に道でヘビを見たときの恐怖

第12章　高次脳機能障害のアセスメントと支援

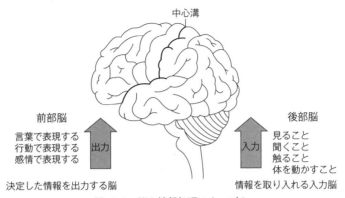

図12-1　脳の情報処理メカニズム
出所：中島，2012

感を高次脳機能は学習する。また，学生時代にいじめられたつらさを表情，言葉，身体により表現すると自己理解を深めることを脳は学習する。すなわち，入力→出力（再入力）（図12-1）の脳の認知過程により学習が成立する。

　脳のメカニズムを理解すると，様々な支援に活用できる。たとえば，教室内で急に怒りだす児童は，怒りを誘発するきっかけを記録にとり整理し，きっかけを減少する環境調整をすることで怒りを脳から出力する回数を減らすことにつながる。怒りの出力回数が減ることは不適切な行動を何度も繰り返す学習により強化されることを防ぐことになる。さらに，なぜ怒りの回数を減らすことが必要なのかを保護者や教師に説明することができる。

（2）脳の働きとは

　脳の働きを理解するために，基本的な脳の部位がそれぞれどのような役割を担っているかを学ぶことが必要である。第1章でも脳について触れられているが，ここであらためて高次脳機能を理解するために，脳の働きを確認していく。人の脳は，大脳，小脳，脳幹から成る。脳の下方には小脳，脳幹が，上方に大脳が位置する。小脳は，身体バランス，協調運動，運動の滑らかさなどの機能を担い，脳幹は，呼吸，心拍，意識，覚醒，体温調節などの生命維持のための機能を担っている。大脳は，左右半分に分かれ，左右の「大脳半球」と呼ばれる。大脳半球は脳全体の中で最も高度に発達した部分である。大脳には，折り

第Ⅱ部　認知発達のアセスメントと支援

たたんだ形状のような脳回（ふくらみ）と脳溝（みぞ）があり，4つの脳葉から成る。脳は領域によって異なる機能を専門的に担っている。中心溝は前頭葉と頭頂葉の境にある。脳の後方にかけて位置する3つの脳葉は，頭頂葉，側頭葉，後頭葉である（図1-2参照）。それぞれ，触覚，聴覚，視覚といった特定の感覚情報の入力，知覚，解釈に特化している。脳の前方に位置する前頭葉は，他の脳葉とは異なり，他の脳葉からの情報を受信，統合し，状況に応じた適切な決定を担っている。

　「前頭葉」は，脳の高次脳機能の多くを制御する。具体的には以下のとおりである。環境情報を調整する。優先順位をつける。判断を下す。行為の発動をする。情動の抑制をする。社会的関係を保ち行動する。計画や立案を作成し実行する。人格を保つ。柔軟性，多様性，順序だて，社会的状況に適した行動をする。

　「頭頂葉」は，身体から集められた触覚情報を知覚し分析し，視覚，聴覚，触覚を情報統合し，外界の印象を作りあげる。具体的には以下のとおりである。点と点を結べる。図形の向きが判定できる。図形の模写ができる。文字全体の構成がとらえられる。方向がわかる。地図を見て自分がどこにいるのか，どの方向に向かっているのかをイメージできる。

　「側頭葉」は，話す，聞く，書く，読む，など言葉を分析し意味を統合し，計算や論理的に考える思考の土台作りに関与する。聴覚記憶を司り，人と話した内容を短期間覚えることができる短期記憶を担う。

　「後頭葉」は，4つの脳葉の中で最も小さく，視覚や色彩の認識，処理に関わる。具体的には以下のとおりである。目で見た情報をそのまま受け取る機能であり，情報を色，形，明るさ，動き，模様，位置などの面から分析する。そのため，自分の視界に入ってくる映像を全般的にとらえることができる。また，視界から入った情報すべてを認識しているのではなく，自分に必要な視覚情報を選択する。

（3）高次脳機能障害とはどのような障害なのか

　高次脳機能障害とは，病気（脳血管障害，脳炎，脳症など）や事故（交通事故，

第12章　高次脳機能障害のアセスメントと支援

表 12-1　高次脳機能障害の定義

	定　義	出　所
厚生労働省（国） （高次脳機能診断基準）	「高次脳機能障害」という用語は，学術用語としては，脳損傷に起因する認知障害全般を指し，この中にはいわゆる巣症状としての失語・失行・失認のほか記憶障害，注意障害，遂行機能障害，社会的行動障害などが含まれる。	国立身体障害者リハビリテーションセンターホームページより引用（http://www.rehab.go.jp/ri/brain/handankizyun.html）

スポーツ事故，転倒など）が原因で脳を損傷し後遺症として現れる障害である。2004年，厚生労働省によって行政上の診断名として高次脳機能障害の定義が明確に示された。主要な高次脳機能障害の診断基準を表 12-1 に示す。

　高次脳機能障害が周囲から理解されにくい理由として，脳機能の障害が医学的にはわかりやすい病態であっても，一般の人には想像できにくく，実感がわかない症状であることが挙げられる。日常生活で意識しないで実行できている基本的な機能（注意する，記憶する，計画を立てて実行する，他者とコミュニケーションをもつ，暗黙の了解など）が，ある日突然の事故や病気の後遺症として障害されるため，本人はもとより家族，周囲の人が理解できにくいのは当然ともいえる。さらに，症状が，発達障害，精神障害，認知症，と類似していることもあるため，誤って診断されることもある。

2　高次脳機能障害のアセスメント

　高次脳機能障害のアセスメントには，脳画像診断と神経心理学的検査が必要である。

①　医学的診断

　　高次脳機能障害は，脳血管障害，脳外傷，低酸素脳症，脳炎などが原因で脳に生じた損傷が引き起こす障害であるため，医学的診断が必要である。診断は CT（放射線による脳の断層撮影）や MRI（磁気による脳の断層撮影）などにより脳の損傷部位を確認する。さらに，急性期の意識障害の有無を確認する。しかし，脳画像で抽出困難な脳損傷や意識障害の確認が困難な

227

第Ⅱ部　認知発達のアセスメントと支援

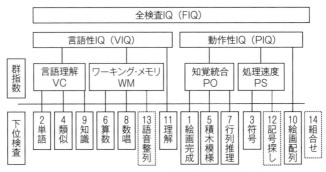

図 12-2　WAIS-Ⅲ 知能検査の概要

場合もある。最近では，意識障害があったかどうかはっきりしない人や脳震盪を起こした人にも高次脳機能障害が残存する場合もあるとの報告がある。高次脳機能障害の診断は，①画像所見，②急性期の意識障害の確認，の後に行う。

② 神経心理学的検査

高次脳機能障害の認知機能の評価をするために神経心理学的検査を実施する。神経心理学的検査では，知的機能，注意機能，記憶機能，遂行機能を測定する。以下では，具体的な検査法について紹介する。

（1）WAIS-Ⅲ 成人知能検査（ウェクスラー成人知能検査第 3 版：Wechsler Adult Intelligence Scale）

図 12-2 に WAIS-Ⅲ 知能検査の概要を示す。WAIS-Ⅲ 成人知能検査の適用年齢は広く 16〜89 歳である。構成は，全検査 IQ，言語性 IQ，動作性 IQ，群指数で成る。全検査 IQ は被検者の一般的知的水準，言語性 IQ は言語処理能力，動作性 IQ は視覚情報処理能力を意味する。群指数は，「言語理解」「ワーキング・メモリ」「知覚統合」「処理速度」の 4 つで構成概念的妥当性は高い。WAIS-Ⅲ の解釈には 5 つのステップが示されるが，通常はステップⅠ（全体的知的水準の把握），Ⅱ（指数による解釈），Ⅴ（「符号」と「数唱」の精査）で解釈する。

228

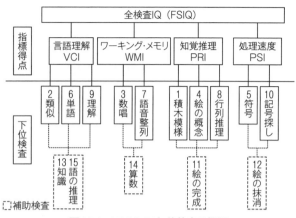

図 12-3　WISC-IV 知能検査の概要

（2）WISC-IV（ウェクスラー児童用知能検査第4版：Wechsler Intelligence Scale for Children）

図 12-3 に WISC-IV 知能検査の概要を示す。WISC-IV の適用年齢は5〜16歳である。構成は15の下位検査（基本検査10，補助検査5）から成り，実施時間も以前の版と比べ短縮された。流動性知能を反映する課題となり，結晶性知能との得点差を観察・測定できるようになった。ワーキング・メモリ要因と処理速度要因の統合性も明確になり，全検査 IQ（FSIQ）算出への寄与も高くなった。「言語理解」と「知覚推理」を構成する6つの下位検査（「類似」「単語」「知識」「積木模様」「行列推理」「絵の完成」）は，一般知能指標（言語理解力，言語推理力）となり一般精神能力の指標としても有用である。FSIQ，言語理解指標，知覚推理指標，ワーキング・メモリ指標，処理速度指標は合成得点で示される。各合成得点は，平均100，標準偏差値15となる。

（3）CAT（標準注意検査法：Clinical Assessment for Attention）

高次脳機能障害学会が作成した注意機能検査。注意機能を総合的に評価する検査。それぞれの検査項目における年齢標準化値がある。①スパン（数唱，視覚性スパン），②末梢検出課題（視覚性，聴覚性），③SDMT（符号さがし），④

第Ⅱ部　認知発達のアセスメントと支援

記憶更新検査，⑤PASAT（聴覚性記銘），⑥上中下検査（同時処理，変換），⑦CPT（行為の持続）の下位検査があり，それぞれを単独でも使用可能である。

（4）WMS-R（ウェクスラー記憶検査：Wechsler Memory Scale-Revised）

　2001年に日本版WMS-Rが刊行され現在まで使用されている。記憶障害は，一般的にはエピソード記憶の障害，つまり，最近個人が経験したエピソードの想起，あるいは新しい情報の学習が困難であることを意味する。WMS-Rは，ワーキング・メモリ，エピソード記憶の測定が中心であり，展望記憶，手続き記憶，意味記憶は含まれない。WMS-Rは，5つの記憶の側面から記憶障害を測る記憶検査である。13の下位項目（9つの検査課題と4つの遅延再生課題）から構成され，適用年齢の範囲は16〜74歳である。対象者の年齢に応じて，平均が100，標準偏差が15となるように標準化されている。

　5つの記憶の側面とは，「言語性記憶」「視覚性記憶」「一般的記憶」「注意／集中」「遅延再生」であり，それぞれの指標で評価する。9つの検査課題は，「情報と見当識」「精神統制」「図形の記憶」「論理的記憶Ⅰ」「視覚性対連合Ⅰ」「言語性対連合Ⅰ」「視覚性再生Ⅰ」「数唱」「視覚性記憶範囲」である。遅延再生課題は30分以上経過後に実施する「論理的記憶Ⅱ」「視覚性対連合Ⅱ」「言語性対連合Ⅱ」「視覚性再生Ⅱ」である。「言語性記憶」では，物語の記憶によりエピソードの流れや細部がとらえられるか，有関・無関係対語の記憶によりワーキング・メモリが作動できているかによって聴覚性記憶を測る。

　「視覚性記憶」では，図形の記憶・再生により形の記憶が可能か，色と形の対の記憶が可能か，により視覚性記憶を測る。「一般的記憶」では，「言語性記憶」と「視覚性記憶」を統合した指標により測る。「注意／集中」では，数唱やタッピングによりワーキング・メモリを測る。「遅延再生」では，4つの指標課題により30分以上経過後の想起力を測る。WMS-Rは軽度の記憶障害を有しつつ社会復帰を目指す人々には必須の検査である。目指す職業によっては，記憶障害の特徴を把握し，病態認識を高めるリハビリテーションが必要となり，代償手段の活用の訓練や職場環境の調整が必須となるからである。

（5）RBMT（リバーミード行動記憶検査：Rivermead Behavioral Memory Test）

　RBMT は，1985年にウィルソン（Wilson, B.）により開発された日常記憶検査で，日常生活において記憶障害者が直面する問題はどこにあるか，その問題はどのような記憶障害から起こるのか，どの程度の記憶障害であるかなど，日常記憶の評価を可能にした。RBMT は 3 分の 1 が展望記憶課題である。

　展望記憶とは「これから何をするかという予定を記憶する」ことであり，将来に向かっての記憶である。たとえば，人との待ち合わせの日時，場所，目的を記憶することであり，生活に密接に関わる。仕事や友人との大事な約束を忘れるなど，計画を立てても実行できない人は，約束をきちんと守れず，周囲の人たちからの信頼を失ってしまう。例を挙げると，「9 時に電話をかける」という未来を保持し，適切なタイミングで自発的に想起することが求められる。この自発的に想起することが展望記憶の特徴の 1 つである。展望記憶が低下すると社会生活に支障を来しやすい。RBMT は 9 つの下位検査（「姓名の記憶」「持ち物の記憶」「約束の記憶」「絵カードの記憶」「物語の記憶」「顔写真の記憶」「道順の記憶」「用件の記憶」「見当識」）から成る日常記憶を測る検査であり，適用年齢の範囲は成人である。標準プロフィール点により，日常生活の自立度が具体的に把握できることが特徴である。年齢によるカットオフ値が設定されている。実施時間は30分程度と簡便である。

（6）BADS（遂行機能障害症候群の行動検査）

　脳損傷後の日常生活や就労などで壁に突き当たるときの多くが遂行機能の問題である。日常生活や社会生活において，何かの問題に遭遇したとき，それを解決していくためには，①解決のための目標を設定する，②目標を達成するために計画を立てる，③不必要な行動を排除した効率的な行動をする，④計画を実行する，の 4 つの段階が必要である。①②は論理的思考，③④は実行力（行動力）が必要であり，思考と行動の制御には前頭葉背外側が関与する。1996年，ウィルソンは知能指数（IQ），注意検査，記憶検査では判別されにくい計画性

第Ⅱ部　認知発達のアセスメントと支援

や常識的判断など，クライエント本人の問題を見つけるために，遂行機能障害症候群の行動評価として，BADS（Behavioral Assessment of the Dysfunction Syndrome）を開発し，日本では2003年に刊行された。成人対象の検査であり，カードや道具を使った6種類の検査と1つの質問紙から構成される。各下位検査は0～4点で評価され，全体の評価は各下位検査の評価点合計（24点満点）で総プロフィール得点を算出する。総プロフィール得点は平均値100，標準偏差15の標準化得点で示され，40歳以下，41～65歳，66～80歳の3段階で年齢補正した標準化得点に換算される。結果は，「きわめて優秀」「優秀」「平均上」「平均」「平均下」「境界域」「障害あり」の7段階で評価される。問題がやや平易なため「きわめて優秀」「優秀」と判定されることが就労可能要件（職種による）と考える方がよいかもしれない。

3　高次脳機能障害にみられる症状

　従来，医学の分野では，高次脳機能障害の原因の大半が脳血管障害（脳梗塞・脳出血・くも膜下出血）であり，局在的疾患（その機能が関わる脳の一部が損傷されると必ず現れる病態）が多いことから，失語症・失行症・失認症を中心に論じられてきた。そうした中，2004年，厚生労働省の高次脳機能障害診断基準に脳外傷，脳炎，脳症などによる後遺症が認められたことによって，あらたに注意障害，記憶障害，遂行機能障害，社会的行動障害が認定された。以下，それぞれの障害を確認する。

（1）失語症

　失語症とは，話す，聞く，読む，書くなどの言語機能が，脳が損傷されたためにうまく働かなくなった状態をいう。具体的には，相手が言っていることは理解できるが，自分が言いたいことが言えない運動性言語障害（ブローカ失語），相手の言っていることが理解できず，自分が言いたいことを言ってしまう感覚性言語障害（ウェルニッケ失語），字が読めない，文字が書けない，などの症状をいう。

232

（2）失行症

失行症とは，指示された内容や行動の意味を理解しているが，その動作ができない状態をいう。頭頂葉の損傷により，明らかな運動麻痺や感覚障害がないにもかかわらず，はさみが使えない，お茶を入れられない，はみがきの仕方がわからない，ブラシを使って髪をとかせない，メガネがかけられない，たばこにライターで火をつけられない，などの症状が出現する。どちらかの手で，あるいは，両方の手で道具を使う行為ができなくなることをいう。

（3）失認症

視覚，聴覚，触覚に問題がないにもかかわらず，対象を認識できない症状を**失認症**という。それぞれ，視覚失認，聴覚失認，触覚失認といわれるが，視覚失認が多く出現する。視覚失認は，後頭葉，頭頂葉の損傷により出現する。物は見えているのに，それが何であるかわからないというのは，見せられた物を1つのまとまった形としてとらえられない統覚型失認，1つのまとまった形はとらえられるが，意味と結びつかない連合型失認がある。統覚型失認は，物についての知識もあり，物の名前を言われたり（聴覚理解），触ったり（触覚理解）すればその名称がわかる。連合型失認は，物についての知識もあり，物の名前を言われたり（聴覚理解），触ったり（触覚理解）すれば，その形態はわかるが意味と結びつかない。しかし，意味と結びつかない。

（4）注意障害

注意障害とは，様々な状況や刺激に対して，自分に必要な刺激や情報を選択できる機能の障害である。注意には主に4つの機能がある。それらは，①注意の持続（1つのことに集中してある一定の時間持続できる力・続けられる力），②選択性注意（多くの情報の中から必要な情報を選ぶ力・見つけられる力），③注意の同時処理（一度に2つ以上のことに注意を向けられる力・同時に2つのことを処理できる力），④注意の転換（次にすることに注意を変換できる力・変えられる力）である。①が障害されると，ずっと同じ課題がこなせない，すぐあきらめる，

第Ⅱ部　認知発達のアセスメントと支援

すぐやめる，などが現れる。②が障害されると，必要以外の刺激に反応し関係ないことに引き込まれる，必要な物がなかなか見つからない，などが現れる。③が障害されると，同時に２つのことを処理できない，などが現れる。④が障害されると，１つの課題に集中できても，他のことができない，などが現れる。注意機能は高次脳機能の基盤となる機能であり，この機能が障害されると，ワーキング・メモリ，知覚推理，処理速度，遂行機能に影響しうまく機能できない状態となる。

（5）記憶障害

　記憶とは，今見たり聞いたりしたことを覚えたり（記銘），覚え続けていたり（保持），必要なときに思い出す（想起）ことである。記憶には，①見当識（日時，場所，人の名前，時間感覚），②エピソード記憶（日々の出来事の経験の記憶），③意味記憶（知識，言葉の意味，教科書的事実，法則など），④手続き記憶（繰り返し練習して身につけたスキル），⑤展望記憶（未来の記憶，約束など），⑥ワーキング・メモリ（言語や視覚情報を一時的に保持して物事を判断したり，実行したりするために使われる記憶）がある。受傷・発症後の出来事の記憶が覚えられない障害を前向健忘という。また，受傷・発症前の出来事の記憶が思い出せない障害を逆向健忘という。**記憶障害**の人の中には，健忘があっても自覚できない人が多く，本人は困っていなくても，周りの人や家族が困ることがある。病態認識へのアプローチも重要な支援である。

（6）遂行機能障害

　遂行機能障害とは，自分で立てた目標に対して効率的な計画をし，計画どおりに実行する一連の行為の過程がうまくできない障害である。具体的には，自分で目標を立てられない，目標は立てても計画が立てられない，計画はできるが効率性に欠ける，実行できるが計画どおりではない，などの障害である。遂行機能のどの部分に障害があるかを査定し，具体的な計画の立案，実施するリストの作成，具体的な実施を細分化して実施する，などの支援が必要となる。計画はできても，実行すると予測しないことが起こる可能性もあるため，その

第12章　高次脳機能障害のアセスメントと支援

ようなときにパニックになったり，行動が止まったりしないように，事前に対処の仕方を練習し習慣づけることも必要となる。

（7）社会的行動障害

　社会的行動障害とは，感情と行動の障害である。脱抑制，易怒性，自発性の低下，意欲低下，抑うつなどの精神症状と暴言，暴力行為などが出現する。家族や他人にも影響が及ぶことが多く，周りの人にとっての問題となり家族との生活を困難にする。脱抑制とは，日常生活や社会生活の中で我慢ができなくなる状態をいう。少し気に障ることを言われたときに「キレ」て怒りが爆発したり，暴力行為が出現したりするため周りの人にとっての迷惑は深刻である。物事をあまり考えられずに短絡的に反応的に行動していることが多い。深呼吸，その場から離れる，話題を変えて注意を転換させる，などの対応や「待つ」などの訓練が必要となる。

4　高次脳機能障害への支援

　高次脳機能障害に対して心理士が行う支援の対象として，①病態認識，②注意障害，③記憶障害，④遂行機能障害，⑤社会的行動障害，⑥心理適応・心理回復，⑦家族の心理教育，が挙げられる。

（1）病態認識への支援

　高次脳機能障害の中で，前頭葉に損傷を負った人は自分の障害に気づいていないことがよくある。脳に損傷を負う以前と何も変わっていないと思っていることが多い。そのために，必要なリハビリを拒否したり，すぐに復職できると思っていたり，自動車の運転も以前と同じようにできると思っていることが多い。身体に麻痺がある，言葉がうまく話せない，など自覚しやすい障害とは異なり，注意障害，記憶障害，遂行機能障害，社会的行動障害は目に見えない障害であるため自覚しにくい。それぞれの障害のリハビリを実施しながら実際の状況に気づいてもらうアプローチが必要となる。たとえば，注意障害には，注

235

第Ⅱ部　認知発達のアセスメントと支援

意機能訓練を通して自分の見通し（「簡単だからすぐ終わる」など）を言ってもらい，実施後自分で成否のチェックをし，最初の見通しとの違いについてどう思うか（「思っていたより間違いが多い」など）で確認するプロセスが必要となる。自信を失わないように配慮した言動や対応とともに，回復を目指す意欲を支えることが必要となる。

（2）注意障害への支援

注意検査の結果から，どの注意機能が弱くなっているかを確認し，機能回復のためのプログラムを作成し実施する。その際，趣味や本人の好みを取り入れ持続しやすい課題を選ぶ。注意障害への自覚がないため，課題に取り組むことでどの注意機能の改善を目指すのかの説明が必要となる。注意の持続がうまくできない人は，覚醒の低さや多弁，こだわり，なども認められることがあるが，覚醒レベルを上げるための声かけを入れた課題，話をうまく切り上げる技術，注意を切り替えさせる技術，が必要となる。

周囲の人や物にすぐ反応してしまう人には，周囲の刺激の少ない静かな場所で行うなどの環境調整が必要となる。さらに，課題は中断しないように声かけをしたり，本人に声を出してもらったりしながら実行する。ゆっくりの人には少し早くする声かけを行い，性急な人には課題に入る前に手順を確認させてから行う。

（3）記憶障害への支援

記憶検査の結果から，どの記憶機能が弱くなっているかを確認し，機能回復のためのプログラムを作成し実施するが，記憶力の改善は難しい場合も多いため，何らかの代償手段を活用し記憶力の低下を補う方法の習得が必要となる。覚えていないことはその人の中に記憶がないことでもあるため，他者から指摘されても「そうでしたか」と言うものの困っていないことが多い。記憶機能回復のためのプログラムとして同じことを繰り返す反復訓練，イメージに置き換える訓練などの方法があるが，この訓練は「自分の記憶力は弱くなっている」ことを自覚させる意味もある。エラーを少なくするために誤りなし学習（エラ

236

レスラーニング）（誤りをさせない学習法）により，正しい答えを教え，間違いを減少させる方法が効果的とされる。記憶障害の認識が回復してくると，自信をなくし不安になることがある。以前より回復している事実を提示し安心してもらうなどの心理的アプローチも重要となる。

（4）遂行機能障害への支援

遂行機能検査の結果から，遂行機能のどこに問題があるかを確認し，機能回復のためのプログラムを作成し実施する。本人の行動を観察し，目標を明確にする，目標を達成するための具体的な計画を立てる，計画どおりに実行する，実行は効率的であるか，のチェックリストを作成し，本人と一緒に具体的な計画を作成する。遂行機能障害は同時処理がうまくいかないため，確実に一つひとつできるように計画することが必要である。実際場面では，計画にはない予測できないことが起こることもあり，その場合にパニックにならないための方法を身につけるための訓練も必要となる。遂行機能への直接訓練としては，トロントの塔課題，レーヴン漸進的マトリックス課題，トランプ分類課題，積木の完成，要点をまとめる，1日のスケジュール作成，特定の情報をパソコンを使って調べる，などを実施し，見通し，注意の転換，柔軟思考の改善を目指すことも必要である。その際，手順を声に出して実行させる自己教示法も有効である。遂行機能障害は前頭葉損傷により起こる障害なので，疲れやすい（易疲労性・神経疲労）ため，休みをこまめにとりながら進める配慮も必要である。

（5）社会的行動障害への支援

社会的行動障害は前頭葉に損傷を負った場合に起こる障害なので，いったん抑制がきかない感情を出力してしまうと抑えられなくなる。このため不適応行動を起こさせないような周りの刺激の調整が必要となる。どのような刺激で怒るのか（言動，態度など）の情報収集をする。収集した情報をもとに，話題を変えるなど注意を転換させることをしたり，別の部屋で1人にする，好きな音楽をイヤホンで聞かせる，深呼吸させる，などのその人に合った対処法を探す。怒っているとき，誤解して感情的になっているときに説得することは無効であ

第Ⅱ部　認知発達のアセスメントと支援

るため，隔離することで自分がとった行動はよくないことであると学習させることが必要となる。グループ療法によって自分の行動に気づく訓練をすることで，人とうまくつきあいたい気持ちを支持し，グループの中でポジティブにフィードバックすることで安心できる関係を築き，自信を回復するきっかけをつくる。仲間がいることでホッとする場の提供となるためグループのもつ意味は大きい。グループの中で自分の失敗を語り，お互いに失敗から学ぶ交流を通して，社会的スキルを再学習する機会となる。行動や環境の構造化により，わかりやすくする工夫をし，うまくいくための工夫（道具の利用・社会的スキル・代償手段）を明確にし，適応的な行動を増加させるために，自らが自分らしい対処法を使えるようになるプロセスを支援することが必要となる。

（6）心理適応・心理回復のための支援

　ある日突然の事故や病気により人生の不測の事態（高次脳機能障害）が起こり，その障害により，様々な機能や能力を失ったことを受けとめなくてはならないときがくる人もいる。自分ではちゃんとやったつもりでもミスが多くなった，覚えていないことが増えた，仕事の手順がうまくいかない，イライラしてすぐ怒るようになった，など，病態の認識が改善してくると，社会的に仕事を失った，学校にもどっても勉強についていけなくなった，家庭内での母親，父親としての役割を失った，という社会的喪失など対象喪失が幾重にも重なるようになり，自分の障害への心理適応がうまくできないということが生じる。家族，周りの人と本人との現実検討にズレが生じるための混乱も起こる。不安から抑うつ状態になり，睡眠障害や食欲減退などの症状が出現し，精神科医への受診が必要な場合，抗うつ薬が奏功することもある。受容的な態度でゆっくり話を聞き，つらい思いを語ってもらう。心の理解者を得ることでリハビリへの意欲が回復してくると考えられる。

（7）家族の心理教育への支援

　心理適応・心理回復は本人のみならず，家族にとっても必要である。まずは，家族に高次脳機能障害とはどのような障害であるかを理解してもらう機会を提

第12章　高次脳機能障害のアセスメントと支援

供する。家族教室を開き，家族が学ぶ場と家族の心理的回復を担う場をつくる。家族教室では，障害により本人に起こっていることを理解する，障害前との違いを受けとめる，うまくできたことをほめる，本人の頑張りを認める言葉かけをする，家族も自分の人生を生きる，ことができるように支援する。そのために，家族教室では，家族の大変さ，どうにもならない，どうしていいかわからない，という不安感を受けとめ，できることがある，これでいい，大丈夫，と思えることで精神的健康度（元気になる）を取り戻すために，グループディスカッションによる支援を行う。グループディスカッションでは，思いを共有する，視点を変える，対処法を見つける，をファシリテートする。家族の心理適応が回復してきたら，家族は高次脳機能障害を知らない周りの人に伝えるメッセンジャーも担う。本人にとってよい環境づくりをすることは家族の心理回復にもつながる。

（中島恵子）

文　献

第 1 章

浅田　稔.（2009）. 認知発達ロボティクスによる身体・脳・心の理解と設計の試み. 心
　　理学評論, **52**, 5-19.

浅田　稔.（2010）. ロボットという思想：脳と知能の謎に挑む. 日本放送出版協会.

Baron-Cohen, S.（1997）. 自閉症とマインドブラインドネス（長野　敬・長畑正道・今
　　野義孝, 訳）. 青土社.（Baron-Cohen, S.（1995）. *Mindblindness: An essay on*
　　autism and theory of mind. MIT Press.）

Bjorklund, D., & Pellegrini, A.（2008）. 進化発達心理学：ヒトの本性の起源（無藤　隆,
　　監訳　松井愛奈・松井由佳, 訳）. 東京：新曜社.（Bjorklund, D., & Pellegrini, A.
　　（2002）. *The origins of human nature: Evolutionary developmental psychology*.
　　APA.）

Cosmides, L., & Tooby, J.（1987）. From evolution behavior: Evolutional psychology as
　　the missing link. In J. Dupre（Ed.）, *The latest on the best essays on evolution and*
　　optimality（pp. 277-306）. Cambridge, MA: MIT Press.

Cosmides, L., & Tooby, J.（1992）. Cognitive adaptations for social exchange. In J. H.
　　Barkow, L. Cosmides, & J. Tooby（Eds.）, *The adapted mind: Evolutional psychology*
　　and generation of culture（pp. 163-228）. New York: Oxford University Press.

Frith, U., & Frith, C. D.（2003）. メンタライジング（心の理論）の発達とその神経基盤
　　（金田みずき・苧阪直行, 訳）. 苧阪直行（編）, 成長し衰退する脳：神経発達学と
　　神経加齢学（pp. 1-48）. 東京：新曜社.（Frith, U., & Frith, C. D.（2003）.
　　Development and neurophysiology of mentalizing. Philosophical translations of the
　　Royl Society of London, B, 358. 459-473.）

藤原広臨・村井俊哉.（2015）. 統合失調症の社会的認知の障害：脳画像研究の観点. 日
　　本発達心理学会（編）榊原洋一・米田英嗣（責任編集）, 発達科学ハンドブック 8
　　脳の発達科学（pp. 237-245）. 東京：新曜社.

Gardner, H.（1987）. 認知革命：知の科学の誕生と展開（佐伯　胖・海保博之, 監訳）.
　　東京：産業図書.（Gardner, H.（1985）. *The mind's new science: A histry of the*
　　cognitive evolution. New York: Basic Books Inc.）

長谷川寿一・長谷川眞理子.（2000）. 進化と人間行動. 東京：東京大学出版会.

長谷川眞理子.（2002）. 生き物をめぐる 4 つの「なぜ」. 東京：集英社.

樋口貴広・森岡　周.（2008）. 身体運動学. 東京：三輪書店.

平石　界.（2015）. 進化と発達：生活史と向社会性の進化を中心に. 児童心理学の進歩,
　　51, 1-23.

Huttenlocher, P. R. (1990). Morphometric study of humen cerebral cortex development. *Neuropsychologia*, **28**, 517-527.

Huttenlocher, P. R. (1994). Synaptogenesis, synapse elimination, and neural plasticity in human cerebral cortex: Threats to optimal development. In C. A. Nelson (Ed.), *The Minnesota Symposia on Child Psychology*, **27**, 35-54.

Johnson, M. H. with Haan, M. (2014). 発達認知神経科学 原著第3版（鹿取廣人・鳥居修晃，監訳 鹿取廣人・鳥居修晃・望月登志子・岡田 隆，訳）．東京：東京大学出版会．(Johnson, M. H. with Haan, M. (2011). *Developmental cognitive neuroscience, The third edition*. Wiley-Blackwell.)

内藤美加．(2007)．心の理論研究の現状と今後の展望．児童心理学の進歩，**46**，2-37.

中村徳子．(2013)．霊長類学の考え方．日本発達心理学会（編）田島信元・南　徹弘（責任編集），発達科学ハンドブック1　発達心理学と隣接領域の理論・方法論（pp. 204-218）．東京：新曜社．

根ヶ山光一・柏木惠子（編著）．(2010)．ヒトの子育ての進化と文化：アロマザリングの役割を考える．東京：有斐閣．

落合正行．(2005)．発達初期における認知，言語と脳の発達的関連（レクチャーシリーズ脳科学6）．人工知能学会誌，**20**(6)，731-738.

落合正行・石王敦子．(2006)．発達初期の言語・認知機能に関する脳の可塑性を規定する要因の検討．追手門学院大学人間学部紀要，**20**，13-37.

落合正行・石王敦子．(2016)．認知発達理論の変遷．矢野喜夫・岩田純一・落合正行（編著），認知発達研究の理論と方法：「私」の研究テーマとそのデザイン（pp. 3-22）．東京：金子書房．

Piaget, J. (1952). 知能の心理学（波多野完治・滝沢武久，訳）．東京：みすず書房．(Piaget, J. (1952). *Psychologie de l'intelligence*.)

Premack, D., & Premack, A. (2005). 心の発生と進化（長谷川寿一，監訳　鈴木光太郎，訳）．東京：新曜社．(Premack, D., & Premack, A. (2003). *Original intelligence: Unlocking the mystery of who we are*. New York: The McGraw-Hill Companiers, Inc.)

Premack, D., & Woodruff, G. (1978). Does the chimpanzee have a theory of mind? *Behavioral and Brain Sience*, **4**, 515-526.

理化学研究所脳科学総合研究センター（編）．(2011)．脳科学の教科書 神経編．東京：岩波書店．

田邊宏樹．(2015)．機能イメージング．日本発達心理学会（編）榊原洋一・米田英嗣（責任編集），発達科学ハンドブック8　脳の発達科学（pp. 76-85）．東京：新曜社．

千住　淳．(2010)．自閉症スペクトラムとは何か：ひとの「関わり」の謎に挑む．東京：筑摩書房．

文　献

Tenenbaum, J. B., Kemp, C., Griffiths, T. L., & Goodman, N. D. (2011). How to grow a mind: Statistics, structure, and abstraction. *Science*, **331**, 1279-1285.

寺津悠理・渡辺　茂. (2009). 倫理的に振る舞う脳：moral judgement のしくみ. 岩田誠・河村　満（編）, 脳とソシアル 社会活動と脳：行動の原点を探るⅢ　理性と感情の神経学 4 (pp. 175-189). 東京：医学書院.

Wellman, H. M. (1990). *The child's theory of mind*. MIT Press.

米田英嗣. (2015). 自閉症スペクトラム障害（自閉スペクトラム症）. 日本発達心理学会（編）榊原洋一・米田英嗣（責任編集）, 発達科学ハンドブック 8　脳の発達科学 (pp. 268-275). 東京：新曜社.

第 2 章

American Psychiatric Association. (2014). 　DSM-5精神疾患の診断・統計マニュアル（高橋三郎・大野　裕, 監訳　染矢俊幸・神庭重信・尾崎紀夫・三村　將・村井俊哉, 訳）. 東京：医学書院.

Baltes, P. B., & Staudinger, U. S. (2000). Wisdom: A metaheuristic (pragmatic) to orchestrate mind and virtue toward excellence. *American Psychologist*, **55**, 122-136.

Cattell, R. B. (1963). Theory of fluid and crystallized intelligence: A critical experiment. *Journal of Educational Psychology*, **54**, 1-22.

Charness, N., & Bosman, E. A. (1992). Human factors and age. In F. I. M. Craik, & T. A. Salthouse (Eds.), *The handbook of aging and cognition* (pp. 495-551). Hillsdale, NJ: Lawrence Erlbaum Associates.

Gardner H. (1983). *Frames of mind: The theory of multiple intelligences*. New York: Basic Books.

Gardner, H. (1993). *Multiple intelligences: The theory in practice*. New York: Basic Books.

Goswami, U. (Ed.). (2010). *The Wiley-Blackwell handbook of childhood cognitive development, 2nd Edition*. Oxford, UK: Blackwell Publishing Ltd.

堀田あけみ. (2007). 発達障害だって大丈夫：自閉症の子を育てる幸せ. 東京：河出書房新社.

子安増生. (1999). 幼児期の他者理解の発達：心のモジュール説による心理学的検討. 京都：京都大学学術出版会.

文部科学省　特別支援教育について http://www.mext.go.jp/a_menu/shotou/tokubetu/main.htm (2017.6.11)

Piaget, J. (1970). *L'épistémoloqie génétique*. Paris: Presses Universitaires de France. (Piaget, J. (1972). 　発生的認識論（滝沢武久, 訳）. 東京：白水社.)

Piaget, J. (1972). Intellectual evolution from adolescence to adulthood. *Human*

243

Development, **15**, 1-12.

Piaget, J., & Inhelder, B. (1966). *La psychologie de l'enfant*. Paris: Presses Universitaires de France. (Piaget, J., & Inhelder, B. (1969). 新しい児童心理学 (波多野完治・須賀哲夫・周郷　博，訳). 東京：白水社.

第3章

Bornstein, M. H. (1975). The Influence of visual perception on culture. *American Anthropologist*, **77**(4), 774-798.

Dannemiller, J. L., & Hanko, S. A. (1987). A test of Color constancy in 4-month-old human infants. *Journal of Experimental Child Psychology*, **44**, 255-267.

Erhardt, R. P. (1990). *Developmental Visual dysfunction: Models for assessment and management*. Tucson, AZ: Therapy Skill Builders.

Fantz, R. L. (1963). Pattern vision in newborn infants. *Science*, **140**, 296-297.

Ghim, H. R. (1990). Evidence for perceptual organization in infants: Perception of subjective contours by young infants. *Infant Behavior and Development*, **13**, 221-248.

Gibson, E. J., & Walk, R. (1960). The visual cliff. *Scientific American*, **202**, 64-71.

Gilchrist, A. L. (1977). Perceived lightness depends on perceived spatial arrangement. *Science*, **195**, 185-187.

Gilchrist, A. L. (1980). When does perceived lightness depend on perceived spatial arrangement? *Perception & Psychophysics*, **28**(6), 527-538.

Harlow, H. F. (1958). The Nature of Love. *American Psychologist*, **13**, 673-685.

Hart, R. A., & Moore, G. T. (1973). The development of spatial cognition: A review. In R. D. Downs & B. Stea (Eds.), *Image and Environment, Cognitive mapping and spatial behavior* (pp. 246-288). Chicago: Aldine Publishing Company.

Kravitz, D. J., Saleem, K. S., Baker, C. I., & Mishkin, M. (2011). A new neural framework for visuospatial processing. *Nature Reviews Neuroscience*, **12**(4), 217-230.

Liem, D. G., & Mennella, J. A. (2002). Sweet and sour preferences during childhood: role of early experiences. *Developmental Psychobiology*, **41**, 388-395.

Rolls, E. T, & Baylis, L. L. (1994). Gustatory, olfactory, and visual convergence within the primate orbitofrontal cortex. *Journal of Neuroscience*, **14**, 5437-5452.

坂井信之・石原裕子・斉藤幸子. (2002). ニオイによる味覚増強効果はニオイに対する味覚イメージの影響を受ける. 日本味と匂学会誌, **9**, 423-426.

Shemyakin, F. N. (1962). Orientaion in space. In B. G. Anayev et al. (Eds.), *Psychological Science in the U. S. S. R.* vol. 1. (pp. 186-255). Office of Technical Services.

Slater, A., & Morison, V. (1985). Shape constancy and slant perception at birth.

文　献

Perception, **14**(3), 337-344.

Slater, A., Mattock, A., & Brown, E. (1990). Size constancy at birth: newborn infants' responses to retinal and real size. *Journal of Experimental Child Psychology*, **49**(2), 314-322.

Sugita, Y. (2004). Experience in early infancy is indispensable for color perception. *Current Biology*, **14**(14), 1267-1271.

Wallach, H. (1948). Brightness constancy and the nature of achromatic colors. *Journal of Experimental Psychology*, **38**, 310-324.

渡部雅之. (2013). 空間知覚. 日本発達心理学会（編），発達心理学事典（pp. 32-33）. 東京：丸善出版.

White, R. L., Castle, P., & Held, R. (1964). Observations on the development of visually directed reaching. *Child Development*, **35**, 349-364.

山口真美・金沢　創（2008）. 赤ちゃんの視覚と心の発達. 東京：東京大学出版会.

第4章

Alloway, T. P., & Alloway, G. R. (2015). *Understanding working memory* (2nd ed.). L. A.: SAGE.

Atkinson, R. C., & Shiffrin, R. M. (1968). Human memory: A proposed system and its control processes. In K. W. Spence, & J. T. Spence (Eds.), *The psychology of learning and motivation* (*Vol. 2*) (pp. 89-195). New York: Academic Press.

Baddeley, A. D. (1986). *Working memory*. New York: Oxford University Press.

Baddeley, A. D. (2012). Working Memory: Theories, Models, and Controversies. *Annual Review of Psychology*, **63**, 1-29.

Baddeley, A. D., & Hitch, G. (1974). Working memory. In G. H. Bower (Ed.), *The psychology of learning and motivation* (*Vol. 8*) (pp. 47-89). New York: Academic Press.

Baltes, P. B., & Smith, J. (1990). Toward a psychology of wisdom and its ontogenesis. In R. J. Sternberg (Ed.), *Wisdom: Its nature, origins, and development* (pp. 87-120). New York: Cambridge University Press.

Baltes, P. B., & Staudinger, U. M. (2000). Wisdom: A metaheuristic (pragmatic) to orchestrate mind and virtue toward excellence. *American Psychologist*, **55**, 122-136.

Bartlett, F. C. (1983). 想起の心理学（宇津木保・辻　正三，訳）. 東京：誠信書房. (Bartlett, F. C. (1932). *Remembering: A study in experimental and social psychology*. New York: Cambridge University Press.)

別府　哲.（2012）. 心の理論の障害と支援. 本郷一夫（編），認知発達のアンバランスの発見とその支援（pp. 31-56）. 東京：金子書房.

Brewer, W. F. (1986). What is autobiographical memory. In D. C. Rubin (Ed.), *Autobiographical Memory*. Cambridge: Cambridge University Press.

Brown, R., & McNeill, D. (1966). The "Tip of the Tongue" phenomenon. *Journal of Verbal Learning & Verbal Behavior*, **5**, 325-337.

Case, R. (1972). Validation of neo-Piagetian capacity construct. *Journal of Experimental Child Psychology*, **14**.

Carmichael, L., Hogan, H. P., & Walter, A. A. (1932). An experimental study of the effect of language on the reproduction of visually perceived form. *Journal of Experimental Psychology*, **15**, 73-86.

Carroll, J. B. (1993). *Human cognitive abilities: A survey of factor-analytical studies*. New York: Cambridge University Press.

Cohen, G. (1992). 日常記憶の心理学（川口　潤・浮田　潤・井上　毅・清水寛之・山祐嗣, 訳). 東京：サイエンス社. (Cohen, G. (1989). *Memory in the real world*. Mahwah, N. J: Lawrence Erlbaum.)

Collins, A. M., & Quillian, M. R. (1969). Retrieval time from semantic memory. *Journal of verbal learning and verbal behavior*, **8**, 240-247.

Damasio, A. R. (2003). 無意識の脳自己意識の脳：身体と情動と感情の神秘（田中三彦, 訳). 東京：講談社. (Damasio, A. R. (1999). *The feeling of what happens: Body and emotion in the making of consciousness*. New York: Harcourt Brace.)

Das, J. P. (1973). Structure of Cognitive Abilities: Evidence for Simultaneous and Successive Processing. *Journal of Educational Psychology*, **65**, 103-108.

De Casper, A. J., & Spence, M. J. (1986). Prenatal maternal speech influences newborns perception of speech sounds. *Infant Behavior and Development*, **9**, 133-150.

Dreistadt, R. (1968). An analysis of the use of analogies and metaphors in science. *The Journal of Psychology*, **68**, 97-116.

Ebbinghaus, H. (1978). 記憶について：実験心理学への貢献（宇津木保, 訳). 東京：誠信書房. (Ebbinghaus, H. (1885). *Über das Gedächtnis: Untersuchungen zur experimentellen Psychologie*. Leipzig: Verlag von Duncker & Humblot.)

Flavell, J. H., Friedrichs, A. G., & Hoyt, J. D. (1970). Developmental changes in memorization processes. *Cognitive Psychology*, **1**, 324-340.

Flavell, J. H. (1979). Metacognition and cognitive monitoring: A new area of cognitive-developmental inquiry. *American Psychologist*, **34**, 906-911.

Flynn, J. R. (1984). The mean IQ of Americans: Massive gains 1932 to 1978. *Psychological Bulletin*, **95**, 29-51.

船橋新太郎. (2005). 前頭葉の謎を解く. 京都：京都大学学術出版会.

Gardner, H. (2001). MI：個性を生かす多重知能の理論（松村暢隆, 訳). 東京：新曜社.

文　献

(Gardner, H. (1999). *Intelligence reframed: multiple intelligences for the 21st Century.* New York: Basic Books.)

Gathercole, S. E., & Alloway, T. P. (2009).　ワーキングメモリと学習指導（湯澤正通・湯澤美紀，訳）．京都：北大路書房．(Gathercole, S. E., & Alloway, T. P. (2008). *Working memory and learning: A practical guide for teachers.* London: SAGE.)

Guilford, J. P. (1967). *The nature of human intelligence.* New York: McGraw-Hill.

Horn, J. L. (1970). Organization of date on life-span development of human abilities. In L. R. Goulet, & B. Baltes (Eds.), *Life-span developmental psychology: research and theory* (pp. 423-466). New York: Academic Press.

Jansari, A., & Parkin, A. J. (1996). Things that go bump in your life: Explaining the reminiscence bump in autobiographical memory. *Psychology & Aging,* **11**, 85-91.

Kagan, J., & Kogan, N. (1970). Individual variation in cognitive processes. In P. H. Mussen (Ed.), *Carmichael's manual of child psychology* (pp. 1273-1365). New York: John Wiley & Sons.

熊谷恵子・青山真二（編）．(2000)．　長所活用型指導で子どもが変わる：認知処理様式を生かす国語・算数・作業学習の指導方略 Part2（小学校個別指導用）．東京：図書文化社．

Luria, A. R. (1966). *Higher cortical functions in man.* New York: Basic Book and Plenum Press.

McClelland, J. L., & Rumelhart, D. E. (1981). An interactive model of context effects in letter perception: Part 1. An account of basic findings. *Psychological Review,* **88**, 375-407.

McGeoch, J. A. (1932). Forgetting and the law of disuse. *Psychological Review,* **39**, 352-370.

McGrew, K. S. (2005). The Cattell-Horn-Carroll theory of cognitive abilities. In D. P. Flanagan, & P. L. Harrison (Eds.), *Contemporary intellectual assessment: Theories, test, and issues. 2nd ed* (pp. 136-181). New York: The Guilford Press.

Meacham, J. A., & Leiman, B. (1982). Remembering to perform future actions. In U. Nisserer (Ed.), *Memory observed: Remembering in natural contexts* (pp. 327-336). San Francisco: W. H. Freeman.

Meyer, D. E., & Schvaneveldt, R. W. (1971). Facilitation in recognizing pairs of words: Evidence of a dependence between retrieval operations. *Journal of Experimental Psychology,* **90**, 227-234.

Miller, P. H. (1994). Individual differences in children's strategic behaviors: Utilization deficiencies. *Learning and Individual Differences,* **6**, 285-307.

三好一英・服部　環（2010)．　海外における知能研究と CHC 理論．筑波大学心理学研

247

究, **40**, 1-7.

中島義明. (2006). 展望的記憶. 情報処理心理学 (pp. 103-117). 東京：サイエンス社.

並木 博. (1999). 加齢にともなう知能の変化. 東 清和 (編), エイジングの心理学 (pp. 31-64). 東京：早稲田大学出版部.

太田信夫. (1995). 潜在記憶. 高野陽太郎 (編), 認知心理学 2 記憶 (pp. 209-224). 東京：東京大学出版会.

太田信夫. (2008). 記憶の生涯発達心理学概観. 太田信夫・多鹿秀継 (編), 記憶の生涯発達心理学 (pp. 1-5). 京都：北大路書房.

Ohta, N. (2002). The need for a lifespan developmental approach within memory research is more urgent than ever. In P. Graf, & N. Ohta (Eds.), *Lifespan development of human memory* (pp. 3-12). Cambridge: The MIT Press.

Schrauf, R. W., & Rubin, D. C. (1998). Bilingual autobiographical memory in older adult immigrants: A test of cognitive explanations of the reminiscence bump and the linguistic encoding of memories. *Journal of Memory & Language*, **39**, 437-457.

Spearman, C. E. (1927). *The abilities of man: their nature and measurement.* London: Macmillan.

Sternberg, R. J. (1985). *Beyond IQ: A triarchic theory of human intelligence.* New York: Cambridge University Press.

Stenberg, S. (1969). The discovery of processing stages: Extensions of Donder's method. *Acta Psychologica*, **30**, 276-315.

Thurstone, L. L. (1938). *Primary mental abilities.* Chicago: University of Chicago Press.

Tipper, S. P. (1985). The negative priming effect: Inhibitory priming by ignored objects. *Quarterly Journal of Experimental Psychology*, **37**, 571-590.

Tulving, E. (1985). タルヴィングの記憶理論 (太田信夫, 訳). 東京：教育出版. (Tulving, E. (1983). *Elements of Episodic Memory.* Oxford: Oxford University Press.)

Tulving, E. (1991). 人間の複数記憶システム (太田信夫, 訳). 科学, **61**, 263-270.

湯澤美紀・河村 暁・湯澤正通. (2013). ワーキングメモリと特別な支援：一人ひとりの学習のニーズに応える. 京都：北大路書房.

Wellman, H. M. (1988). The early development of memory strategies. In F. Weinert, & Perlmutter (Eds.), *Memory development: Universal change and individual differences* (pp. 3-29). Hillsdale: Lawrence Erlbaum.

Wickens, D. D. (1970). Encoding Categories of Words: An empirical approach to meaning. *Psychological Review*, **77**, 1-15.

第5章

Adamson , L. B.（1999）．乳児のコミュニケーション発達：ことばが獲得されるまで．（大藪　泰・田中みどり，訳）．東京：川島書店．（Adamson, L. B.（1996）Communication development during infancy. Colorado: Westview Press.）

Allen, J. G., Fonagy, P., & Bateman, A. W.（2014）．メンタライジングの理論と臨床：精神分析・愛着理論・精神発達病理学の統合（狩野力八郎，監修）．京都：北大路書房．（Allen, J. G., Fonagy, P., & Bateman, A. W.（2008）. *Mentalizing in clinical practice*. Washington D. C.: American Psychiatric Publishing Inc.）

Astington, J. W., & Hughes, C.（2013）. Theory of mind: Self-reflection and social understanding. In P. D. Zelazo（Ed.）, *The Oxford handbook of developmental psychology*, vol. 2: Self and Other（pp. 398-424）. New York: Oxford University Press.

Baillargeon, R.（1987）. Object permanence in 3 1/2 and 4 1/2 month-old-infants. *Developmental Psychology*, **25**, 655-664.

Baron-Cohen, S.（1997）．自閉症とマインド・ブラインドネス（長野　敬ほか，訳）．東京：青土社．（Baron-Cohen, S.（1995）. *Mindblindness: An essay on autism and theory of mind*. Cambridge, MA: MIT Press.）

Baron-Cohen, S.（2005）. The empathizing system: a revision of the 1994 model of the mindreading system, In B. J. Ellis, & D. F. Bjorklund（Eds.）, *Origins of the Social Mind: Evolutionary Psychology and Child Development*（pp. 468-492）. New York: Guilford.

Bruner, J.（1999）．共同注意から心の出逢いへ（大神英裕，監訳）．ジョイント・アテンション：心の起源とその発達を探る（pp. 1-14）．京都：ナカニシヤ出版．（Bruner, J.（1995）. From joint attention to the meeting of minds: An introduction. In C. Moore, & P. J. Dunham（Eds.）, *Joint attention: Its origin and role in development*（pp. 1-14）. New Jersey: LEA.）

Butterworth, G. E.（1999）．知覚と行為における心の起源（大神英裕，監訳）．ジョイント・アテンション：心の起源とその発達を探る（pp. 29-39）．京都：ナカニシヤ出版．（Butterworth, G. E.（1995）Origins of mind in perception and action. In C. Moore, & P. J. Dunham（Eds.）, *Joint attention: Its origin and role in development*（pp. 29-40）. New Jersey: LEA.）

Callaghan, T.（2013）. Symbols and symbolic thought. In P. D. Zelazo（Ed.）, *The Oxford handbook of developmental psychology, Vol. 1, Body and Mind*（pp. 974-1005）. New York: Oxford University Press.

Carlson, S. M., & Zelazo, P. D.（2008）. Symbolic thought. In M. M. Haith, & J. B. Benson（Eds.）, *Encyclopedia of infant and early childhood development, Vol. 3*（pp. 288-297）. London: Elsevier.

Gergely, G., Bekkering, H., & Király, I. (2002). Rational imitation in preverbal infants. *Nature*, **415**, 755.

川田　学．（2014）．乳児期における自己発達の原基的機制：客体的自己の起源と三項関係の蝶番効果．京都：ナカニシヤ出版．

Karmiloff-Smith, A. (1997)．人間発達の認知科学：精神のモジュール性を超えて（小島康次・小林好和，監訳）．京都：ミネルヴァ書房．(Karmiloff-Smith, A. (1992). *Beyond modularity: A developmental perspective on cognitive science*. Cambridge, MA: MIT Press.)

Kaye, K. (1989)．貧弱なデータに肉付けする：発達途上のコミュニケーションにおける母親の役割（鯨岡　峻，編訳）．母と子のあいだ：初期コミュニケーションの発達（pp. 197-216）．京都：ミネルヴァ書房．(Kaye, K. (1979). Thickening thin data: The maternal role in developing communication and language. In M. Bullowa (Ed.), *Before speech: The beginning of interpersonal communication* (pp. 191-206). Cambridge: Cambridge University Press.)

木下孝司．（2011a）．“有能な乳児”という神話．木下孝司・加用文男・加藤義信（編著），子どもの心的世界のゆらぎと発達：表象発達をめぐる不思議（pp. 197-205）．京都：ミネルヴァ書房．

木下孝司．（2011b）．子どもの「不思議」から見た「発達の謎」．木下孝司・加用文男・加藤義信（編著），子どもの心的世界のゆらぎと発達：表象発達をめぐる不思議（pp. 197-205）．京都：ミネルヴァ書房．

Kokkinaki, T., & Kugiumutzakis, G. (2000). Basic aspects of vocal imitation in infant-parent interaction during the first 6 months. *Journal of Reproductive and Infant Psychology*, **18**, 173-187.

久保田正人（1982）．言語・認識の共有．藤永　保ら（編著）．講座現代の心理学　第 5 巻　認識の形成（pp. 177-256）．東京：小学館．

Legerstee, M. (2013). The developing social brain: Social connections and social bonds, social class, and jealousy in infancy. In M. Legerstee, D. H. Haley, & M. H. Bornstein (Eds.), *The infant mind: Origins of the social brain* (pp. 223-247). New York: Guilford Press.

Legerstee, M. (2014)．乳児の対人感覚の発達（大藪　泰，訳）．東京：新曜社．(Legerstee, M. (2005). *Infants' sense of people: Precursors to a theory of mind*. New York: Cambridge University Press.)

Liszkowski, U., Carpenter, M., Heming, A., Striao, T., & Tomasello, M. (2004). Twelve-month-olds point to share attention and interest. *Developmental Science*, **7**, 297-307.

Luo, Y., & Baillargeon, R. (2007). Do 12.5-month-old-infants consider what objects others can see when interpreting their actions? *Cognition*, **105**, 489-512.

Meltzoff, A. N. (2002), Imitation as a mechanism of social cognition: Origins of empathy, theory of mind, and the representation of action. In U. Goswami (Ed.), *Handbook of childhood cognitive denelopment* (pp. 6-25). Oxford: Blackwell Publishevs.

Meltzoff, A. N., & Moore, M. K. (1977). Imitation of facial and manual gestures by human neonates. *Science*, **198**, 75-78.

Meltzoff, A. N., & Williamson, R. A. (2010). The importance of imitation for theories of social-cognitive development. In J. B. Bremner, & T. H. Wacks (Eds.), *The Wiley-Blackwell handbook of infant development. 2nd Ed.* (pp. 345-364). West Sussex, UK: John Wiley & Sons.

Mundy, P. (2013). Neural connectivity, joint attention, and the social-cognition deficits of autism. In M. Legerstee, D. Haley, & M. H. Bornstein (Eds.), *The infant mind: Origins of the social brain* (pp. 324-352). New York: Guilford Press.

Nelson, K. (2006). Development of representation in childhood. In E. Bialystok, & F. I. M. Craik (Eds.), *Lifespan cognition: Mechanisms of change* (pp. 178-192). New York: Oxford University Press.

大藪　泰．(2004)．共同注意：新生児から 2 歳 6 カ月までの発達過程．東京：川島書店．

大藪　泰．(2008)．発生期の共同注意と自己感・他者感．乳幼児医学・心理学研究，**17** (1)，1-11.

大藪　泰．(2013)．赤ちゃんの心理学．東京：日本評論社．

大藪　泰．(2014)．乳児の共同注意の研究パラダイム：人間の心の基本形を探る．早稲田大学大学院文学研究科紀要，**59**(1)，5-20.

大藪　泰．(2015a)．乳児が共同注意場面で他者の経験知を理解するとき．乳幼児医学・心理学研究，**24**(1)，53-60.

大藪　泰．(2015b)．赤ちゃんに心の理解の起源を探る：「情動共有」と「知的静観」という視点から．発達，**144**，2-7.

Olson, D., & Campbell, R. (1993). Constructing representations. In C. Pratt, & A. F. Garton (Eds.), *Systems of representation in children: Development and use* (pp. 11-26). New York: John Wiley & Sons.

Perner, J., Leekam, S., & Wimmer, H. (1987). Three-year-olds' difficulty with false belief: The case for a conceptual deficit. *British Journal of Developmental Psychology*, **5**, 125-137.

Perner, J., & Wimmer, H. (1985). "John thinks that Mary thinks that ..." Attribution of second-order beliefs by 5- to 10-year-old children. *Journal of Experimental Child Psychology*, **39**, 437-471.

Piaget, J. (1978)．知能の誕生（谷村　覚・浜田寿美男，訳）．京都：ミネルヴァ書房．

(Piaget, J. (1948). *La naissance de l'intelligence chez l'enfant. 2nd ed.* Paris: Delachaux et Niestlé.)

Piaget, J. (1988). 表象の心理学（大伴　茂, 訳）. 名古屋：黎明書房. (Piaget, J. (1945). *La formation du symbole chez l'enfant.* Paris: Delachaux et Niestlé.)

Povinelli, D. J. (1995). The unduplicated self. In P. Rochat (Ed.) *The self in infancy: Theory and research* (pp. 161-192). New York: Elsevier.

Premack, D., & Woodruff, G. (1978). Does the chimpanzee have a theory of mind? *Behavioral and Brain Sciences*, **1**, 515-526.

Reddy, V. (2015). 驚くべき乳幼児の心の世界：「二人称的アプローチ」から見えてくること（佐伯　胖, 訳）. 京都：ミネルヴァ書房. (Reddy, V. (2008). *How infants know minds.* Cambridge, MA: Harvard University Press.)

Tager-Husberg, H., & Sullivan, K. (2000). A componential view of theory of mind: Evidence from Williams syndrome. *Cognition*, **76**, 59-89.

高山清隆（2005）. 日本写真家協会（編）, 日本の子ども60年（p. 79）, 東京：新潮社.

Talwar, V., Murphy, S. M., & Lee, K. (2007). White lie-telling in children for politeness purposes. *International Journal of Behavioral Development*, **31**(1), 1-11.

Tomasello, M. (2006). 心とことばの起源を探る：文化と認知（大堀壽夫ほか, 訳）. 東京：勁草書房. (Tomasello, M. (1999). *The cultural origins of human cognition.* Cambridge, MA: Harvard University Press.)

Tomasello, M. (2013). コミュニケーションの起源を探る（松井智子・岩田彩志, 訳）. 東京：勁草書房. (Tomasello, M. (2008). *Origins of human communication.* Cambridge, MA: MIT Press.)

Tomasello, M., Carpenter, M., Call, J., Behne, T., & Moll, H. (2005). Understanding and sharing intentions: The origins of cultural cognition. *Behavioral and Brain Sciences*, **28**, 1-17.

Tomasello, M., & Haberl, K. (2003). Understanding attention: 12- and 18-month-olds know what is new for other persons. *Developmental Psychology*, **39**, 906-912.

Vauclair, J. (2012). 乳幼児の発達（明和政子, 監訳）. 東京：新曜社. (Vauclair, J. (2004). *Développement du jeune enfant: Motricité, perception, cognition.* Paris: Editions Belin.)

Wellman, H. M., Cross, D., & Watson, J. (2001). Meta-analysis of theory of mind development: The truth about false-belief. *Child Development*, **72**, 655-684.

Wimmer, H., & Perner, J. (1983). Beliefs about beliefs: Representation and constraining function of wrong beliefs in young children's understanding of deception. *Cognition*, **13**, 103-128.

Zelazo, P. D. (2004). The development of conscious control in childhood. *Trends in*

Cognitive Sciences, **8**, 12-17.

第6章

American Association on Mental Retardation. (1992). Mental retardation: Definition, classification and systems of supports, 7th ed. AAMR, Wathington, D. C.

American association on intellectual and developmental disabilities (AAIDD). (2010). Intellectual disability: Definition, classification, and systems of supports (11th Ed.). (AAIDD. (2012). 知的障害：定義，分類および支援体系（第11版）（太田俊己・金子　健・原　仁・湯汲英史・沼田千好子，訳）．日本発達障害福祉連盟.）

Baddeley, A. (2000). The episodic buffer: a new component of working memory? *Trends in cognitive science*, **4**, 417-423.

Bagnato, S. J., & Simeonsson, R. J. (2007). *Authentic assessment for early childhood intervention: Best practice*. New York: Guilford Press.

Bloom, S. B. (1968). Learning for mastery. *Evaluation coment*, **1**, 1-11.

Bloom, S. B., Hasting, J. T., & Madaus, G. F. (Eds). (1971). *Handbook on formative and summative evaluation of student learning*. New York: MacGraw Hill Inc. (Bloom, S. B., Hasting, J. T., & Madans, G. F. (1973). 教育評価法ハンドブック：教科学習の形成的評価と総括的評価（梶田叡一・渋谷憲一・藤田恵璽，訳）．東京：第一法規出版.）

Brown, A. L. (1978). Knowing when, where, and how to remember: A problem of metacognition. In R. Glaser (Ed.), *Advances in instructional psychology* (pp. 367-406). New York: Halsted Press.

Cronbach, L., & Snow, R. (1977). *Aptitudes and instructional methods: A handbook for research on interactions*. New York: Irvington.

Cultice, J. C., Somerville, S. C., & Wellman, H. M. (1983). Preschoolers' memory monitoring: Feeling-of-knowing judgments. *Child Development*, **54**, 1480-1486.

Dunlosky, J., & Metcalfe, J. (2009). *Metacognition*. California: SAGE Publications

遠藤貴弘．(2003). G. ウィギンズの教育評価論における「真正性」概念．教育目標評価学会，**13**，34-43.

Flavell, J. H. (1976). Metacognitive aspects of problem-solving. In L. Resnick (Ed.), *The Nature of Intelligence* (pp. 231-235). Hillsdale, NJ: Erlbaum Association.

Flavel, J.H. (1979). Metacognition and cognitive monitering. A new area of cognitive development inquiry. American Psychologist, **34**(10), 906-911.

Griffin, P., McGraw, B., & Care, E. (2012). *Assessment and teaching of 21st century skills*. Netherlnads: Springer. (Griffin, P., McGraw, B., & Care, E. (2014). 21世紀型スキル：学びと評価の新たなかたち（三宅なほみ，監訳　益川弘知・望月俊男，編訳）．京

都：北大路書房.）

Hacker, D. J. (1998). Self-regulated comprehension during normal reading. In D. J. Hacker, J. Dunlosky, & A. C. Graesser (Eds.), *Metacognition in educational theory and practice*. Hillsdale, NJ: Lawrence Erlbaum.

Hayes, J. R., & Flower, L. (1980). Identigying the organization of writing processes. In L. W. Gregg, & E. R. Steinberg (Eds.), *Cognitive processes in writing*. Hillsdale, NJ: Lawrence Erlbaum.

Hebb, D. O. (1966). *Textbook of psychology*. London: W. B. Saunders Company. (Hebb, D. O. (1975). 行動学入門（白井　常・鹿取広人・平野俊二・金城辰夫・今村護郎, 訳）．東京：紀伊國屋書店.）

Humphrey, N. (1986). The inner eye: Social intelligence in evolution. Faber Inc. (Humphrey, N. (1993). 内なる目：意識の進化論（垂水雄二, 訳）．東京：紀伊國屋書店.）

Kuhn, D. (1989). Children and adults as intuitive scientists. *Psychological review*, **96**, 674-689.

Kuhn, D. (2000). Metacognitive development. *Current direction in psychological science*, **9**(5), 178-181.

Lockl, K., & Schneider, W. (2007). Knowledge about the mind: Links between theory of mind and later metamemory. *Child development*, **78**, 148-167.

Lyons, K. E., & Zelazo, P. D. (2011). Monitoring, metacognition, and executive function: Elucidating the role of self-reflection in the development of self-regulation. In J. Benson (Ed.), *Advances in child development and behavior*, **40**, 379-412.

Maclntyre, T., Igou, E. R., Campbell, M. J., Moran, A. P., & Matthews, J. (2014). Metacognition and action: a new pathway to understanding social and cognitive aspects of expertise in sport. *Frontiers in psychology*, **5**. doi: 10.3389/fpsyg.2014.0115.

松下佳代．(2012) パフォーマンス評価による学習の質の評価：学習評価の構図の分析にもとづいて．京都大学高等教育研究，**18**，77-114.

丸野俊一（編）．(2008)［内なる目］としてのメタ認知：自分を自分で振り返る．現代のエスプリ，**497**.

Mevarech, Z., & Kramarski, B. (2014). *Critical maths for innovative societies: The role of metacognitive pedagogies*. Paris: OECD publisher. (Mevarech, Z., & Kramarski, B. (2015). メタ認知の教育学　生きる力を育む創造的数学力（篠原真子・篠原康正・裳岩　晶, 訳）．東京：明石書店.）

室橋春光．(2016a)．学習障害概念の再検討．北海道大学大学院教育学研究院紀要，**124**，13-31.

室橋春光．(2016b)．土曜教室活動の教育的意義．北海道大学大学院教育学研究院紀要，

124, 93-105.

Nelson, T. O., & Narens, L. (1990). Metamemory: A theoretical framework and new findings. In G. H. Bower (Ed.), *The psychology of learning and motivation* (Vol. 26, pp. 125-173). New York: Academic Press.

日本教育心理学会（編）. (2003). 教育心理学ハンドブック. 東京：有斐閣.

OECD. (2005). Definition and selection of key competencies: Executive summary. https://www.oecd.org/pisa/35070367.pdf. (2016.7.8)

Parrott, J. S., & Rubinstein, M. L. (2015). Metacognition and evidence analysis instruction: an educational framework and practical experience. Systematic reviews, 4,112. doi: 10.1186/s 13643-015-0101-8

Perfect, T. J., & Schwartz, B. L. (2002). *Applied metacognition*. Cambridge, United Kingdom: Cambridge University Press.

Rai, E. R. (2011). Metacognition: A literature review. Pearson's research report. http://www.pearsonassessments.com/. (2016.5.11)

Reeve, R. A., & Brown, A. L. (1984). Metacognition reconsidered: Implications for intervention research. Center for the study of reading. (University of Illinois at Urbana-Chanmaign) Technical Reports, No. 328.

Rychen, D. S., & Salganik, L. H. (2003). Key competencies for a successful life and a well-functioning society. Boston: MA: Hogrefe & Huber Publishers.

Rychen, D. S., & Salganik, L. H. (2006). OECD/ DeSeCo キーコンピテンシー：国際標準の学力をめざして（立田慶裕，監訳　今西・岩崎・猿田・名取・野村・平沢，訳）. 東京：明石書店.

Schraw, G., Crippen, K. J., & Hartley, K. (2006). Metacognition as part of a broader perspective on learning. *Research in science education*, **36**, 111-139.

Schraw, G., & Moshman, D. (1995). Metacognitive theories. *Educational psychology review*, **7**, 351-371.

Schneider, W., & Artelt, C. (2010). Metacognition and mathematics education. *ZDM Mathematics education*, **42**, 149-161.

Shimamura, A. P. (2000). Toward a cognitive neuroscience of metacognition. *Consciousness and cognition*, **9**, 313-323.

Zelazo, P. D., Craik, F. I., & Booth, L. (2004). Executive function across the life span. *Acta psychology*, **115**, 167-183.

Whitebread, D., Coltman, P., Pasternak, D. P., Sangster, C., Grau, V., Bingham, S., Almeqdad, Q., & Demetriou, D. (2009). The development of two observational tools for assessing metacognition and self-regulated learning in young children. *Metacognition learning*, **4**, 63-85.

Winne, P. H., & Nesbit, J. C. (2010). The psychology of academic achievement. *Annual review of psychology*, **61**, 653-678.

Wiggins, G. (1989). Teaching to the (authentic) test. *Educational leadership*, **46**, 41-47.

第7章

本郷一夫. (2008a). 発達アセスメントと支援. 本郷一夫（編著）, 子どもの理解と支援のための発達アセスメント（第1章, pp. 1-19）. 東京：有斐閣.

本郷一夫. (2008b). 保育・教育の場における発達アセスメントと支援の進め方. 本郷一夫（編著）, 子どもの理解と支援のための発達アセスメント（第8章, pp. 199-217）. 東京：有斐閣.

本郷一夫（編著）. (2010).「気になる」子どもの保育と保護者支援. 東京：建帛社.

本郷一夫. (2016). アセスメント結果の共有を通した発達支援. 発達, **147**, 14-19.

本郷一夫・飯島典子・高橋千枝・小泉嘉子・平川久美子・神谷哲司. (2015). 保育場面における幼児の社会性発達チェックリストの開発. 東北大学大学院教育学研究科研究年報, **64**(1), 45-58.

本郷一夫・八木成和. (1997). 鳴門市の1歳6カ月健診の改善に関する研究：全健診児に対する「簡易発達検査」の導入結果を中心に. 発達障害研究, **19**(1), 72-80.

本郷一夫・吉中　淳. (2012). 保育の場における「気になる」子どもの発見：発達の「ズレ」と集団適応との関連. 本郷一夫（編著）, 認知発達のアンバランスの発見とその支援（第3章, pp. 59-88）. 東京：金子書房.

黒田美保・吉田友子・内山登紀夫・北沢香織・飯塚直美. (2007). 広汎性発達障害臨床における WISC-III 活用の新たな試み：3症例の回答内容の分析を通して. 児童青年精神医学とその近接領域, **48**, 48-60.

宮城県極低出生体重児発達支援研究会. (2014). 宮城県内で出生した出生体重1,250 g 未満児の長期予後の検討. 平成22～25年度厚生労働省“地域医療再生計画”補助金宮城県極低出生体重児発達支援事業（さとめんこ）成果報告書.

日本精神神経学会監修（高橋三郎・大野　裕, 監訳）. (2014). DSM-5　精神疾患の診断・統計マニュアル. 東京：医学書院.

日本版 WISC-IV 刊行委員会. (2014). 日本版 WISC-IV 補助マニュアル. 日本文化科学社.

日本文化科学社. (2013). 日本版 WISC-IV テクニカルレポート #4. http://www.nichibun.co.jp/kobetsu/technicalreport/wisc4_tech_4.pdf. (2016.5.30)

Ozonoff, S., South, M., & Miller, J. N. (2000). DSM-IV-defined Asperger syndrome: cognitive, behavioral and early history differentiation from high-functioning autism. *Autism*, **4**, 29-46.

Rucklidge, J., & Tannock, R. (2002). Neuropsychological profiles of adolescents with

ADHD: Effects of reading difficulties and gender. *Journal of Child Psychology and Psychiatry*, **43**, 998-1003.

塩川宏郷．（2007）．広汎性発達障害児のWISC-III下位検査項目プロフィール．小児の精神と神経，**47**，109-114.

八木成和・本郷一夫・糠野亜紀．（1998）．鳴門市の1歳6カ月健診の改善に関する研究（2）：対人関係領域の項目の検討．鳴門教育大学研究紀要（教育科学編），**13**，99-103.

第8章

本郷一夫（編）．（2012）．認知発達のアンバランスの発見とその支援．東京：金子書房．

本郷一夫（編）．（2008）．子ども理解と支援のための発達アセスメント．東京：有斐閣．

乾　敏郎．（2013）．脳科学からみる子どもの心の育ち．京都：ミネルヴァ書房．

小林久雄（編著）．（2000）．発達障害児における神経心理学的研究．東京：多賀出版．

黒田美保．（2016）．発達障害の包括的アセスメント．臨床心理学，**16**(1)，7-11.

黒田美保（編著）．（2015）．これからの発達障害のアセスメント．東京：金子書房．

落合正行・石王敦子．（2016）．認知発達理論の変遷．矢野喜雄・岩田純一・落合正行（編），認知発達研究の理論と方法（pp. 12-15）．東京：金子書房．

宇佐川浩．（2007）．感覚と運動の高次化発達診断評価法：感覚と運動の高次化からみた子ども理解（pp. 187-227）．東京：学苑社．

宇佐川浩．（2007）．感覚と運動の高次化による発達臨床の実際．東京：学苑社．

厚生労働省．（2014）．今後の障害児支援の在り方について（報告書）〜発達支援が必要な子どもの支援はどうあるべきか〜．http: //www. mhlw. go. jp/file/05-Shingikai-12201000-Shakaiengokyokushougaihokenfukushibu-Kikakuka/00000514 90.pdf.（2014.7.16）

国立障害者リハビリテーションセンター学院．平成29年度サービス管理責任者等指導者養成研修会資料．講義6サービス提供のプロセス．http://www.rehab.go.jp/College/japanese/training/29/files/1-06.pdf（2017.11.21）

第9章

相澤千花・森脇愛子．（2010）．個別トレーニングの作り方〈じっくりタイム〉．藤野博（編著），自閉症スペクトラムSSTスタートブック：チームで進める社会性とコミュニケーションの支援（pp. 85-104）．東京：学苑社．

Attwood, T. (2008). アトウッド博士の〈感情を見つけにいこう〉1　怒りのコントロール：アスペルガー症候群のある子どものための認知行動療法プログラム（辻井正次，監訳　東海明子，訳）．東京：明石書店．(Attwood, T. (2004). *Exploring feelings: Cognitive behavior therapy to manage anger*. Arlington: Future Horizons

Inc.)

Baron-Cohen, S. (1989). The autistic child's theory of mind: A case of specific developmental delay. *Journal of Child Psychology and Psychiatry*, **30**, 285-297.

別府　哲・野村香代. (2005). 高機能自閉症児は健常児と異なる「心の理論」をもつのか：「誤った信念」課題とその言語的理由付けにおける健常児との比較. 発達心理学研究, **16**, 257-264.

藤野　博. (2005). アニメーション版心の理論課題 ver. 2. 埼玉：DIK 教育出版.

藤野　博. (2009). 場の空気が読めない子. 阿部利彦（編），クラスで気になる子の支援：ズバっと解決ファイル（pp. 150-158）. 東京：金子書房.

藤野　博. (2013). 自由と規律：学校文化の中での社会性発達の課題と支援（2）　SST による支援. 長崎　勤・森　正樹・高橋千枝（編），社会性発達支援のユニバーサルデザイン（pp. 98-107）. 東京：金子書房.

藤野　博. (2016). 心の読み取り指導. 子安増生（編），心の理論から学ぶ発達の基礎：教育・保育・自閉症理解への道（pp. 219-232）. 京都：ミネルヴァ書房.

藤野　博・森脇愛子・神井享子・渡邉真理子・椎木俊秀. (2013). 学齢期の定型発達児と高機能自閉症スペクトラム障害児における心の理論の発達：アニメーション版心の理論課題 ver. 2を用いて. 東京学芸大学紀要：総合教育科学系, **64**(2), 151-164.

藤村宣之. (2011). 児童期. 無藤　隆・子安増生（編），発達心理学 I（pp. 299-338）. 東京：東京大学出版会.

Gray, C. (2002). *The sixth sense II*. Arlington: Future Horizons Inc.

Gray, C. (2006). お母さんと先生が書くソーシャルストーリー TM　新しい判定基準とガイドライン（服巻智子，訳）. 京都：クリエイツかもがわ. (Gray, C. (1994/2000). *Social storiesTM 10. 0: The new defining criteria & guidelines*. Jenison, MI: Jenison Public Schools.)

Gray, C., & White, A. L. (Eds.) (2005). マイソーシャルストーリーブック（安達　潤，監訳　安達　潤・柏木　諒，訳）. 東京：スペクトラム出版社. (Gray, C., & White, A. L. (Eds.) (2002). My social stories book. London: Jessica Kingsley Publisher.)

Gray, C. A., & Garand, J. D. (1993). Social stories: improving responses of students with autism with accurate social information. *Focus on Autistic Behavior*, **8**(1), 1-10.

Jackson, P. W. (1968). *Life in Classrooms*. New York: Holt, Rinehart and Winston.

Happé, F. G. E. (1995). The role of age and verbal ability in the theory of mind task performance of subjects with autism. *Child Development*, **66**, 843-855.

Howlin, P., Baron-Cohen, S., & Hadwin, J. A. (1999). *Teaching Chldren with Autism to Mind-Read: A Practical Guide*. New York: Wiley.

稲田尚子. (2016). 児童期の発達障害支援の最前線：ソーシャルシンキング. 臨床心理学, **16**(2), 160-163.

稲田尚子．（2016）．ソーシャルシンキング．藤野　博（編著），発達障害のある子の社会性とコミュニケーションの支援．東京：金子書房．

ニキ・リンコ．（2005）．俺ルール！　自閉は急に止まれない．東京：花嵐社．

Ozonoff, S., & Miller, J. N. (1995). Teaching theory of mind: A new approach to social skills training for individuals with autism. *Journal of Autism and Developmental Disorders*, **25**, 415-433.

浦野　茂．（2016）．「神経多様性」の戦略：自伝における脳と神経．酒井泰斗ら（編），概念分析の社会学 2：実践の社会的論理（pp. 7-26）．京都：ナカニシヤ出版．

Winner, M. (2007). *Thinking about you and thinking about me*. San Jose: Think Social Publishing Inc.

第10章

赤塚徳郎．（1984）．運動保育とはなにか．赤塚徳郎・調枝孝治（編著），運動保育 1：運動保育の考え方（pp. 11-12）．東京：明治図書．

American Psychiatric Association. (1994). Diagnostic and statistical manual of mental disorders: DSM-IV. Washington, D. C.: American Psychiatric Publishing.

American Psychiatric Association. (2000). Diagnostic and statistical manual of mental disorders: DSM-IV-TR. Washington, D. C.: American Psychiatric Publishing.

American Psychiatric Association. (2013). Diagnostic and statistical manual of mental disorders: DSM-V. Washington, D. C.: American Psychiatric Publishing.

青木純一郎（1989）．子供のスタミナトレーニング．スポーツサイエンス，**8**(7)，415-418.

Ajuriaguerra, J., Strejilevitch, M., & Tissot, R., (1963). A propos de quelques conduites devant le miroir de sujets atteints de syndromes démentiels du grand âge [On the behaviour of senile dementia patients vis-à-vis the mirror] *Neuropsychologia*, **1**, pp. 59-73.

Bernstein, N. (1967) *The coordination and regulation of movements*. London: Pergamon. Reprinted in H T A. Whiting Ed.. Human motor actions: Bernsrein re-assessed (1984). Amsterdam: North Holland.

バウアー．（1982）．ヒューマン・ディベロプメント：人間であること・人間になること．長島書店．

Cantell, M. (2001). Long-term experimental outcome of developmental coordination disorder: Interviews with 17-year olds. The 13th International Symposium of Adapted Physical Activity, Abstract: 111.

Cantell, M. M., Smyth, M. M., & Ahonen, T. P. (1994). Clumsiness in adolescence: Ed-ucational, motor, and social outcomes of motor delay detected at 5 years.

Adapted Physical Activity Quarterly, 11, 115-129.

Case, R. (1978) Intellectual development from birth to adulthood: a neo-Piagetian Interpretation. In R. S. Sieger (Ed.), *Children's thinking: What develops?* (pp. 33-71). Hillsdale, NJ: Lawrence Erlbaum Assosiates, Inc.

Case, R. (1985). *Intellectual development: Birth to adulthood*. New York: Academic Press.

Cratty, B. J. (1986). *Perceptual and motor development in infants and children* (pp. 166-202). Englewood Cliffs, NJ: Prentice-Hall.

Cratty, B. J. (1994). *Clumsy childsyndromes: Descriptions, evaluation and remediation.* Chur, Zwitserland: Harwood Academic Publishers.

Cureton, K. J. (1985). Commentary on Children and fitness: A public health perspective. *Research Quarterly for Excercise and Sport*, 58, 315-320.

Curtis; S. R. (1982). *The joy of movement in early childhood*. New York, NY: Teachers College Press.

Curtis, S. R. (1987). New views on movement development and the implications for curriculum in early childhood. In C. Seefeldt (Ed.), *The early childhood curriculum -A review of current research-* (pp. 257-270). New York, NY: Teachers College Press, Columbia University.

Denis, R. A. (1940). Memoir concerning the different Indian nations of North America [1709-1710]. In W. Vernon Kinietz (Ed.), *The Indians of the western Great Lakes, 1615-1760*, (pp. 339-410).

DeOreo, K., & Keogh, J. (1980). Performance of fundamental motor tasks. In C. B. Corbin (Ed.), *A textbook of motor development* (2nd ed)., pp. 76-91.

Gentile, A. M., Higgins, J. R., & Miller, E. A. (1975). The structure of motor tasks. *Movement*, 7, 11-28.

Geuze. (2005). Postural control in children with developmental coordination disorder., Neural Plast. 2005; 12 (2-3): 183-96; discussion 263-72.

Gubbay, S. S. (1975). Clumsy children in normal schools. *Med J Aust.* 1(8): 233-6.

Henderson, S. E. (1994). Developmental coordination disorder editorial. *Adapted Physical Activity Quarterly*, 11, 111-114.

Henderson, S. E., May, D. S., & Umney, M. (1989). An exploratory study of goal-setting behavior, self-concept and locus of control in children with move-ment difficulties. *European Journal of Special Needs Education*, 4, 1-13.

Henderson, S. E., & Sugden, D. A. (1992). *Movement Assessment Battery for Children manual.* Psychological Corporation, UK.

Henderson, S. E., & Henderson, L. (2002). Toward an understanding of developmental coordination disorder in children. *Adapted Physical Activity Quarterly*, **19**, 11-31.

ヨンマンズ，M.（1999）．協調運動の苦手な子どもたちの自己認知．辻井正次・宮原資英（編著），子どもの不器用さ：その影響と発達的援助（pp. 109-125）．東京：ブレーン出版．

Kalverboer, A. F., De Vries, H., & van Dellen, T.（1990）. Social behaviour in clumsy children as rated by parents and teachers. In A. F. Kalverboer （Ed.）, *Develop-mental biopsychology: Experimental and observational studies in children at risk*（pp. 257-270）. MI: University of Michigan Press.

Keogh, J., & Sugden, D.（1985）. *Movement skill development*（pp. 54-98）. New York, NY: Macraillan.

小林寛道．（1990）．幼児の運動発達学．京都：ミネルヴァ書房．

小林一久．（1973）．体育における体力論の意義と限界．一橋大学自然科学研究，**15**，97-139.

Larkin, D. & Hoare, D.（1992）. The movement approach: A window to understanding the clumsy children. In J. J. Summers （Ed.）, *Approaches to the study of motor control and learning* pp. 413-439. North Holland, Netherland.

Losse, A., Henderson, S. E., Elliman, D., Hall, D., Knight, E., & Jongmans, M.（1991）. Clumsiness in children: Do they grow out of it? A ten-year follow-up study. *Developmental Medicine and Child Neurology*, **33**, 55-68.

正木健雄．（1980）．子どもの体力．東京：大月書店．

Metheny, E.（1965）. *Conotations of movement in sport and dance*. Wm. C. Brawn.

宮原資英．（1999）．運動発達における問題：実践的な問題点．辻井正次・宮原資英（編著），子どもの不器用さ：その影響と発達的援助（pp. 55-108）．東京：ブレーン出版．

宮原資英．（2003）．不器用な動作と発育発達．子どもと発育発達，**1**(5)，312-315.

森　司朗・杉原　隆・吉田伊津美・筒井清次郎・鈴木康弘・中本浩揮．（2011）．幼児の運動能力における時代推移と発達促進のための実践的介入　平成20〜22年度文部科学省科学研究費補助金（基盤研究Ｂ）研究成果報告書．

文部科学省．（2011）．子どもを元気にする運動・スポーツの適正実施のための基本指針．

望月享子．（1993）．日常の不器用：もたもた，とちり，あがり等の効用．東京：誠信書房．

七木田敦．（1991）．幼児の「動き」と認知過程からみた運動指導のあり方．保育学研究，**38**，159-170.

O'Beirne, C., Larkin, D., & Cable, T.（1994）. Coordination problems and anaerobic performance in children. *Adapt-ed Physical Activity Quarterly*, **11**, 141-149.

大村英昭．（2000）．臨床社会学とは何か．大村英昭・野口裕二（編），臨床社会学のす

すめ（pp. 1-12）．東京：有斐閣．

Oteghen, S., & Jocobson, P. (1981). Preschool Individualized Movement Experiences, Journal of Physical Education, Recreation and Dance. *AAHPERD*, **52**(5), 24-26.

Savage, P., Petraits, M., & Thomson, H. (1986). Exercise training effects onserutn lipids of prepubescent boys and adult men. *Medecine and Science in Sports and Exercise*, **18**, 197-204.

Savelsbergh, G., K. Davids., John van der Kamp., & S. J. Bennett. (2003). *Development of Movement Coordination in Children: Applications in the Field of Ergonomics, Health Sciences and Sport*. London: Routledge.

Shaw, L., Levine, M. D., & Belfer, M. (1982). Developmental double jeopardy: A study of clumsiness and self-esteem in children with learning problems. *Developmental and Behavioural Pediatrics*, **3**, 191-196.

Sugden, D. A., & Wright, H. C. (1998). *Motor coordination disorder in children*. Thousand Oaks, CA: SAGE Publications.

杉原　隆・河邊貴子．（2014）．幼児期における運動発達と運動遊びの指導．京都：ミネルヴァ書房．

杉浦美朗．（1980）．活動的な諸仕事について．日本デューイ学会紀要，**21**，52．

辻井正次・宮原資英．（1999）．子どもの不器用さ：その影響と発達的援助．東京：ブレーン社．

von Hofsten, C. (1989). Motor development as the development of systems: Coinmelits on the special section. *Developmental Psychology*, **25**(6), 950-953.

Walton, J. N., Ellis, E., & Court, S. D. M. (1962). Clumsy children: Developmental apraxia and agnosia. *Brain*, **85**, 603-612.

Winnick (1991), *Adapted physical education and sport*. Champaign, IL: Human Kinetics, 121-130.

Yardley, A. (1974). Movement and learning. *today's Education*, **15**(63).

Pick, M. L. (1989). Motor development: The control of action. *Developmental Psychology*, **25**(6), 860-870.

第11章

Denvir, B. & Brown, M. (1986). Understanding of number concepts in low attaining 7-9 year olds. *Educational Studies in Mathematics*, **17**, 15-36.

Fuson, K. C., Richards, J., & Briars, J. (1982). The acquisition and elaboration of the number word sequence. In C. Brainerd (Ed.), *Children's logical and mathematical cognition: progress in cognitive development research* (pp. 33-92). Springer-Verlag.

Gelman, R. & Gallistel, C. R. (1989). 数の発達心理学（小林芳郎・中島　実，訳）東京：

田研出版．(Gelman, R. & Gallistel, C. R. (1978). The child's understanding of number. Cambridge: Harverd University Press.

Hasselbring, T. S., Goin, L. I., and Bransford, J. D. (1987). Developing automaticity. *Teaching Exceptional Children*, **19**(3), 30-33.

東原文子．(2001)．情報の継次処理が困難な児童に対する治療教育の事例研究：算数における自作コンピュータ教材の利用を中心に．聖徳大学児童学研究所紀要，**3**，51-56.

東原文子．(2004)．学習困難児童の基礎算数スキルアセスメントの試み．聖徳大学児童学研究所紀要，**6**，29-35.

東原文子・前川久男．(1996)．算数文章題に困難を示す児童を対象としたCAIの効果と学習過程の評価．日本科学教育学会20周年記念論文集，293-301.

東原文子・前川久男．(1997)．学習困難児の解答時間の分析による計算技能の質的な向上の評価．日本教育工学雑誌，**21**，57-60.

東原文子・前川久男・北村博幸・久光　倫．(1996)．量の増減の表象を目的とした文理解指導：算数文章題に困難を示す児童を対象として．心身障害学研究，**20**，45-55.

熊谷恵子．(1997)．算数障害の概念：神経心理学および認知神経心理学的視点から．特殊教育学研究，**35**(3)，51-61.

熊谷恵子．(1999)．算数障害の概念：法的定義，学習障害研究，医学的診断基準の視点から．特殊教育学研究，**37**(3)，97-106.

宮本信也(2015)．DSM-5における発達障害，LD研究，**24**(1)，52-60.

文部省．(1999)．学習障害児に対する指導について（報告）．

村主典英．(2003)．第8章　学習評価の手順と実際．橋本重治（原著）・応用教育研究所（改訂版編集），教育評価法概説（pp. 124-142）．東京：図書文化.

日本精神神経学会精神科病名検討連絡会．(2014)．DSM-5病名・用語翻訳ガイドライン（初版）．精神神経学雑誌，**116**(6)，429-457.

Riley, M. S., Greeno, J. G., & Heller, J. H. (1983). Development of children's problem-solving ability in arithmetic. In H. P. Ginsburg (Ed.), *The development of mathematical thinking*. Academic Press.

島田睦雄．(1991)．失算．脳の心理学：臨床神経心理学入門（pp. 235-240）．東京：誠信書房.

杉山吉茂．(1990)．数への感覚を育てる意味．筑波大学附属小学校算数教育研究部（編），数への感覚を育てる指導（pp. 1-10）．東京：東洋館出版社.

第12章

Sohlberg, M. M., & Mateer, C. A. (2001)．中島恵子（2012）．第5章　注意障害の管理．第8章　遂行機能障害の管理．尾関　誠・上田幸彦（監訳），高次脳機能障害のた

めの認知リハビリテーション：統合的な神経心理学的アプローチ．（pp. 103-134, pp. 193-225）．東京：協同医書出版．(Mckay Moore Sohlberg, Catherine A. Mateer. (2001). *COGNITIVE REHABILITATION: An Integrative Neuropsychological Approach*. The Guilford Press.)

中島恵子．(2009)．理解できる高次脳機能障害．東京：三輪書店．

中島恵子．(2012)．生活を立て直す脳のリハビリ注意障害編．東京：保育社．

中島恵子．(2013)．生活を立て直す脳のリハビリ記憶障害編．東京：保育社．

中島恵子．(2010)．子どもたちの高次脳機能障害．東京：三輪書店．

中島恵子．(2009)．高次脳機能障害のグループ訓練．東京：三輪書店．

中島恵子．(2013)．注意・遂行機能障害のリハ：グループ療法の効果．渡邊　修（編集），Medical Rehabilitation No. 153 (pp. 31-38)．東京：全日本病院出版会．

中島恵子．(2016)．神経心理学的検査の実際　WAIS-III．総合リハビリテーション，**44**(2)，133-139．

中島恵子．(2016)．神経心理学的検査の実際　WISC-IV．総合リハビリテーション，**44**(3)，231-236．

中島恵子．(2016)．神経心理学的検査の実際　WMS-R．総合リハビリテーション，**44**(4)，321-324．

中島恵子．(2016)．神経心理学的検査の実際　RBMT．総合リハビリテーション，**44**(5)，407-410．

中島恵子．(2016)．神経心理学的検査の実際　BADS．総合リハビリテーション，**44**(6)．

橋本圭司．(2007)．高次脳機能障害．東京：PHP 研究所．

索　引

（＊印は人名）

あ 行

明るさの知覚　46
アセスメント　128
遊びの経験　196
アニミズム　37
アンダーアチーバー　203
意志　31
いじめ　200
一次的信念　8
１歳６か月児健診　144
一般知能（g）因子　77
逸話記録法　133
意図共有的共同注意　95
意図の理解　95
意図模倣　96
＊イネルデ（Inhelder, B.）　35
意味記憶　61
色の知覚　44-46
インクルーシブ教育　125
＊ウィナー（Winner, M.）　177
＊ウィマー（Wimmer, H.）　100
＊ウィルソン（Wilson, B.）　231
＊ウェクスラー（Wechsler, D.）　136
動き　195
　　──の洗練化　195
　　──の多様化　195
ウッドコック・ジョンソン検査（WJ-III）
　80
運動　186
　　──の協調性　202
運動学習障害　201
運動機能　188
運動行為　201
運動能力検査　193
運動発達　186
　　──支援　202
運動プログラム　201
英知　83
エピソード記憶　8, 61, 230, 234
エピソード・バッファ　66

か 行

＊エビングハウス（Ebbinghaus, H.）　58
演繹的推論　74
演算の自動化　208, 216, 217
延滞模倣　87
奥行の知覚　48
音韻ループ　66

＊ガードナー（Gardner, H.）　17, 34, 81
＊カーミロフ＝スミス（Karmiloff-Smith, A.）
　91
回想的記憶　64
階層的ネットワークモデル　62
海馬　9
＊カウフマン（Kaufman, A. S.）　136, 209
学業不振　122, 124, 126, 203
拡散的思考　33
学習　32
　　──障害　33
獲得と喪失　42
学力　111, 122, 123
可塑性　42
形の知覚　46, 47
加齢　39
感覚─運動期　36
感覚運動的記憶　68
感覚運動的知能　86
感覚記憶　64, 69
感覚機能　76
感覚情報処理　162
感情　31
　　──理解　170, 174
キー・コンピテンシー　112, 114, 115
記憶　32, 58
　　──障害　234
　　──の変容　60
幾何学的メカニズム　91
聞き取り　132, 137
記号的機能　37
既知感　60
「気になる」子どもの行動チェックリスト

265

134
機能間連関　129
機能的磁気共鳴画像　→fMRI
帰納的推論　74
＊ギブソン（Gibson, J.）　21
基本的知能因子（群因子）　78
＊キャッテル（Cattell, R. B.）　41,79,80
＊キャロル（Carroll, J. B.）　80
嗅覚　53
鏡映化　93
共感システム　91
共感性　6
協調的問題解決　116
共同注意　91
＊ギルフォード（Guilford, J. P.）　78
均衡化　36
空間認知　55,153
具体的操作期　37
＊クラッティ（Cratty, B. J.）　191
グループ療法　238
＊クロンバック（Cronbach, L.）　124
経験知　102
形式的操作期　38
継次処理　73,149,159,163,209
形成的評価　121,122
系統発生　3
系列位置効果　59
系列化　38
結晶性知能　41,71,79
原因帰属　14
限局性学習障害（SLD）　30,204
言語　191
言語性知能　→VIQ
言語理解（VCI）　138
顕在記憶　62
現代的学力観　119,123,124
見当識　234
コア知識理論　91
高次脳機能　224
　　──障害　226
　　──障害診断基準　232
行動観察　133,137
後頭葉　226
五感　32
心の読み取り指導　169
心の理論　6,99,166,169,177

誤信念課題　7,99,101,166,177
＊ゴスワミ（Goswami, U.）　31
個体発生　3
個別式検査　135
コミック会話　178
コミュニケーション能力　14
＊子安増生　34
コンピテンシー　111,114,123

さ　行

＊サーストン（Thurstone, L. L.）　77
再学習　238
サクセスフル・エイジング　42
作業記憶　→ワーキング・メモリ
作動記憶　→ワーキング・メモリ
三項関係　6,93
三項表象の階層　91
3歳児健診　144
算数障害　205
恣意性　98
シェマ　35,36,86
支援　30
　　──計画　130,137
視覚失認　233
時間軸　130
時間見本法　133
視空間スケッチパッド　66
思考　33
自己効力感　108
自己受容感覚　32
自己認知　14
支持的共同注意　94
思春期　27
自然観察法　133
自尊感情　200
実験的観察法　133
実行機能　33,42,73,107,153
失行症　233
失語症　232
失認症　233
質問紙式検査　135
自伝的記憶　71
視点の取得　165,171
児童期　27
自動車の運転　235
シナプス　12

索　引

自分ではない（different-from-me）　94
自分のよう（like-me）　93
自閉症スペクトラム障害（ASD）　16,29
シミュレーション説　8
＊シモン（Simon, T.）　78
社会性発達チェックリスト　134
社会的行動障害　235
社会的認知　4,6,179
社会脳　14,85
　　──仮説　6
集合の包含　38
周産期　26
収束的思考　33
熟慮型　72
＊シュタウディンガー（Staudinger, U. S.）
　42
出生前期　26
出力系　33
＊シュテルン（Stern, W.）　76
馴化　95
馴化─脱馴化現象　88
循環反応　36
情動　93
　　──型　72
　　──検出器　91
　　──性　104
　　──知　104
　　──調整　129
小脳　225
情報処理過程　31,149
情報処理速度　72
情報処理理論　201
所記　87
叙述の指さし　97
処理速度（PSI）　138
進化発達心理学　4
進化論　3
神経心理学的検査　227
神経多様性　185
新生児期　26
新生児模倣　87,92
身体性認知　21
　　──科学　18,22
身体的不器用さ　197,199
新版K式発達検査2020　158,159
深部感覚　55

シンボル　87,97
　　──共有的共同注意　97
心理適応　238
推移律　38
水泳指導　194
遂行機能　231
　　──障害　234
髄鞘形成　12
推論　74
数学的推論　206,209
スキーマ　61
＊スタンバーグ（Sternberg, S.）　80
＊スピアマン（Spearman, C. E.）　77
スペクトラム　132
スマーティ課題　100
静観性　104
成人期　28
精神物理学　76
生態学的メカニズム　91
精緻化　69
成長　39
青年期　27
絶対的評価　120
＊セルマン（Selman, R. L.）　165
前共同注意　92
宣言的記憶　61
潜在記憶　62
潜在的カリキュラム　178
全身運動　197
前操作期　36
前頭葉　226
総括的評価　121
操作　36
相対的評価　120,122
ソーシャル・シンキング　177
ソーシャル・スキル・トレーニング　175
ソーシャル・ストーリー　179,180
側頭葉　226
粗大運動　189
ソマティック・マーカー仮説　77

た　行

＊ダーウィン（Darwin, C. R.）　3
体育　192
代償手段　236
対人認知　165,169,183,185

体制化　69
体性感覚　53,55
大脳　225
　　——基底核　11
　　——皮質　9
対面的共同注意　93
多元的診断（ディメンション診断）システム
　132
多軸診断システム　132
多重知能理論　34
脱馴化　95
脱抑制　235
＊ダマシオ（Damasio, A. R.）　76
多要因性　130
＊タルヴィング（Tulving, E.）　63
短期記憶　64,69
知覚　191
知覚推理（PRI）　138
知性　31
知能　77,191
　　——因子説　77
　　——検査　128,135,137
　　——指数　83,128,139
　　——の鼎立理論　80
＊チャーネス（Charness, N.）　39
注意機能　229
注意欠如・多動性障害　30
注意検査　236
注意障害　233
注意分割　41
中央実行系　67
中枢処理系　32
中枢神経系　9
中年期　28
長期記憶　64
調節　35,86
調律行動　92
直観的知覚　99
チンパンジー　8
定型発達　25,29
ディスクレパンシー　68,141
適応　86
適性処遇交互作用（ATI）　124
テスト・バッテリー　141,143
手続き的記憶　61
＊デューイ（Dewey, J.）　186

転導推理　76
展望記憶　64,231
同化　35,86
統合運動障害　198
統合過程　220
動作性知能　→ PIQ
同時処理　73,159,163,209,237
到達度評価　120
頭頂葉　226
　　——の損傷　233
特殊知能（s）因子　77
特別支援教育　30
独歩　190
＊トマセロ（Tomasello, M.）　101
＊ドライシュタット（Dreistadt, R.）　76

な 行

内省的認知　99
ナンバー・センス　206
二項関係　93
二項表象の階層　91
二次的信念　8
二次の誤信念課題　102,167
21世紀型スキル　112,115,116
二重貯蔵モデル　64
日誌法　133
乳児期　26,27
入力系　32
ニュメラシー　27
認知　25,31
　　——行動療法　182
　　——症　41
　　——神経科学　18
　　——スタイル　72
　　——的資質　123,125,126
　　——的情報処理　71
　　——のアンバランス　140
認知発達　25
　　——ロボティックス　22
ネガティブ・プライミング課題　74
脳幹　225
能記　87
脳磁図　→ MEG
能動的様相間マッピング　88
脳の働き　224
喉まで出かかる（TOT）現象　60

索　引

自分ではない（different-from-me）　94
自分のよう（like-me）　93
自閉症スペクトラム障害（ASD）　16, 29
シミュレーション説　8
＊シモン（Simon, T.）　78
社会性発達チェックリスト　134
社会的行動障害　235
社会的認知　4, 6, 179
社会脳　14, 85
　　──仮説　6
集合の包含　38
周産期　26
収束的思考　33
熟慮型　72
＊シュタウディンガー（Staudinger, U. S.）
　42
出生前期　26
出力系　33
＊シュテルン（Stern, W.）　76
馴化　95
馴化─脱馴化現象　88
循環反応　36
情動　93
　　──型　72
　　──検出器　91
　　──性　104
　　──知　104
　　──調整　129
小脳　225
情報処理過程　31, 149
情報処理速度　72
情報処理理論　201
所記　87
叙述の指さし　97
処理速度（PSI）　138
進化発達心理学　4
進化論　3
神経心理学的検査　227
神経多様性　185
新生児期　26
新生児模倣　87, 92
身体性認知　21
　　──科学　18, 22
身体的不器用さ　197, 199
新版K式発達検査2020　158, 159
深部感覚　55

シンボル　87, 97
　　──共有的共同注意　97
心理適応　238
推移律　38
水泳指導　194
遂行機能　231
　　──障害　234
髄鞘形成　12
推論　74
数学的推論　206, 209
スキーマ　61
＊スタンバーグ（Sternberg, S.）　80
＊スピアマン（Spearman, C. E.）　77
スペクトラム　132
スマーティ課題　100
静観性　104
成人期　28
精神物理学　76
生態学的メカニズム　91
精緻化　69
成長　39
青年期　27
絶対的評価　120
＊セルマン（Selman, R. L.）　165
前共同注意　92
宣言的記憶　61
潜在記憶　62
潜在的カリキュラム　178
全身運動　197
前操作期　36
前頭葉　226
総括的評価　121
操作　36
相対的評価　120, 122
ソーシャル・シンキング　177
ソーシャル・スキル・トレーニング　175
ソーシャル・ストーリー　179, 180
側頭葉　226
粗大運動　189
ソマティック・マーカー仮説　77

た　行

＊ダーウィン（Darwin, C. R.）　3
体育　192
代償手段　236
対人認知　165, 169, 183, 185

267

体制化　69
体性感覚　53,55
大脳　225
　——基底核　11
　——皮質　9
対面的共同注意　93
多元的診断（ディメンション診断）システム
　132
多軸診断システム　132
多重知能理論　34
脱馴化　95
脱抑制　235
＊ダマシオ（Damasio, A. R.）　76
多要因性　130
＊タルヴィング（Tulving, E.）　63
短期記憶　64,69
知覚　191
知覚推理（PRI）　138
知性　31
知能　77,191
　——因子説　77
　——検査　128,135,137
　——指数　83,128,139
　——の鼎立理論　80
＊チャーネス（Charness, N.）　39
注意機能　229
注意欠如・多動性障害　30
注意検査　236
注意障害　233
注意分割　41
中央実行系　67
中枢処理系　32
中枢神経系　9
中年期　28
長期記憶　64
調節　35,86
調律行動　92
直観的知覚　99
チンパンジー　8
定型発達　25,29
ディスクレパンシー　68,141
適応　86
適性処遇交互作用（ATI）　124
テスト・バッテリー　141,143
手続きの記憶　61
＊デューイ（Dewey, J.）　186

転導推理　76
展望記憶　64,231
同化　35,86
統合運動障害　198
統合過程　220
動作性知能　→ PIQ
同時処理　73,159,163,209,237
到達度評価　120
頭頂葉　226
　——の損傷　233
特殊知能（s）因子　77
特別支援教育　30
独歩　190
＊トマセロ（Tomasello, M.）　101
＊ドライシュタット（Dreistadt, R.）　76

な 行

内省的認知　99
ナンバー・センス　206
二項関係　93
二項表象の階層　91
二次的信念　8
二次の誤信念課題　102,167
21世紀型スキル　112,115,116
二重貯蔵モデル　64
日誌法　133
乳児期　26,27
入力系　32
ニュメラシー　27
認知　25,31
　——行動療法　182
　——症　41
　——神経科学　18
　——スタイル　72
　——的資質　123,125,126
　——的情報処理　71
　——のアンバランス　140
認知発達　25
　——ロボティックス　22
ネガティブ・プライミング課題　74
脳幹　225
能記　87
脳磁図　→ MEG
能動的様相間マッピング　88
脳の働き　224
喉まで出かかる（TOT）現象　60

索　引

は 行

パーソナリティ　31
＊バートレット（Bartlett, F. C.）　61
＊パーナー（Perner, J.）　100
＊バウアー（Bower, T. G. R.）　189
長谷川式認知症スケール　42
＊バターワース（Butterworth, G. E.）　91
発生的認識論　35
発達アセスメント　131
発達期　25
発達検査　135,137
発達指数　139
発達障害　122,125,140
発達性協調運動障害（DCD）　197,198
発達性失行　198,199
発達の最近接領域　150,162
＊ハッペ（Happé, F. G. E.）　177
＊バドリー（Baddeley, A. D.）　66,107
パフォーマンス評価　121,126
場面見本法　133
＊バルテス（Baltes, P. B.）　42,83
＊バロン＝コーエン（Baron-Cohen, S.）　8,
　91
反射運動　187
＊ピアジェ（Piaget, J.）　2,25,35,36,38,86
微細運動　189
非定型発達　25,29
＊ビネー（Binet, A.）　78
皮膚感覚　53-55
描画　37
表象　36,85,86,90
　——書き換え理論　91
　——的メカニズム　91
表情認知　175
非様相的な情報　88
敏感期　162
＊ファンツ（Fantz, R. L.）　47
＊フェフィナー（Fechner, G. T.）　76
不適応行動　237
＊フラベル（Flavell, J. H.）　70,106
ふり遊び　98
フリン効果　82
＊ブルーム（Bloom, S. B.）　121
プレグナンツの法則　60
文化　96

——学習　98
ベイズ統計学　19
ベイズの確率論　18
変換過程　220
変容的評価　121
包括的アセスメント　129,130,146,151,
　152,156,163
忘却　59
　——（保持）曲線　59
＊ホーン（Horn, J. L.）　80
＊ボスマン（Bosman, E. A.）　39
保存性　38
＊堀田あけみ　29

ま 行

マインド・リーディング　175
マキシ課題　100
マザリーズ　92
魔術的思考　37
満足の遅延　31
味覚　52
ミニメンタルステート検査　42
ミラーニューロン　92
メタ記憶　107
メタ認知　5,33,70,106,109,110
メタ表象　91
　——の階層　91
＊メルツォフ（Meltzoff, A. N.）　88
メンタライジング　7
モジュール　5,25,31,34
物の永続性　36,87
模倣　6

や 行

指さし　6
幼児期運動指針　195
抑制　74
　——制御　31,33
四項関係　98

ら・わ 行

＊ライリー（Riley, M. S.）　209
リーチング　189
リテラシー　27,110,119
リハーサル　64
流動性知能　41,79

領域固有性　70
理論説　8
類縁性　98
レミニセンス・バンプ現象　71
老化　39
老年期　28
ワーキング・メモリ（WMI：作動記憶／作
　業記憶）　6,66,107,138,230

欧　文

A-not-B error　87
BADS　232
CHC（Cattell-Horn-Carroll）理論　80,
　149
CT　227
DN-CAS 認知評価システム　73,143,144,
　149,204
DSM-IV　130,132
DSM-5　41,132,198,204

fMRI（機能的磁気共鳴画像）　13
K-ABC　142-144
KABC-II 心理・教育アセスメントバッテリー
　73,80,149,158,204
KR　201
MEG（脳磁図）　14
MRI（磁気共鳴画像）　13,227
NIRS（近赤外線スペクトロスコピー／近赤
　外（線）分光法）　13
PET（陽電子放射断層撮影）　13
PIQ（動作性知能）　140
PISA　114
RBMT　231
VIQ（言語性知能）　140
WAIS-III 知能検査　228
WISC-IV 知能検査　72,138,142,143,149,
　158,204,229
WMS-R　230
X線CT　13

《執筆者紹介》（執筆順，＊は編著者）

落合正行（おちあい まさゆき）元追手門学院大学教授

子安増生（こやす ますお）甲南大学文学部人間科学科特任教授

川間健之介（かわま けんのすけ）筑波大学人間系教授

＊田爪宏二（たづめ ひろつぐ）京都教育大学教育学部教育学科教授

大藪 泰（おおやぶ やすし）早稲田大学文学学術院教授

室橋春光（むろはし はるみつ）北海道大学名誉教授

＊本郷一夫（ほんごう かずお）東北大学名誉教授

竹谷志保子（たけがい しほこ）児童発達支援センターうめだ・あけぼの学園
発達支援部補佐役

藤野 博（ふじの ひろし）東京学芸大学教育学部特別支援科学講座教授

七木田敦（ななきだ あつし）広島大学大学院教育学研究科教授

東原文子（ひがしばら ふみこ）聖徳大学児童学部児童学科教授

中島恵子（なかしま けいこ）帝京平成大学大学院臨床心理学研究科教授

一般社団法人　臨床発達心理士認定運営機構
住所：〒160-0023　東京都新宿区西新宿6-20-12 山口ビル8F
FAX：03-6304-5705　　Email：shikaku@jocdp.jp
URL：http://www.jocdp.jp/

講座・臨床発達心理学③
認知発達とその支援

2018年 3 月30日　初版第 1 刷発行　　　　　〈検印省略〉
2022年 9 月30日　初版第 2 刷発行

定価はカバーに
表示しています

編 著 者	本 郷 一 夫
	田 爪 宏 二
発 行 者	杉 田 啓 三
印 刷 者	田 中 雅 博

発行所　株式会社　ミネルヴァ書房
607-8494 京都市山科区日ノ岡堤谷町 1
電話代表 (075) 581-5191
振替口座 01020-0-8076

ⓒ本郷・田爪ほか，2018　　　創栄図書印刷・新生製本
ISBN978-4-623-08072-4
Printed in Japan

────── 講座・臨床発達心理学（全5巻） ──────

臨床発達心理士認定運営機構　監修

各巻　Ａ5判上製カバー・平均320頁・本体価格2800円

生涯発達という広い視野から日常の暮らしへの適応支援を考える「臨床発達心理学」。近年の社会的変化を踏まえたうえで，臨床発達心理学の基礎を学び，臨床発達心理士としての基盤を培うためのシリーズ全5巻。

① 臨床発達心理学の基礎
山崎　晃・藤崎春代　編著

② 臨床発達支援の専門性
西本絹子・藤﨑眞知代　編著

③ 認知発達とその支援
本郷一夫・田爪宏二　編著

④ 社会・情動発達とその支援
近藤清美・尾崎康子　編著

⑤ 言語発達とその支援
秦野悦子・高橋　登　編著

http://www.minervashobo.co.jp/